# 高等职业教育"十四五"规划旅游大类精品教材
# 定制旅行管理与服务系列教材
# 专家指导委员会、编委会

**专家指导委员会**

**总顾问** 王昆欣

**顾　问** 李　丽　魏　凯　李　欢

**编委会**

**总主编** 文广轩

**执行总编** 李　俊

**编　委**（排名不分先后）

| | | | | | | |
|---|---|---|---|---|---|---|
| 陈佳平 | 李　淼 | 程杰晟 | 舒伯阳 | 王　楠 | 白　露 | 杨　琼 |
| 许昌斌 | 陈　怡 | 朱　晔 | 李亚男 | 许　萍 | 贾玉芳 | 温　燕 |
| 胡扬帆 | 李玉华 | 王新平 | 韩国华 | 刘正华 | 赖素贞 | 曾　咪 |
| 焦云宏 | 庞　馨 | 聂晓茜 | 黄　昕 | 张俊刚 | 王　虹 | 刘雁琪 |
| 宋斐红 | 陈　瑶 | 李智贤 | 谢　璐 | 郭　峻 | 边喜英 | 丁　洁 |
| 李建民 | 李德美 | 李海英 | 张　晶 | 程　彬 | 林　东 | 崔筱力 |
| 李晓雯 | 张清影 | 黄宇方 | 李　心 | 周富广 | 曾鸿燕 | 高　媛 |
| 李　好 | 乔海燕 | 索　虹 | 刘翠萍 | | | |

高等职业教育"十四五"规划旅游大类精品教材
定 制 旅 行 管 理 与 服 务 系 列 教 材

总顾问◎王昆欣　总主编◎文广轩　执行总主编◎李　俊

# 定制旅行概论

Introduction to Customized Travel

主　编◎陈　怡
副主编◎王　璐　王晓庆　李志丹

华中科技大学出版社
http://press.hust.edu.cn
中国·武汉

## 内 容 提 要

本教材围绕定制旅行行前、行中、行后的基本工作流程,阐明了定制旅行的起源、现状、基础理论和运营模式。培养学生定制旅行顶岗所需的基本素养和核心技能,树立学生对定制旅行的整体性和系统性认知,为学习定制旅行管理与服务专业后续课程打下坚实的基础。

### 图书在版编目(CIP)数据

定制旅行概论/陈怡主编. -- 武汉:华中科技大学出版社,2024.8. -- (高等职业教育"十四五"规划旅游大类精品教材). -- ISBN 978-7-5680-9111-4

Ⅰ.F590.6

中国国家版本馆CIP数据核字第202480CV22号

---

**定制旅行概论**
Dingzhi Lüxing Gailun

陈 怡 主编

---

总 策 划:李　欢
策划编辑:王　乾
责任编辑:贺翠翠
封面设计:原色设计
责任校对:刘　竣
责任监印:周治超

出版发行:华中科技大学出版社(中国•武汉)　　电话:(027)81321913
　　　　　武汉市东湖新技术开发区华工科技园　　邮编:430223

录　　排:孙雅丽
印　　刷:武汉科源印刷设计有限公司
开　　本:787mm×1092mm　1/16
印　　张:12.75
字　　数:262千字
版　　次:2024年8月第1版第1次印刷
定　　价:49.80元

本书若有印装质量问题,请向出版社营销中心调换
全国免费服务热线:400-6679-118　　竭诚为您服务
版权所有　侵权必究

# 序一

习近平总书记在党的二十大报告中深刻指出,要"统筹职业教育、高等教育、继续教育协同创新,推进职普融通、产教融合、科教融汇,优化职业教育类型定位""实施科教兴国战略,强化现代化建设人才支撑""要坚持教育优先发展、科技自立自强、人才引领驱动""开辟发展新领域新赛道,不断塑造发展新动能新优势""坚持以文塑旅、以旅彰文,推进文化和旅游深度融合发展",这为职业教育发展提供了根本指引,也有力地提振了旅游职业教育发展的信念。

2021年,教育部立足增强职业教育适应性,体现职业教育人才培养定位,发布了《职业教育专业目录(2021年)》,2022年,又颁布了新版《职业教育专业简介》,全面更新了职业面向、拓展了能力要求、优化了课程体系。因此,出版一套以旅游职业教育立德树人为导向、融入党的二十大精神、匹配核心课程和职业能力进阶要求的高水准教材成为我国旅游职业教育和人才培养的迫切需要。

基于此,在全国有关旅游职业院校的大力支持和指导下,教育部直属大学出版社——华中科技大学出版社,在党的二十大精神的指引下,主动创新出版理念、改进方式方法,汇聚一大批国内高水平旅游院校的国家教学名师、全国旅游职业教育教学指导委员会委员、全国餐饮职业教育教学指导委员会委员、资深教授及中青年旅游学科带头人,编撰出版"高等职业教育'十四五'规划旅游大类精品教材"。本套教材具有以下特点:

一、全面融入党的二十大精神,落实立德树人根本任务

党的二十大报告中强调:"坚持和加强党的全面领导。"坚持党的领导是中国特色职业教育最本质的特征,是新时代中国特色社会主义教育事业高质量发展的根本保证。因此,本套教材在编写过程中注重提高政治站位,全面贯彻党的教育方针,"润物细无声"地融入中华优秀传统文化和现代化发展新成就,将正确的政治方向和价值导向作为本套教材的顶层设计并贯彻到具体项目任务和教学资源中,不仅仅培养学生的专业素养,更注

重引导学生坚定理想信念、厚植爱国情怀、加强品德修养,以期落实"立德树人"这一教育的根本任务。

二、基于新版专业简介和专业标准编写,权威性与时代适应性兼具

教育部2022年颁布新版《职业教育专业简介》后,华中科技大学出版社特邀我担任总顾问,同时邀请了全国近百所职业院校知名教授、学科带头人和一线骨干教师,以及旅游行业专家成立编委会,对标新版专业简介,面向专业数字化转型要求,对教材书目进行科学全面的梳理。例如,邀请职业教育国家级专业教学资源库建设单位课程负责人担任主编,编写《景区服务与管理》《中国传统建筑文化》及《旅游商品创意》(活页式);《旅游概论》《旅游规划实务》等教材为教育部授予的职业教育国家在线精品课程的配套教材;《旅游大数据分析与应用》等教材则获批省级规划教材。经过各位编委的努力,最终形成"高等职业教育'十四五'规划旅游大类精品教材"。

三、完整的配套教学资源,打造立体化互动教材

华中科技大学出版社为本套教材建设了内容全面的线上课程资源服务平台:在横向资源配套上,提供全系列教学计划书、教学课件、习题库、案例库、参考答案、教学视频等配套教学资源;在纵向资源开发上,构建了覆盖课程开发、习题管理、学生评论、班级管理等集开发、使用、管理、评价于一体的教学生态链,打造了线上线下、课内课外的新形态立体化互动教材。

本套教材既可以作为职业教育旅游大类相关专业教学用书,也可以作为职业本科旅游类专业教育的参考用书,同时,可以作为工具书供从事旅游类相关工作的企事业单位人员借鉴与参考。

在旅游职业教育发展的新时代,主编出版一套高质量的规划教材是一项重要的教学质量工程,更是一份重要的责任。本套教材在组织策划及编写出版过程中,得到了全国广大院校旅游教育教学专家教授、企业精英,以及华中科技大学出版社的大力支持,在此一并致谢!

衷心希望本套教材能够为全国职业院校的旅游学界、业界和对旅游知识充满渴望的社会大众带来真正的精神和知识营养,为我国旅游教育教材建设贡献力量。也希望并诚挚邀请更多旅游院校的学者加入我们的编者和读者队伍,为进一步促进旅游职业教育发展贡献力量。

王昆欣

**世界旅游联盟(WTA)研究院首席研究员**

**高等职业教育"十四五"规划旅游大类精品教材总顾问**

2024年5月17日,全国旅游发展大会在北京召开。在本次会议上,习近平总书记对旅游工作作出重要指示,强调"新时代新征程,旅游发展面临新机遇新挑战",要"坚持守正创新、提质增效、融合发展"。党的二十大报告提出,坚持以文塑旅、以旅彰文,推进文化和旅游深度融合发展。当前,我国正加快形成旅游业新质生产力,推动旅游业高质量发展,加快建设旅游强国。

改革开放以来,我国经济社会发展突飞猛进,各项事业的发展过程中出现了许多新情况、新趋势。人们对美好生活的追求日益迫切,特别是对个性化、差异化、品质化的需求也逐渐增强。我国旅游业在这一时期也实现了快速发展,各类旅游形式不断涌现。随着我国人民消费水平、受教育程度的不断提升,加之各类旅游设施的不断完善,休闲旅游观念日渐深入人心,旅游者愈发注重旅游的品质、深度和体验,更加追求个性化和独特性,传统的跟团游等旅游形式已然无法满足旅游者更高层次的需求。定制旅行的出现恰好可以满足追求个性化且自主性较强的旅游者,与之相对应的是定制旅行专业人才缺口日益明显。在此背景下,"定制旅行管理与服务"专业成为教育部《职业教育专业目录(2021年)》新增专业之一,并在2022年修订的《职业教育专业简介》中得到了详细介绍,该专业紧扣《中华人民共和国国民经济和社会发展第十四个五年规划和2035年远景目标纲要》对职业教育的要求,是职业教育支撑服务经济社会发展的重要体现。

为了更好地培养德智体美劳全面发展,掌握扎实的科学文化基础和定制旅行服务与管理及相关法律法规等知识,具备良好的沟通能力、创新能力和定制旅行产品设计与数字化运营等能力的高素质、技术技能型人才,华中科技大学出版社与郑州旅游职业学院合作,在全国范围内精心组织编审、编写团队,汇聚全国具有丰富定制旅行管理与服务教学经验的旅游职业院校的知名教授、学科带头人、一线骨干教师、"双师型"教师,以及行业专家共同参与"定制旅行管理与服务系列教材"的编撰工作。

本套教材编写团队根据"十四五"期间高等职业教育发展要求,坚持从三大方向打造"利于教,便于学"的特色教材。

(一)权威专家引领,校企多元合作

本套教材以开设"定制旅行管理与服务"专业的旅游专业类职业院校、旅游管理类双高院校、应用型本科院校的专业师资为核心,邀请行业、企业、教科研机构多元开发,紧扣教学标准、行业新变化,吸纳新知识点,体现当下职业教育的最新理念。

(二)工作过程导向,深挖思政元素

教材内容打破传统学科体系、知识本位理念,引入岗位标准和规范的工作流程,注重以真实生产项目、典型工作任务、案例等为载体组织教学单元,突出应用性与实践性,同时贯彻落实党的二十大精神,加强思政元素的深度挖掘,有机融入思政教育和德育内容,以深化"三教"改革、提升课程思政育人实效。

(三)创新编写理念,编制融合教材

以"纸数一体化"为编写理念,依托华中科技大学出版社自主研发的华中出版资源服务平台,强化纸质教材与数字化资源的有机融合,配套教学课件、案例库、习题集、视频库等教学资源,同时根据课程特性,有选择性地开发活页式、工作手册式等新形态教材,以符合技能人才成长规律和学生认知特点。

期待这套凝聚全国高职旅游院校众多优秀学者和定制旅行行业精英智慧的教材,能够为"十四五"时期高职"定制旅行管理与服务"专业的人才培养发挥作用!

文广轩

教育部全国旅游职业教育教学指导委员会委员

定制旅行管理与服务系列教材总主编

# 前言

党的二十大报告中对文化和旅游发展的新要求进行了详细的阐述。报告指出，坚持以文塑旅、以旅彰文，推进文化和旅游深度融合发展。习近平总书记强调，要积极推进文物保护利用和文化遗产保护传承，挖掘文物和文化遗产的多重价值，传播更多承载中华文化、中国精神的价值符号和文化产品。近年来，我国不断加快文化和旅游产业的创新发展，培育新型文化和旅游业态，推动文化和旅游产业数字化转型，通过科技手段提升文化和旅游产品的吸引力和体验感，满足人民群众多样化、多层次的文化和旅游需求。

自从2016年定制旅行这一概念诞生以来，携程、去哪儿等知名在线旅游经营平台不再仅仅关注大众旅游市场的需求，而是开始积极地拓展和推广定制旅行服务。根据2023年8月携程与上汽奥迪联合发布的《中国高端旅游出行趋势洞察2.0》报告，相较于2019年的数据，2023年携程平台上的定制旅行团订单增长率达到了惊人的758%。这一数据充分表明，定制旅行正逐渐成为一种越来越受欢迎的旅游方式，越来越多的旅游者开始倾向于选择这种个性化的旅游体验。

定制旅行的高速发展，对旅游市场的专业化能力提出了更高的要求，行业急需旅行定制师、行程管家、定制旅行产品设计师等专门人才。为此，2021年郑州旅游职业学院在全国职业院校首批开设定制旅行管理与服务专业，并牵头制定此专业的国家教学标准，致力打造金专业、金教材，教学团队在教育部全国旅游职业教育教学指导委员会、华中科技大学出版社的大力支持下，编写定制旅行管理与服务系列教材。

全书分为七章，其中第一章是定制旅行：起源、现状和发展趋势。本章主要阐述了定制旅行的产生背景、发展历程以及发展现状和趋势，分析国内外定制旅行发展环境与发展空间，剖析在快速发展过程中需要突破的难点与困境。第二章是定制旅行：概念、特性与职业框架。本章从认知的角度，主要讨论了定制旅行基础理论内容，涉及定制旅行的演变与定义、定制旅行性质与特点、定制旅行产品与服务、定制旅行核心岗位,以及定制旅行职业技能等级相关知识。第三章是定制旅行服务:流程与评价。本章从服务的角度,阐述了定制旅行服务基本流程、定制旅行服务沟通技能、定制客户需求服务分析、定制旅行的个性化服务,以及定制旅行评价服务管理等相关内容。第四章是定制旅行资源:分类、调查与评价。本章介绍定制旅行资源的分类、调查与评价相关知识,通过需求分析和沟通反馈,挖掘出具有时代特色、精准定位客户需求的定制旅行资源,为客户提供个性化服务解决方案,满足客户旅游期待。第五章是定制旅行产品:内涵、分类与设计原则。通过本章的学习,学生能够明晰定制旅行产品与跟团游产品、自由行产品的区别,掌握定制旅行产品的基础知识和设计原则,同时能掌握优秀定制旅行产品需要具备的基本要素。第六章是定制旅行:线上运营与大数据技术应用。本章首先梳理线上定制旅行企业的发展历程与业绩,深入介绍新媒体技术为定制旅行行业提供的全新营销和推广渠道。通过社交媒体、短视频、直播等新媒体平台,旅行社可以更加直观地展示旅行目的地的风土人情、特色美食、文化历史等信息,吸引更多潜在客户的关注和兴趣。第七章是定制旅行:前沿发展趋势。本章重点介绍定制旅行发展的前沿趋势和就业的方向。

  本教材由郑州旅游职业学院陈怡教授担任主编,完成编写大纲、统稿、定稿的工作。由郑州旅游职业学院定制旅行管理与服务专业骨干教师王璐、王晓庆、李志丹担任副主编,完成各个章节的编写工作。具体编写分工如下:陈怡负责教材大纲制订、统稿工作,承担第一章部分内容和第六章编写工作;王璐承担第一章部分内容,以及第五章、第七章编写工作;王晓庆承担第二章、第三章编写工作;李志丹负责第四章编写工作。河南旅游集团有限公司高级旅游定制师张羽祺、王白燕、梁莎莎为教材编写提供了大量的一线真实案例,对教材实践环节给予指导与协助。

  本书在编写过程中,参考借鉴了旅游界诸多同行和专家的成果,在此一并感谢。受时间和作者水平限制,书中难免有不足和疏漏之处,敬请专家和读者指正。

编者<br>2024 年 7 月

# 第一章　定制旅行：起源、现状和发展趋势　　/001

第一节　定制旅行产生背景与发展历程　　/003

第二节　定制旅行发展现状与趋势　　/006

第三节　国内旅游发展与定制旅行　　/012

第四节　国际旅游发展与定制旅行　　/018

# 第二章　定制旅行：概念、特性与职业框架　　/026

第一节　定制旅行的演变与定义　　/029

第二节　定制旅行性质与特点　　/030

第三节　定制旅行产品与服务　　/034

第四节　定制旅行核心岗位　　/038

第五节　定制旅行职业技能等级　　/043

# 第三章　定制旅行服务：流程与评价　　/052

第一节　定制旅行服务基本流程　　/054

第二节　定制旅行服务沟通技能　　/057

第三节　定制客户需求服务分析　　　　　　　　　　　　　　　/072

第四节　定制旅行的个性化服务　　　　　　　　　　　　　　　/077

第五节　定制旅行评价服务管理　　　　　　　　　　　　　　　/082

## 第四章　定制旅行资源：分类、调查与评价　　　　　　　　　　/088

第一节　定制旅行资源分类　　　　　　　　　　　　　　　　　/090

第二节　定制旅行资源调查　　　　　　　　　　　　　　　　　/094

第三节　定制旅行资源评价　　　　　　　　　　　　　　　　　/097

## 第五章　定制旅行产品：内涵、分类与设计原则　　　　　　　　/105

第一节　跟团游与定制旅行产品　　　　　　　　　　　　　　　/107

第二节　自由行与定制旅行产品　　　　　　　　　　　　　　　/113

第三节　定制旅行产品基本内容　　　　　　　　　　　　　　　/116

第四节　定制旅行产品分类　　　　　　　　　　　　　　　　　/121

第五节　定制旅行产品设计原则　　　　　　　　　　　　　　　/125

第六节　优秀典型定制旅行产品赏析　　　　　　　　　　　　　/128

## 第六章　定制旅行：线上运营与大数据技术应用　　　　　　　　/143

第一节　定制旅行头部企业基本特征与线上平台　　　　　　　　/145

第二节　定制旅行产品运行基本操作流程　　　　　　　　　　　/149

第三节　定制旅行新媒体运营　　　　　　　　　　　　　　　　/152

第四节　定制旅行大数据挖掘与分析　　　　　　　　　　　　　/164

第五节　智慧旅游在定制旅行中的运用　　　　　　　　　　　　/171

## 第七章　定制旅行：前沿发展趋势　/176

### 第一节　定制旅行市场消费新趋势　/179
### 第二节　新形势下客源挖掘与定制服务升级　/182
### 第三节　泛定制及新业务发展动态　/184

## 参考文献　/187

# 第一章
# 定制旅行:起源、现状和发展趋势

 **本章概要**

　　伴随我国经济高质量发展,科学技术不断进步,旅游消费市场、出行方式、旅游消费偏好与旅游服务都呈现出新的变化与新的趋势,传统旅游业也面临提质升级的转型与创新发展。定制旅行就是顺应发展趋势而产生的。本章主要阐述了定制旅行的产生背景与发展历程,分析我国定制旅行的发展环境与发展空间,剖析定制旅行在快速发展过程中需要突破的难点与困境。通过与国际定制旅行发展现状进行比较,积极探寻国际定制旅行的发展路径。本章内容为学生开启了定制旅行学习的大门,为后续的深入学习奠定了理论基础,让学生对中外定制旅行的发展历程及现状有总体把握,激发学生学习兴趣,帮助学生树立职业理想。

## 知识目标

1. 能够归纳总结定制旅行产生的背景。
2. 能够梳理中外定制旅行发展历程。
3. 能够剖析我国定制旅行存在的问题。

## 能力目标

1. 能够比较中外定制旅行发展模式的不同之处。
2. 能够预测我国定制旅行的发展趋势。
3. 能够分析定制旅行的热点案例。

## 素养目标

1. 明确定制旅行发展的目标及意义,激发对定制旅行的热爱。
2. 理解我国出入境定制旅行发展对全球旅游业复苏的影响,树立民族自豪感和文化自信。

**知识导图**

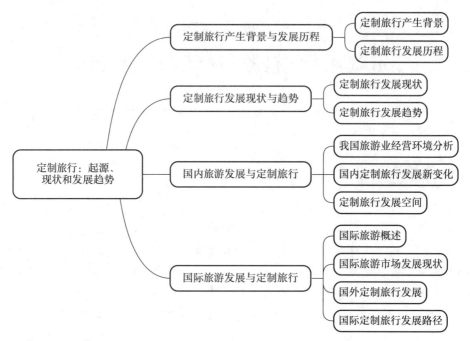

 **章节要点**

定制旅行发展背景；在线定制旅行模式；PEST分析法；国际旅游

 **章首案例**

### 定制游成为跑在行业复苏赛道上的一匹"黑马"

在各家旅游平台上，定制游成为逆势增长的业务板块。为何定制游成为跑在行业复苏赛道上的一匹"黑马"？

早在2014年前后，私人定制游就已在国内旅游市场亮相，受当时大部分人的旅游消费观念所限，加上价格也要比跟团游高很多，定制游一直处于缓慢发展阶段。

在携程高端定制营销总监看来，定制旅行在个性化服务和价格上的优势，使其逐渐成为大众喜爱的一种旅行方式。

中国旅游研究院发布的蓝皮书指出，大众旅游需求已经从"有没有"走向"好不好"，从"缺不缺"走向"精不精"，从"美好风景"走向"美好生活"。疫情影响下，传统跟团游比例正在下滑，符合人们旅游新需求的定制游等旅游方式正在快速占领市场。

随着国内游快速复苏,旅游线路会逐步深度化、主题化,旅游形式将逐步个性化、私密化,自由行会进一步得到年轻消费者的认可,定制游或将成为中高端家庭的首选。

(资料来源:中国青年报,2021-03-29)

案例分析

## 第一节 定制旅行产生背景与发展历程

### 一、定制旅行产生背景

#### (一)国民经济的迅速发展为定制旅行的产生提供了基础条件

中国经济持续快速发展给老百姓带来的直接利益之一是人们的可自由支配收入不断增加,这不仅使得旅游成为越来越大众化的事情,也使得居民消费观念发生了转变,居民的消费方式趋于多样化,人们的消费从过去的关注"价格的实惠"向关注"品质的优劣"转变。因此,随着我国旅游市场的持续火爆,游客对旅游品质的要求越来越高,越来越多的游客愿意为品质买单,旅游市场正逐步从追求游客规模的粗放式发展向追求品质的集约式发展转型。对于传统的跟团旅游,很多人都会有"花钱买罪受"的感觉,这是因为旅游产品的制定是由公司一手安排的,没有根据客户的主观意愿来对其进行调整,加上出行的游客众多,景点拥挤等情况屡见不鲜,这在一定程度上加剧了跟团旅游中的不愉快体验。而定制旅行能够更好地满足客户的要求,并且客户还可以参与旅游产品设计、开发与生产的全过程,这体现了定制旅行中客户的参与性。由此可见,定制旅行的客户满意度也会较高。

#### (二)旅游业供需矛盾尖锐的现实为定制旅行的产生提供了有利条件

近年来,旅游业对经济的拉动作用明显,但传统的大众旅游遇冷,对经济的带动作用削弱,旅游业改革迫在眉睫。党和国家领导人创造性地提出了供给侧结构性改革,推进旅游业转型升级、提质增效,加快旅游业现代化、信息化、国际化进程,为旅游业的改革提供了方向,随后,"旅游业供给侧结构性改革"不断被相关部委和地方政府提及。定制旅行在这一背景下,有效地从消费者需求入手,根据消费者的需求设计产品,有助于改变需求和供给不平衡的现象,促进旅游产品从标准化向定制化的转变和消费方式的转变。这进一步加强了旅游业对国民经济的拉动作用,突破了传统旅游业的发展瓶颈,并在一定程度上缓解了旅游业供需矛盾尖锐的情况。

### (三）散客时代激增的个性化旅游需求催生了定制旅行

近年来，我国散客旅游市场占总体旅游市场的比例已基本接近发达国家水平，其中，散客旅游的比例很大程度地超过了跟团旅游。欧美一些发达国家散客旅游的市场份额已达70%～80%，甚至达90%。随着游客自主意识增强，跟团旅游人数逐年变少，旅游散客化是旅游产业发展的必然趋势，中国旅游业已迎来"散客时代"。这一趋势充分显示了我国旅游消费者的需求更加多元化、个性化和碎片化，而传统跟团旅游提供的共性服务已经满足不了旅游消费者日益变化的需要。因此，在旅游者需求越来越个性化的新时期，单凭创造热门产品来吸引游客的做法显得过于被动和消极，而主动提供充满创造力、个性化的定制产品和服务，会对游客产生更大的吸引力。另外，近年来日益火热的自由行，虽然可以让旅游消费者随心所欲地安排旅游活动，但旅游消费者知识结构、认识能力等方面的欠缺，以及旅游目的地周围环境的不确定性和未知性容易使旅游消费者产生恐惧。同时，自由行也可能出现计划与实际情况不相符的问题，从而影响旅游体验和满意度，导致旅游活动失去本应该有的意义。因此，根据旅游者的个性化需求而设计行程的定制旅行便应运而生。定制旅行是结合了自由行的个性化和跟团旅游的保障性，并避开了二者的缺陷，所形成的一种新型的、极具发展潜力且能够在一定程度上引领消费潮流的旅游模式。

### (四）体验经济时代的到来推动了定制旅行发展

"旅游是以愉悦为目的的异地休闲体验"，从本质上看，旅游本身就是一种体验式活动。静态的"自然观赏"和"文化观赏"是传统的旅游方式，传统旅游在很大程度上是"到此一游"，只有眼睛看和耳朵听，事后很容易被遗忘，没有太多的情感体验和回忆，而现代旅游倡导的是整个旅游过程中旅游者的体验与参与行为。一方面，随着科学技术的不断发展与进步，现代信息技术日新月异，拓宽了人们了解外界的渠道，因此，对"见多识广"的旅游者来说，体验性、参与性较强的旅游项目和旅游方式才更具有吸引力。旅游者的"体验偏好"和"参与偏好"越来越明显，体验需求日益旺盛，单纯地观赏自然景观与历史古迹已无法满足人们的需求。另一方面，随着体验经济时代的到来，越来越多的旅游者愿意为体验和参与各种生活付费，如体验当农民或艺术家，参与制作工艺品等，在参与和体验中获得感官和精神上的愉悦和满足。此外，从市场主体的角度看，现代旅游市场的主体以中青年人群为主，客观上也要求参与性、体验性较强的旅游活动。定制旅行就较好地规避了传统旅游的弊端，由于客户参与整个旅游产品的设计，定制旅行有更多游客体验环节，在大城市目前比较热门的户外定制旅行就是比较典型的例子。旅游企业通过建立社群等网络联系方式，联系到一批有共同旅游意向的人群，然后通过与客户的讨论，定制出个性化的线路等旅游产品，这类产品往往非常受欢迎，如户外爬雪山、寻找长江源头、重走丝绸之路等。这种类型的出行通常不是一次两次而是长期的合作，旅游企业的收益也会源源不断。

## （五）互联网技术的快速发展推动了定制旅行迅速普及

互联网及大数据、云计算、物联网等新技术的更新和应用，逐渐改变了原先旅游者到旅游服务机构咨询、选择旅游产品的固定模式，将进一步促进定制旅行的渠道升级。旅游企业在宣传营销方面有了更便捷、更有效的交互平台，同时旅游者可以依靠多种形式的移动终端，通过网络获取大量的旅游信息，并且可以实现在线定制与支付，这将极大地提高定制的效率。此外，借助旅游者的智能终端（主要是智能手机），在获得授权的基础上，旅游企业也可以更高效地收集和分析旅游者的需求。新技术的应用将降低旅游企业的成本，在保证品质的基础上，进一步降低定制产品的价格，同时新技术的应用也将进一步促进定制旅行的内容升级。部分定制旅行平台增加了攻略分享、交流互动等社交功能，并且旅游者还可以随时随地通过微信、QQ、微博等方式分享个人的旅游经历与感受，有利于定制旅行产品的快速传播和推广，这成为许多旅游企业进行产品或服务营销的重要手段。总之，得益于互联网平台的兴起与发展，个性化的定制旅行产品迅速普及，曾经高端、小众的"私人定制"进入普通家庭，为服务买单也被广泛接受。

## 二、定制旅行发展历程

定制旅行在国外已流行多年且建立了成熟的体系，而在国内，定制旅行起步较晚。伴随我国经济社会的持续快速发展以及旅游活动的广泛推广，旅游市场群体的规模日益扩大，旅游在人民日常生活中的地位不断提升，并且旅游者对旅游的认知也趋于成熟，旅游者更加追求多样化、个性化的旅游方式，越来越注重在旅游过程中获得文化层面、精神层面的体验。上述变化促使旅游企业不断创新旅游产品和服务，催生新的旅游模式和业态，为定制旅行的兴起提供了良好的环境。我国定制旅行开始于20世纪90年代前后，随着经济的快速发展，出现了所谓的定制旅行，其形式多为大型公司的会议或奖励旅游，这为定制旅行的发展奠定了一个良好的基础。从历史进程来看，我国定制旅行的发展主要分为四个阶段（见图1-1）。

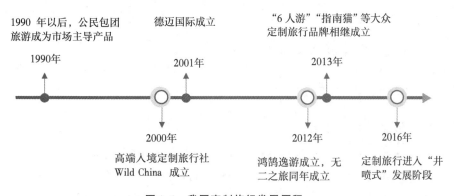

图1-1 我国定制旅行发展历程

（1）1990—2000年，萌芽期。我国人民旅游消费意愿持续增长，但旅游经验较为缺乏，跟团游是这一时期最主要的旅游方式。此阶段，定制旅行开始萌芽，形式多为大型公司的会议或奖励旅游，专门的定制旅行机构尚未萌芽。

（2）2000—2013年，探索期。随着中国经济的不断发展，高收入人群数量逐渐增加，同时，随着国家对出境旅游配额管控的调整，越来越多的高端人士选择出境旅游这种消遣方式，而当时跟团的方式在出境旅游这一领域还未成熟，因此部分旅游企业以定制的方式为这部分人群提供出境游服务，高端定制旅行机构开始萌芽并逐步探索，出现了入境定制旅行社"Wild China"、德迈国际、鸿鹄逸游、无二之旅等少数高端定制旅游公司。该阶段主要推出的是一系列高端的定制产品，受价格因素限制，受众群体只是一小部分旅游消费者。

（3）2013—2016年，成长期。一方面由于跟团游在过去多年出现的恶性消费陷阱等问题，消费者对跟团游的信心下降，另一方面随着高收入人群的不断壮大，人们的旅游模式开始发生翻天覆地的变化，跟团游不能满足旅游消费者日益增长的需求，同时由于自助游对游客的自主规划能力要求较高，有个性化需求的大众用户开始通过定制的方式来获取适合自己的行程，"私人定制游"应运而生，陆陆续续出现了"6人游""指南猫"等较为偏向大众的定制旅行品牌，定制旅行随之进入了成长阶段。

（4）2016年至今，爆发期。近几年，定制旅行逐渐开始"井喷式"发展，运营定制旅游项目的机构越来越多，定制旅行的观念也逐渐被社会各界所接受，旅游业增添了更多新的发展动力和源泉。携程数据显示，2018年上半年国内定制游订单量同比增长120%，订单覆盖1658个国内外城市，营收增长超200%。2019年国庆长假期间全国共接待国内游客7.82亿人次，同比增长7.81%，旅游营收总额达6497.1亿元，同比增长8.47%，其中27.03%的游客选择定制旅游。相关调查显示，62.3%的游客表示有定制旅游意愿。

## 第二节　定制旅行发展现状与趋势

### 一、定制旅行发展现状

#### （一）定制旅行认识误区

**1. 定制旅行等于高端游**

有不少旅游者认为定制旅行是一种高端旅游方式，将其等同于豪华游、奢侈游。诚然，在中国定制旅行发展的早期阶段，定制旅行的形式以高端定制为主；但随着经济社会的不断发展，定制旅行已呈现出多种发展形式，高端定制依然存在，但并不是唯一的形式。因此,不应将高端定制所呈现的"高端"价格等无限放大,此处的高端应当理解为相对高端。实际上,定制旅行的高端更多体现为它是以旅游者的需求为中心和对旅游者的重视,旅游者在旅游产品或服务中具备了更多的主动权、选择权。一方面,相较于传统旅游方式中旅游者的角色,定制旅行中旅游者所处的地位更高、发挥的作用更大,得到的体验也更好,这才是真正体现定制旅行高端的一面。另一方面,目前定制旅行产品或服务的价格与发展初期时相比已经大幅下降,其与传统的旅游产品或服务的价格差距也在逐渐缩小,加上人们收入水平的提高以及旅游消费支出的增加,定制旅行正走向大众化,已经不再专属于某些高收入人群,而是有可能成为人人皆可参与的大众旅游形式。

2. 定制旅行无法实现规模化

部分定制旅行企业经营者认为,定制旅行注重个性化、差异性,其产品或服务难以批量设计或生产,从而导致定制旅行企业无法实现规模化经营。实际上,随着互联网等新技术的不断应用,定制旅行企业在收集、分析旅游者信息等各类数据时更加便利,企业建立了强大的数据库,可以利用数据库并结合旅游者的需求快速生成个性化的旅游产品或服务。实现规模化的重点和难点在于如何紧紧抓住旅游者的消费需求,提高其重游率,这也是定制旅行企业提高利润需要面临的重要问题。

3. 定制旅行等同于"完全定制"

许多旅游者认为定制旅行的产品或服务一定是符合自己需求的,是独一无二的,与其他旅游者定制的产品或服务完全不同。应当承认,定制旅行企业提供给旅游者的产品或服务是个性化的,具备独特性,但定制旅行企业如果没有标准化或模块化的产品或服务素材储备,那么每一次的定制都将耗费大量的人力物力、付出高昂的开发成本,这不符合定制旅行企业的经营规律和盈利模式。因此,当前的定制旅行一定是标准化与个性化的结合,对于旅游者的个性化需求,定制旅行企业可以通过对标准化的模块进行变更或调整,形成符合旅游者需求的个性化产品或服务。

(二)出境定制旅行发展现状

近年来,随着中国经济的快速发展和居民收入的提高,中国居民境外旅游热情高涨。得益于人均收入增长、国际航线增加、中国护照"含金量"的提高等,中国已连续多年保持世界第一大出境游客源国地位,出境游规模持续扩大。2018年,携程定制旅行平台联合中国出境游研究所(COTRI)发布了业内首份《中国人欧洲定制游报告》。报告显示,2017年中国居民旅游呈现深度化、个性化趋势,欧洲定制游业务增长迅猛,占出境定制游整体的10%,需求单量同比增长130%;目的地涵盖多个欧洲国家,其中定制旅客出行欧洲人次排名前10的国家分别为英国、意大利、法国、俄罗斯、希腊、西班牙、德国、瑞士、捷克、奥地利。值得一提的是,希腊虽然不在中国游客到访人次TOP10榜单中,却在定制游榜单中位列第五。希腊以其优美的自然风光和宜人的气候,以及古老的神话故事和丰富的岛屿旅游资源,吸引着憧憬浪漫和那一抹"希腊蓝"的中国游客。到访希腊的中国游客的特点为非参团、年轻化,其定制需求集中在特色酒店、蜜月和婚纱照等方面。

数据分析显示,"深度游"是欧洲定制游的主流需求,中国居民欧洲定制游的旅行时间平均为12天,一般游览1~2个国家,人均花费每天约2500元。影视剧取景地"打卡"、蜜月摄影之旅、艺术研修等都是时下热门的定制旅行内容。相比游览经典景点,定制游游客的欧洲行更倾向于游览小众景点,去特色小镇徒步观光,参加个性化的活动等。另外还有专为了某个特定活动而去的游客,比如西班牙的伊比萨岛每年5月举办的电音派对吸引了很多中国游客前往。游学也是欧洲定制游的一大特色活动。定制游学主要集中在暑期,即七、八月份,剑桥大学、牛津大学这样的老牌名校是很多家长带孩子定制出行的目的地,感受名校氛围,了解当地留学政策和当地学校情况成为定制旅行的一大主流。此外,一些适合成人的研学项目也是欧洲定制游的主题,如意大利建筑设计与艺术访学研修之旅,游客可以深入了解意大利的设计产业,还能从意大利顶级设计师那里得到面对面的学习机会。

报告显示,欧洲定制游的十大国内客源地为上海、北京、广州、成都、深圳、南京、杭州、武汉、西安、厦门。上海、北京、广州毫无悬念占据前三,占比为50%。以武汉、成都、南京、杭州等为代表的城市,居民消费能力提升,二次欧洲游比例提升,选择定制的比例也越来越高。而从需求单量的增幅方面看,欧洲定制游增幅前十的国内客源地为哈尔滨、武汉、福州、南京、杭州、深圳、沈阳、广州、昆明、青岛。随着定制游的普及,二、三线城市的定制游涨幅迅猛。

### (三)国内定制旅行发展现状

#### 1. 定制旅行规模日益增大

数据显示,我国定制旅行市场正以年均40%的速度快速增长。携程发布的《旅游3.0:2017年度定制旅行报告》中,将2017年定义为定制旅行大众化的元年。随着越来越多市场玩家的入局,消费者的价格门槛逐渐降低,定制旅行正步入大众市场。携程数据显示,截至2023年10月底,定制需求单同比增长330%,比2019年同期增长30%;其中,境内定制需求大幅反弹,需求单同比增长270%,反超2019年同期60%。核心目的地如北京同比大增8倍,陕西、江苏、上海等地同比增长超4倍。旅客对于定制游的整体需求达到了历史峰值,行业对于定制师的需求同样如此。

#### 2. 定制旅行供给方式类型多样

定制旅行的供给方式越来越多样化,根据不同方式,可将定制旅行划分为不同类型。

(1)按服务群体划分:高端定制旅行和大众定制旅行。

根据服务群体不同,可将定制旅行划分为高端定制旅行和大众定制旅行。高端定制旅行以独具优势的旅游资源服务于高净值人群,其单笔订单的利润率相对较高,但产能相对较低,高净值人群指的是个人(家庭)拥有的可投资净资产在人民币600万元(还有按1000万元计算的)以上的个人或家庭。高端定制旅行的必备条件就包含以下8项:私人客服、私密行程、五星级及以上酒店、乘坐公务舱及以上、稀缺资源、VIP观景/娱乐安排、顶级餐厅、地面豪华交通工具。高净值人群看重的服务更为具体:专属司机与向导、一对一专属客服、酒店与游轮品牌、稀缺旅游资源、特色餐食安排、突发事件及时跟进处理、创新合理的行程设计。大众定制旅行因其掌握的优势资源偏少,一般是整合现有旅游资源,为中低收入群体提供相关的定制旅行产品或服务,通过不断增加订单数量等方式实现盈利。

(2) 按渠道性质划分:线下定制旅行和在线定制旅行。

根据渠道性质不同,可将定制旅行划分为线下定制旅行和在线定制旅行。线下定制旅行主要包括针对团体和针对个人(家庭)的定制旅行。针对团体的定制旅行由旅游者或相关组织组团,以团队为单位与旅游企业确定旅游线路等具体内容,旅游企业根据其要求提供产品或服务;针对个人(家庭)的定制旅行以个人(家庭)为单位向旅游企业提出诉求,由旅游企业一对一给出专业的定制旅行方案。在线定制旅行是指旅游者通过网络的方式向旅游企业提出诉求,定制师根据旅游者的个性化需求设计制定相应的旅游项目,旅游者在线下独立体验旅游产品的旅游模式。

(3) 按运营模式划分:B2B、B2C和C2C定制旅行。

在线定制旅行的运营模式分为B2B、B2C和C2C模式。B2B模式,即同业定制模式,是指在线定制旅行企业为线下旅行社提供定制旅行供应商服务或工具类产品。B2C模式分自营和平台两种模式。自营模式即企业招聘并培训定制师,直接向客户提供定制旅行服务;平台模式即企业通过平台以店铺形式向客户提供定制旅行方案、预订等服务。两种B2C模式都存在优势和缺陷。自营类B2C定制机构的优势在于可以直接把控产品的质量以及提升定制师的能力,有利于企业的长期发展;其缺陷在于模式较重,线下人工成本过高,规模化存在一定难度。平台类B2C定制机构的优势及缺陷则恰恰相反,其优势是模式轻,有利于规模化扩张;其缺陷在于产品质量风险较高,平台较难建立良好的口碑,且基于信任和交流的定制客户极易流失到各个直接提供产品的定制旅行机构。C2C模式,即达人定制模式,是指由个人定制师或达人通过定制平台向旅游者提供定制旅行产品或服务。其模式极轻但品控难度大,且定制师的认证和培训在互联网环境下都显得较为单薄,用户出行安全难以保障,定制师能力水平参差不齐,同样使得平台复购率的提升遇到难题。

(4) 按旅游者参与程度划分:需方型定制、平衡型定制、供方型定制。

依据旅游者的参与程度,可以将定制旅行划分为需方型定制、平衡型定制、供方型定制三种类型。需方型定制主要由需方即旅游者主导,旅游者提出产品或服务的设计要求并深度参与其中,最终形成的产品或服务完全或绝大部分符合旅游者的个性需求,此种类型下旅游者的参与程度最高。平衡型定制下,旅游者虽然具有个性化的需

行业资讯

B2B、B2C和C2C模式主要企业

求,但目标不够明确,旅游者在产品或服务的选择上难以决策,要求供需双方即定制旅行企业与旅游者进行多次沟通,在此基础上由定制旅行企业给出多种柔性定制方案,引导旅游者做出决策,此种类型下旅游者的参与程度较高。供方型定制是定制旅行企业根据旅游者不甚明确的个性化要求,对标准化产品进行调整和重构后提交给旅游者供其选择,此种类型下旅游者的参与程度较低。

#### 3. 在线定制旅行成为重要新生力量

当前,在线定制旅游已成为中国定制旅行的重要新生力量,代表了未来定制旅行的发展方向。艾瑞咨询研究显示,2017年中国定制旅行市场总规模为865亿元,其中在线定制旅行市场交易规模为68.0亿元,在线化率为7.9%。携程发布的《2024年元旦跨年旅游报告》显示,国内跨年旅游订单量同比增长168%,出境游订单量增长388%,在高端度假酒店、定制游等旅游消费方面,游客的人均花销均有不同程度上涨。在线定制旅行已成为定制旅行新的增长点,在整个定制旅行业务中的比重正逐步上升。未来随着旅游者定制旅行消费意识的增强以及行业规范体系的成熟,其市场空间将非常广阔,预计在线化率也将随之提高。

### (四)中国在线定制旅行发展现状

基于在线定制旅行的发展前景,考察中国定制旅行的发展现状必然绕不开在线定制旅行。与其他类型的定制旅行模式相比,在线定制旅行的数据更易获得,更具典型性,能够体现中国定制旅行发展的现状。

#### 1. B2B模式的定制旅行发展现状

随着客户端市场竞争日益激烈,定制旅行企业将业务拓展至同业企业,目前这一模式发展迅速,但定制旅行分销平台的推广仍然存在不少困难,行业标准的建立和统一仍需要不断探索。

#### 2. B2C模式的定制旅行发展现状

就目前的发展态势来看,自营模式可以较为有效地掌控产品及服务的质量,并且可为定制师的职业发展提供良好的空间,有利于定制旅行企业长远发展,但因其线下人工成本相对较高,难以快速实现规模化发展;相对而言,平台模式则存在产品及服务质量较难把控的情形,但其可以较容易地实现规模扩张。

#### 3. C2C模式的定制旅行发展现状

由于相当一部分个人定制师或旅游达人的定制能力水平参差不齐,同时相关服务配套不够完善,C2C模式定制旅行的二次消费率相对较低。

## 二、定制旅行发展趋势

### (一)定制旅行产品或服务形式将呈现多元化

随着社会经济的不断发展,旅游者将会有更高层次的需求,加上旅游者的个性化

行业资讯

走客网络登陆新三板 成"定制旅行"第一股

需求具有不确定性,且其需求很有可能远远超过目前旅游企业提供的产品或服务范围。因此,定制旅行企业要更加注重研究旅游者的个性化需求,并根据经济社会发展的趋势对相关需求做出预判,提出产品或服务改进预案。下一步,旅游者个性化需求的扩张与定制旅行产品或服务之间的博弈仍将继续,需求的边界越来越模糊,必然要求定制旅行产品或服务更具针对性和特质化;否则,旅游者需求将无法得以满足,而定制旅行企业也无法有效运行。新的消费习惯将不断涌现,新的产品或服务形式也不再拘泥于现有的类型,旅游者不断升级的个性化需求以及定制旅行企业不断进行的产品或服务创新,将形成一种合力,共同推动新的产品或服务形式出现,进一步丰富定制旅行产品或服务体系。

### (二)定制旅行服务将呈现标准化

定制旅行要求旅游企业具有更高的满足旅游者个性化需求的能力,这也意味着成本会更高,想要实现降本增效,标准化是方向之一。定制旅行有一定的共性,比如地理位置、旅游资源、文化特色等,可以在固有基础上制定定制旅行的产品模型,并在后期进行个性化加工。同时,多数游客的心理需求是一致的,可以推出相对标准的定制旅行线路,然后基于游客的个性化需求加以调整。从这个角度看,定制旅行也可以逐步标准化、大众化。总之,只要建立起高标准的供应体系、采购体系、高端人才体系和专业服务体系,并在市场调研、产品设计、资源配置、营销推广、专业服务等领域下功夫,定制旅行就可以实现标准化、规模化。

### (三)定制旅行运营模式将呈现多样化

源于各类新技术的不断应用,以及旅游者个性化需求的持续升级,未来定制旅行将会出现更多新的运营模式以适应这种新的变化。新的运营模式可能基于现有的互联网,也有可能依赖于未来的其他新技术,未来的定制旅行将以技术为引领,覆盖更大范围内的旅游者,定制旅行将有望成为大众旅游方式。

### (四)人才将成为定制旅行的重要基础

定制旅行因其个性化的特征为旅游定制师、旅行顾问等职业设定了较高的门槛,而随着定制旅行与新技术的不断融合,定制旅行产品或服务开发过程中的信息收集与研判、信息交互平台的开发与维护以及全过程监控等,都需要定制旅行从业者具备相关的专业背景,这都对定制旅行从业者提出了更高的要求。实践表明,影响定制旅行品牌的首要因素是定制师,如何在第一时间获取信息,抓住游客核心需求,定制师的专业度、话术技巧及响应速度非常关键。因此,人才对于定制旅行行业的发展至关重要,优秀定制师人才的缺口很大。

行业资讯

《旅游3.0:2017年度定制旅行报告》

| 教学互动 |

讨论:有些人觉得定制旅行就是奢侈的高端游,是少部分有钱人的游戏,

也有一部分人认为定制旅行就是冒险、标新立异的项目，只适合年轻人，你认为呢？

## 第三节　国内旅游发展与定制旅行

### 一、我国旅游业经营环境分析

我国旅游业经营环境可从政治（Political）、经济（Economic）、社会（Society）和技术（Technology）四个方面进行分析。

#### （一）政治因素

随着"十四五"规划的落实，文化和旅游行业深入贯彻落实党的二十大部署，坚持以文塑旅、以旅彰文，推进文化和旅游深度融合发展，旅游业振兴发展的前景一定会更加广阔。"旅游承载着人们对美好生活的向往"，2023年春节假期，有一组数据在网上刷屏，国内出游达到3.08亿人次，创造了3758.43亿元旅游收入，旅游业再次迎来开门红。从大江南北到长城内外，到处都是旅游的人们，或阖家相聚，或结伴同行，他们领略山河的壮美，领悟文化的魅力。

#### （二）经济因素

1. 国内旅游市场复苏

疫情过后，旅游业呈现出喜人的复苏迹象。数据显示，2023年春节假期，全国国内旅游人次和国内旅游收入分别恢复至2019年同期的88.6%和73.1%。比这组数据更令人欣喜的是，此次旅游市场的复苏是多方面的：游客出游动机更加多元；中远程旅游比例显著提高；自驾游、租车游、小团游、定制游等更加普遍；热点地区名单中既包括三亚、西安、重庆、长沙等传统热门旅游城市，也涉及更多新晋"网红"地区。在国内旅游率先复苏的同时，与出境游密切相关的签证签注政策和团队业务许可等陆续恢复，出境旅游也成为关注热点。

2023年春节旅游市场的回暖乃至局部地区的火爆着实令人振奋，甚至在一定程度上超出了人们预期。不过我们也应看到，这种现象具有一定的特殊性，2023年春节，多因素使得出游需求集中释放从而形成聚集和叠加效应。

2. 国内旅游消费领域细分化

疫情对旅游偏好的影响将深刻改变旅游产业的投资方式和供给行为。从供给侧来说，疫情迫使多数旅游投资创业机构和市场主体改变传统的投资模式、商业形态和业务板块,市场主体将在细分市场上加大融合创新的力度。从需求侧来看,疫情使得人们对游憩空间的要求更高,错峰旅游和反向旅游受到关注。产品升级的核心是内容,旅游业发展已经到了3.0时代,目的地要为游客提供异地美好生活方式。市场不是一块铁板,要根据人口本身的特点及收入的差距分成不同区域、不同消费层级。针对当前存在的度假产品不足、观光产品过剩的结构矛盾问题,企业要根据自身面对的市场,有针对性地开发产品。我国定制旅行主题服务场景的细化及主要目的地如图1-2所示。

图1-2　我国定制旅行主题服务场景的细化及主要目的地

3.旅游消费趋势选择个人化

随着"00后"入场和适老化的加速,中国旅游正在进入个性化和多样性的时代。红色旅游蓬勃兴旺,乡村旅游方兴未艾,文化和旅游深度融合,主客共享美好新生活。旅游是展示文明的窗口,体现了一个国家物质文明和精神文明协调发展的水平。旅游消费选择凸显以人为本,消费者对定制旅行产品及私人旅游定制师的选择,因人而异,更趋于个人准则与个人偏好。

（三）社会因素

影响定制旅行发展的社会因素主要包括文化教育、生活方式、思想意识、公众的价值观等。近年来,我国经济发展进入快车道,社会各业形势向好,居民的可支配收入和消费意愿水涨船高。同时,为了保证劳动者的合法权益、完善社会福利制度和增强人民群众的幸福感,大众的休假时间尤其是利于出行的法定节假日的增加,也为旅游产业的加速发展带来了难得的契机。我国当前社会环境安定、文明有序,此时大众的出行欲望也会更强,而且更倾向于选择自由度更高的出行方式。此时传统的出行方式,如跟团游，已无法满足旅游消费者观念转变后的个性化需求。"慢节奏"是被提及频率较高的词汇，近80%的订单都强调了这一点，包括不要太多景点、不能早起晚睡、避开人多的景点等。超过70%的定制游客户有个性化的需求，如"圣托里尼私密婚礼仪式""感受关中平原年味""去《东京爱情故事》取景地""泡温泉时看到烟花"等。

### （四）技术因素

**1. 大数据技术的发展**

大数据领域近年来蓬勃发展，不断产生新的技术，其触角延伸到各行各业，实现大数据的获取、存储、处理分析和可视化。通过大数据技术，我们可以挖掘网络中海量信息里隐藏的信息与趋势，以作为管理者决策的支持与依据。大数据为各个行业和整个社会带来了更高的运行效率，提高了社会经济的集约化程度。

而定制旅行业务与大数据技术的对接，就可以借助这一庞大的开放数字系统中海量的信息与资料，为游客提供更丰富多样的特色旅游产品；同时也可以为这个系统反馈有价值的信息，使其能够更好地服务于定制旅行业务。让每位游客享受到定制化的旅行体验，让旅途中的点点滴滴汇聚成游客记忆中最独特的风景，这就是大数据时代旅行的意义。

**2. 移动客户端功能日趋完善**

随着通信技术的不断升级、移动设备的迅速更新换代以及人们对便捷生活方式的积极追求，移动互联网搭载的全新生活方式不断吸引更多的用户。旅游行业与移动互联网产业的融合速度加快，国内移动旅游市场持续增长。如图1-3所示，携程移动端开发比例逐年提升。

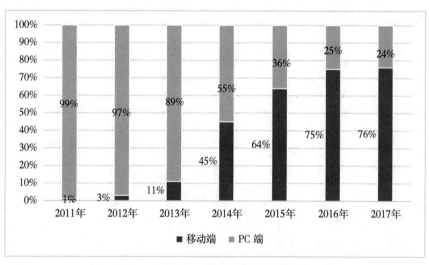

图1-3　携程PC端与移动端开发比例

| 教学互动 |

技能运用：请使用 PEST 分析法，对你所在地区定制旅行发展的宏观环境进行分析。

## 二、国内定制旅行发展新变化

（一）从高端小众化到大众商业化

很多旅游者认为定制旅行是高端游，需要支付高额的费用。而实际上，定制旅行产品按照其价格和费用水平可以分为高、中、低等级别。定制旅行的确有定制费用，一般按天计算，但是相对来说，定制旅行可以灵活安排行程，游客享受到的体验和支付的价格是对等的，有一些短途的定制旅行甚至比传统的团队旅游花费更少，而每一次定制旅行都相当于一次深度体验游。高端定制旅行和大众定制旅行是定制旅行的两大组成部分，不分孰轻孰重。定制旅行其实更多的是面对大众，2016年以来，定制旅行企业如雨后春笋，定制旅行产品也层出不穷，人们的认知观念也在逐渐转变，定制旅行正在进入大众生活，它不局限于小众范围。当人们观念转变，条件具备，定制旅行将成为新型大众旅游方式。

（二）从追求形式到探究内涵

到同一个景区，有人意在观赏风景、领略人文，有人意在放松心情、放飞心灵，还有人可能只是为了打卡留念。因此，设计一条符合个性要求的创意行程，除了需要旅游行业供给侧的转型升级，更离不开整个旅游市场更加专业化和精细化的运作。

定制旅行对旅游市场的专业化提出了更高的要求，定制旅行在国外已流行多年且形成了成熟的体系。在国内，定制旅行起步较晚，不少人认为定制旅行是高端游的代名词，只有少数人能够享受。其实，随着个性化旅游需求的增长，以及消费者消费能力的不断增强，定制旅行已经开始进入"寻常百姓家"，而且该类产品已成旅游业的"金矿"。

定制旅行服务提供者要根据游客的需求，"投其所好"地去设计旅游产品并提供全流程服务，让游客随心所愿地享受旅程。如此，定制旅行服务提供者才能赢得良好的口碑，整个行业的发展也才能健康、稳定。

对定制旅行服务提供者来说，为一张内容固定的卷子填写答案并无多大难度与挑战，但每天要为不同的试卷填写合格的答案，并且最终得到高分并不容易。定制旅行服务提供者提供的"一对一"的人性化服务，以及设计的旅游产品能否满足游客的需要，主要取决于自身的专业化能力和水平。只有专业化水平更高的服务提供者，才能在市场竞争中抢得先机，引领潮流和占据主动。

### （三）从完整性到碎片化

定制旅行就是根据游客的不同需求，为其量身定制旅游行程。因个体个性化、差异化的存在，每个人的需求层次和内容不尽相同，不同的人对旅游产品的供给也有不同的要求，这些不同体现在对旅游目的地、酒店、旅游项目等细节的区分上。不仅传统的跟团出行方式，即便是完整的标准化旅游产品和线路也不能完全满足定制旅行游客的碎片化需求。定制旅行逐渐将游客碎片化的需求、碎片化的出行方式进行最佳整合并优化资源配置，设计出最佳线路组合。

### （四）从多点打卡到多元玩法

过去定制旅行往往会被贴上"奢侈"的标签。随着我国居民个性化旅游需求的增加以及人们消费能力的不断提高，定制旅行产品正"飞入寻常百姓家"，或将推动整个旅游市场的运作更加专业化和精细化。相比出境旅游，国内旅游没有签证、语言等服务需求，消费者对旅游的深度和主题性要求更高，定制不仅仅意味着要满足消费者对吃、住、行等"硬"标准的需求，更要花心思丰富消费者的体验感和参与感，满足消费者的个性需求。如一些旅游平台发布的相关报告显示，时下别墅、复式、窑洞、四合院、老洋房等房型搜索热度提升，可以洗衣、做饭，干净、舒心，适合全家出游的品质房源更受家庭游客青睐。

### （五）定制旅行不等同于另类

有人认为定制旅行是极其夸张地标新立异，是冒险出位，是追求异类，完全超越一般人的接受范围。诚然有些旅游者可能会定制丛林冒险游、南极观光游、洞穴探险游等项目，但定制旅行的范围非常广泛，不局限于上述项目。在实际运营过程中，定制旅行并不追求另类，更多地在乎合适，俗话说"鞋子合不合适，只有脚知道"，旅游值不值得，只有旅游者体验了才知道。定制旅行是尽量符合旅游者消费预期的"不走寻常路"。常规旅游景点也能通过个性化的定制让人惊呼"原来也可以这样"，定制旅行强调不一样的体验感。

### （六）定制旅游市场的主体多元化

随着人们生活水平的提高和个性化需求的增加，定制旅行市场呈现出蓬勃发展的态势。越来越多的旅游企业开始关注并涉足这一领域，力求为客户提供更加个性化、差异化的服务。除了传统的旅行社和在线旅游平台，新兴的定制旅游公司、独立旅行策划师以及各种主题旅游工作室也纷纷涌现，共同推动了市场的多元化发展。这些市场主体不仅包括大型企业，还有许多中小型企业和个体经营者。他们根据客户的个性化需求，提供各种定制化的旅游产品和服务，如私人定制的旅行计划、特色主题旅游、深度文化体验等。这种多元化的市场主体使得定制旅行市场更加丰富多彩，能够满足不同客户的多元化需求。

行业资讯

疫情改变的旅游新形态：定制游上涨4300%

行业资讯

"一家一团"受到关注

然而，定制旅行市场的快速发展也带来了新的挑战。如何在激烈的市场竞争中脱颖而出，成为每个企业必须面对的问题。一方面，企业需要不断提升服务质量，确保客户体验的满意度；另一方面，企业还需要加强品牌建设，树立良好的市场口碑。此外，随着环保意识的增强，越来越多的客户开始关注旅游活动对环境的影响。

### 三、定制旅行发展空间

#### （一）传统旅行社逐步完成转型升级

分工与专业化是经济增长的本质要求，也是效率提升和服务品质的有效保障。商业与工业的分离是不可逆转的经济史进程，旅行社或者说旅行服务从交通、住宿、餐饮、娱乐、购物、主题公园等商业机构，以及自然遗产、文化遗产目的地资源管理者和公共文化机构中分离出来，也是大众旅游时代不可逆转的商业进程。无论我们如何强调消费者主权，我们必须认识到游客不再是纯粹的消费者，他们会介入目的地选择和产品设计，但是游客绝不可能变成普遍意义上的生产者，旅行社的新型专业化服务仍然占据主体地位。在市场主体的共同努力下，定制旅行正是从消费者主权出发，依托旅行商的专业化运营，在分众和分层基础上为旅游者提供高品质服务的商业模式。

#### （二）定制旅行逐步达成业内共识

以携程、凯撒、鸿鹄逸游为代表的市场主体已经成为旅游业高质量发展的关键角色，尤其在定制旅行领域，正在发挥越来越重要的作用。一花独放不是春，万紫千红春满园，为了更好地促进定制旅行理性、协调和可持续发展，需要更多的定制旅行从业者在达成共识的基础上携手同行。定制旅行的时代已经到来，它是大众旅游从初级阶段向中高级阶段演化的必然要求，也是旅游业高质量发展的必然要求，因而是全民的和全行业的。绝不能把定制旅行与大众旅游对立起来，团队旅游也有高端产品，定制旅行也有大众市场。行业内要达成共识，发展目标要明确，不能误导市场发展。

#### （三）定制旅行逐步实现标准化

定制旅行需要更多的企业标准。企业标准是在企业范围内为需要协调、统一的技术要求、管理要求和工作要求所制定的标准。根据《中华人民共和国标准化法》和2016年全国标准化工作会议精神，国家鼓励在已有国家标准（GB）、行业标准（LB）和地方标准（DB）基础上，企业自行制定并发布企业标准（QB）。企业标准在相应指标上应当比国标、行标和地标要求更高，更加个性化。在上述标准均不存在的情况下，市场主体可以以自己的质量控制标准和生产流程为基础，发布自己的企业标准。企业标准的起草也需遵循一定的格式，包括但不限于适用范围、规范性引用文件、术语定义等。经过内部报审后，由企业法人代表或者法人代表授权的主管领导批准，通过企业标准信息公共服务平台予以公开发布。定制旅行正在逐步走向标准化，这意味着越来越多的旅行服务提供商开始注重为客户提供个性化的旅游体验。通过标准化的流程和系统，它们能够更好地满足客户的独特需求,同时确保服务的质量和效率。这种趋势不仅提升了客户的满意度,还推动了整个旅游行业的创新和发展。

### (四)定制旅行品牌逐步丰富化

定制旅行需要更多的产品品牌。鸿鹄逸游、碧山、赞那度、中青旅耀悦等主打奢华和高端的定制旅行商,已形成公司品牌效应。携程、凯撒、港中旅等旅行服务商也在此领域耕耘有日,并成立了相应的事业部或者业务单元。随着人民生活水平的提高和旅行经验的丰富,定制旅行市场将面临分层、分众的趋势,行业内还需要更多的品牌线路和品牌产品。"非洲之傲""东方快车"等代表高品质的旅行线路,需要无二之旅、"指南猫"等定制旅行平台让年轻人从一开始就了解品质,享受定制,也需要时尚引领定制旅行的未来。

### (五)定制旅行第三方评价逐步具有权威性

随着互联网技术的不断发展和普及,定制旅行第三方评价逐渐成为越来越多旅游者在规划行程时的重要参考依据。这些第三方评价平台通过收集和展示来自不同用户的实际体验和反馈,为潜在的旅游者提供了宝贵的第一手信息。这些评价往往涵盖了旅行中的各个方面,包括住宿、餐饮、交通、景点等,因此它们在帮助旅游者做出决策方面具有越来越高的权威性。这些第三方评价平台之所以能够获得如此高的权威性,主要得益于以下几个方面。第一,评价内容的真实性和客观性得到了保障。大多数平台都采取了严格的审核机制,确保每一条评价都是由真实用户在实际体验后所发表的。第二,评价的多样性和全面性也为用户提供了全方位的参考。用户可以看到不同背景、不同需求的旅游者对同一目的地或服务的不同看法,从而做出更加全面和理性的选择。第三,随着大数据和人工智能技术的应用,第三方评价平台能够通过算法对海量的用户评价进行分析和处理,提炼出最具代表性和参考价值的信息。这不仅提高了评价的准确性,还使得平台能够根据用户的个性化需求,推荐最适合他们的旅行方案和建议。

## 第四节　国际旅游发展与定制旅行

### 一、国际旅游概述

国际旅游和国内旅游是一个相对应的概念,通常是指一个国家的居民离开自己的国家到其他国家或者地区进行的旅游活动。国际旅游的异地性体现为跨越国界。国际旅游同样也是人们有目的的出行活动,相对国内旅游,国际旅游存在高消费性、服务贸易性、财富转移性的特征。根据不同的划分标准,国际旅游呈现以下分类(见表1-1)。

表1-1 国际旅游分类

| 分类标准 | 旅行目的 | 旅行方式 | 旅行距离 | 旅行流向 |
| --- | --- | --- | --- | --- |
| 基本类型 | 消遣型旅游<br>商务型旅游<br>探亲型旅游<br>购物型旅游<br>游学型旅游 | 散客旅游<br>团队旅游<br>定制旅游 | 边境旅游<br>区域旅游<br>环球旅游 | 出境旅游<br>入境旅游 |

## 二、国际旅游市场发展现状

### (一)我国出境旅游快速复苏

2023年文化和旅游部先后两次发布出境团队游和"机票+酒店"业务试点名单,出境游政策不断优化。民航局数据显示,2023年上半年国际航线旅客运输量恢复至2019年同期的23.0%,其中6月份国际客运量已经恢复至2019年同期的41.6%。随着国际航班的增加,商务旅行、探亲访友、毕业旅行、暑期研学游等出境旅游需求不断释放,出境旅游迎来有序复苏的良好态势。

西班牙《消息报》网站报道称,全世界的旅游业已准备就绪,张开双臂迎接中国游客。根据法国外贸银行的研究报告,如果中国旅游客流强度恢复至疫情前水平,全球每年将获得1600亿美元的额外收入。报道指出,中国是一个日益重要的市场,不仅因为中国中等收入群体规模壮大使得游客逐年增加,还因为中国游客平均支出很高。在2010年至2019年,中国游客的海外旅游支出翻了一番,2019年占世界总额的16%。如今,中国游客逐渐回归国际客流,意味着将向旅游业占比大的经济体注入新的资金。

路透社指出,中国游客一直是世界零售业和旅游业备受瞩目的中流砥柱,各国商家迫切期待中国游客的光临。中国公民对出境游的强劲需求,无疑提振了遭受重创的全球旅游业。

世界旅游组织(2024年1月更名为联合国旅游组织)认为,作为2019年全球最大出境旅游市场,中国有序恢复公民出境游,能够极大促进亚太地区和全球旅游业的复苏。

### (二)出境游提振全球旅游市场信心

从三大市场来看,国内旅游市场和出境旅游市场的复苏相对较快,而重振入境旅游市场则更为艰难。就国内旅游市场而言,旅游者的时间成本、经济成本和决策成本相对较低,加之目的地的营销吸引和消费政策的刺激带动,其恢复相对容易。就出境旅游市场而言,由于相关业务盈利空间更大、境外目的地促销力度加大、出境需求原本较为旺盛且受压抑时间更长,其复苏备受瞩目且速度较快。相比之下,要推动入境旅游市场的复苏,特别是外国人市场、远程市场、过夜游市场复苏,则需要更加系统的谋划和更加持久的努力。

有外媒引述携程发布的《2023年春节旅游总结报告》称，2023年春节假期，有很多中国游客走出国门享受节假，境外酒店预订量、跨境机票销量增长逾4倍。国内游方面，国内各大火车站、机场繁忙景象再现，热门旅游目的地客流也迎来倍速复苏。

联合国网站刊文表示，旅游业是全球重要的经济行业之一，为亿万人口提供了生计，世界上每10人中就有1人从事旅游相关行业。在一些国家，旅游业收入占其国内生产总值20%以上。旅游业也是推动实现联合国2030年可持续发展议程目标的关键支柱。

外媒认为，无论是络绎不绝的出境游，还是一片火热的国内游，都彰显出中国消费需求的旺盛活力，这让国际社会对中国经济增长前景更加乐观，也有力提振了全球经济复苏的信心。

数据显示，中国消费者正在开始恢复消费，特别是旅游类消费。2023年春节假期，全国旅游收入达3758.4亿元人民币，同比增长30%。经济学家对中国的长期增长前景持乐观态度。随着旅行恢复正常，中国经济增长将带动周边地区经济增长。

墨西哥融媒体平台"Alto Nivel"认为，中国居民消费热情的回归，将刺激全球经济的增长。

埃及阿拉伯研究院院长表示，中国是包括埃及在内的很多国家的重要客源国，中国游客的到来将有助于增加旅游目的地国家的收入。更重要的是，中国经济总体平稳、稳中有进的发展态势，有望为世界经济复苏注入动力。

## 三、国外定制旅行发展

### （一）国外定制旅行起步较早

国外的定制服务研究起步较早，在20世纪70年代随着服务行业的快速发展，很多学者开始关注"定制"这一概念。其中最早将定制理论化的是美国著名未来学家阿尔文·托夫勒，他在其出版的著作《未来的冲击》中第一次提出了"一种以大规模生产的成本和时间，提供满足客户特定需求产品和服务的生产方式的设想"。1993年美国学者B.约瑟夫·派恩在其所著的《大规模定制：企业竞争的新前沿》一书中对大规模定制内容做了系统化的阐述，即"企业从大规模生产标准产品转向有效地提供满足单个客户愿望和需求的产品和服务"。之后的Hart（1995）和Linda Peters（2000）分别对"定制"会在服务行业获得广泛的应用、发展，以及服务企业大规模定制生产的可行性、推动因素和制约因素展开研究。Giowani Da Silveira（2001）开始尝试系统化地从理论、探索性或实证性方面对服务在大规模定制中的应用进行研究。

### （二）国外定制旅行发展较为成熟

步入21世纪以来，随着旅游业的快速发展和旅游市场的逐渐成熟，越来越多的机构和人专注高端定制旅行。笔者在Google中搜索关键词"personalized luxury travel"，可以看到近年来欧美国家对高端定制旅行的研究多集中在"豪华酒店""豪华游轮"和"定制假期"三个方面。

1. 豪华酒店研究

Molly W.Berger(2011)从奢华酒店及其提供的个性化服务的角度分析了高端消费群体对个性化服务的需求并探讨了技术革新给酒店设施和服务带来的转变。Joseph A. Michelli(2015)阐述了世界顶级酒店品牌丽思·卡尔顿酒店的发展史及其享誉业界的金牌服务标准,从服务的角度如了解客人喜好、对客人的真诚关怀、超越客人的期望等,分析探讨了如何为客人提供个性化的定制服务。

2. 豪华游轮研究

Mark Orwoll(2017)介绍了豪华游轮及服务在欧美的发展和演变。1977年《爱之船》美剧的热播,标志着游轮作为美国贵族和上流社会专属的旅行方式正式面向社会群体开放,一直以来都受到高端消费群体的推崇。从游轮的设施(房型、娱乐、餐饮等)单一化到为满足不同需求而设计的多样化和定制化,再到对目的地、行程和服务的不断创新和优化升级,几十年来游轮一直是深受欧美高端家庭欢迎的旅行方式之一。

3. 定制假期研究

定制假期主要针对高端家庭休闲度假的需求。John Swarbrooke(2018)阐述了高端旅游的概念及其在旅游业中的意义,并列举了一些案例来分析高端旅游随着技术的革新、社会的演变等因素而发生的改变,同时也指出了未来面临的可持续发展的挑战。

(三)国外定制旅行聚焦高端奢华

近年来,国外很多权威调研机构非常关注奢华旅游、高端定制旅游的发展,并发布了相关报告。如全球知名技术调研顾问公司Technavio,专注于新兴行业的数据研究和分析,其在2017年发布的 *Global Luxury Travel Market(2017—2021)* 中对高端旅游市场的现状做了深入的调研和分析,报告中指出,数字支付使旅行变得简单快捷,旅行者出行也变得更加安全、方便,这无形中带动了旅游业的发展,尤其是高端奢华旅游的发展。从地理地域的角度来看,EMEA(欧洲、中东和非洲)将是高端旅游的重点市场,探险、美食、豪华游轮将受到高端旅游消费者的青睐。

(四)定制旅行服务平台世界领先

Virtuoso是世界领先的定制旅行服务平台,该网站拥有超过两万名定制师,与全球超过1800家包括酒店集团、豪华游轮、旅行社等在内的世界顶级旅游机构合作,为高端旅游消费者提供量身定制的旅行解决方案,包括极地探险、VIP尊享项目及稀缺资源旅游等。在其发布的 *Virtuoso Luxury Travel Trends 2020*(《Virtuoso 2020奢华旅行趋势》)中,根据针对来自北美、亚太,以及欧洲、中东和非洲的1300位旅游定制师的问卷调查,对未来高端旅游的发展趋势做出如下预测:未开发的稀有目的地(游客少的天然景区)、多国游组合产品(一次性去几个国家体验不同的文化)、美食寻味之旅(世界有名的米其林餐厅或特色美食)、小团队精品游(年轻人居多,和朋友一起出行)、高端享乐游(全程管家安排,包括出行的每一个细节服务)。同时,该报告还总结了高端奢华旅行的主要类型、出行动机和热门目的地等,见表1-2。

表1-2 国外高端奢华定制旅行发展趋势

| 类别 | 排名前五 |
|---|---|
| 主要类型 | 跨代家族游,深度体验游,运动探险游,亲子游,纪念及庆祝游 |
| 出行动机 | 纪念日,探索的快感,与爱的人共度时光,休闲放松,完成旅行心愿清单 |
| 最受欢迎的城市 | 巴黎,巴塞罗那,佛罗伦萨,罗马,伦敦 |
| 最受欢迎的目的地 | 意大利,希腊,法国,日本,克罗地亚 |
| 关注度上升最快的目的地 | 克罗地亚,南极洲,冰岛,日本,葡萄牙 |
| 最受欢迎的探险目的地 | 南极洲,阿拉斯加,科隆群岛,南非,冰岛 |
| 最受亲子游欢迎的目的地 | 夏威夷,意大利,奥兰多,哥斯达黎加,英格兰 |
| 最受蜜月游欢迎的目的地 | 法属波利尼西亚,意大利,希腊,巴厘岛,马尔代夫 |
| 最受单人游欢迎的目的地 | 意大利,英格兰,美国,法国,西班牙 |

## 四、国际定制旅行发展路径

中国拥有世界第一大旅游市场、第一大出境旅游市场与第四大入境旅游市场,具备极强的"双循环"联动发展特征,2023年国内出游人次48.91亿,比上年同期增加23.61亿,同比增长93.3%。据统计,2023年中国入境游客8203万人次,预计2024年中国出境游客人数将达到1.3亿人。出入境旅游市场进入加速复苏的通道。入境旅游方面,在相关政策的刺激下,入境旅游需求明显回升,伴随着共建"一带一路"国家商业活动的恢复,商务旅行将是近段时间入境客流恢复的主力支撑。

### (一)提升需求量,激活国际定制旅行消费市场

需求是引领国际定制旅行发展的原动力,国际定制旅行发展需重点关注国际旅游消费需求市场的扩大。

1. 扩大中等收入群体,培养定制旅行消费群体

积极扩大中等收入群体,提升目的地旅游消费能力,增强旅游消费购买力,推动国际定制旅行蓬勃发展。通过降低个税、购物品免税、发放消费券等提升居民可支配收入,提高边际消费倾向,不断刺激国际定制旅行消费市场的消费潜力,在经济"双循环"的背景下,做大做强国际旅游消费市场。

2. 加大周边客源国市场定制旅行营销力度

加大对中国周边主要客源国市场定制旅游产品的营销力度,通过"一带一路"连接

国内大市场与国际大市场,推动国际定制旅行健康发展。具体包括强化旅游通道建设,不断增加国际航线数量,提升国际旅游交通通达性,推动主要客源国游客入境免签,积极吸引日本、韩国、俄罗斯等主要客源国游客。对于境外游客旅游消费,应重点扩大和加大消费品关税降税的范围和力度,推进免税购物、离境退税等政策落地,不断激活外国游客的旅游消费。

### (二)增加供给量,推动国际定制旅行供给侧改革

发展国际定制旅行需要紧密围绕旅游业供给侧改革,从供给端不断强化精益化、丰富化和高品质的旅游产品有效供给。

#### 1. 关注国际定制旅行供给侧改革

坚持旅游供给侧结构性改革的主线,增加高品质定制旅行消费供给。以旅游供给侧结构性改革引领和创造旅游新需求,以此满足国内外游客日益提高的定制旅行消费需求。在旅游供给侧改革的同时,应高度重视旅游需求侧管理,全力推动形成旅游需求创新旅游供给、旅游供给引领旅游需求的高水平动态平衡。

#### 2. 聚焦国际定制旅行业态创新

应聚焦国际定制旅行业态创新,不断推动目的地旅游产业高端化转向。未来各地建设发展国际定制旅行应基于旅游消费新趋势的研判,通过全新高端技术大力发展"低空旅游""康养旅游""文化旅游"和"游轮旅游"等旅游消费新业态,打造具有强大竞争力的旅游产品业态体系。

#### 3. 拓展国际定制消费新空间

拓展国际定制消费新空间,打造国际免税购物中心和时尚购物中心。依托目的地原有的国际购物场所,推动时尚文化与本土文化的融合发展,通过举办文化旅游、时尚展览等重大活动,引领国际旅游消费文化潮流。

#### 4. 优化国际定制旅行服务质量

对标国际先进标准改善消费环境,对标国际著名旅游消费中心的先进标准改善目的地的旅游消费软硬件条件,营造高效便捷、公平有序的定制旅行消费环境,提供高品质、精细化的旅游服务。一是坚持生态优先原则,围绕目的地全域环境优化打造理念,以全域旅游为指导,以环境美化为目标,优化城市人居环境、美化乡村居民环境,创建主客共享、国际一流的优质旅游生态环境。二是硬件设施上,进一步提升旅游交通、旅游信息、旅游集散网络的全域通达性和国际通达度;强化国际化旅游消费平台的建设,引导建设著名商圈、文旅综合体等,以此完善国际化旅游服务配套,不断提升旅游消费商圈能级,推动形成集旅游、消费、文化、艺术、餐饮等于一体的高端旅游消费商圈。三是优质服务提供上,加大旅游市场监管力度,加大对不良旅游市场行为的整治力度,营造安全方便的旅游消费环境,提供高品质的旅游公共服务;对标国际高端标准,制定本

土化优质服务标准体系,加大涉旅人员培训力度,以优质旅游和精益旅游为导向,不断提升定制旅行消费服务质量,提供国际化、精益化的旅游服务。

## 慎思笃行

### 全球旅游业喜迎中国游客

柬埔寨以"过水门"仪式迎接搭载中国游客的航班;泰国政府官员亲自前往机场,为中国游客送上花环;肯尼亚民众载歌载舞,欢迎疫情发生以来首个赴该国的中国旅行团……随着中国优化调整疫情防控措施,中国旅游业迎来全面回暖,让世界感受到融融春意。

外媒称,世界多国都盼望着中国游客帮助当地重振经济,中国旅游业强劲复苏势头有力提振着全球信心。

《俄罗斯报》网站报道称,俄罗斯经济发展部近日宣布,俄中恢复了互免团体旅游签证协定。疫情发生后的首个中国旅游团于2月23日抵达莫斯科。塔斯社称,俄罗斯第二大城市圣彼得堡政府正与中国官员协商,制定如何接待中国游客的培训项目,包括汉语教学、中国传统美食制作等,以期吸引更多中国游客。

在日前举行的2023年东盟旅游论坛上,东盟国家代表也表达了他们对中国游客回归的热切期待。印尼旅游和创意经济部长桑迪亚加·乌诺表示,中国重启出境游后,东盟旅游业将强劲复苏。

数据显示,2023年春节期间,中国游客出境游整体订单同比增长640%。东南亚、非洲、欧洲等热门旅游目的地以各种方式热情欢迎中国游客。

近日,在肯尼亚首都内罗毕乔莫·肯雅塔国际机场,肯尼亚旅游部门多名官员为到访的首批中国旅行团举行欢迎仪式。他们表示,中国旅行团的到来,标志着肯尼亚与世界最重要的旅游市场恢复连接。未来,肯尼亚将持续深化对华交往合作,欢迎更多中国游客赴肯旅游。

埃及《金字塔报》副总编塔里克·苏努提也表示,中国高效统筹疫情防控和经济社会发展,取得了非凡的抗疫成绩。当前,中国根据实际情况及时优化防疫政策,为中国公民出境旅游创造了便利条件。中国游客为埃及旅游市场带来勃勃生机。

"德国之声"引述德国旅游专家预测称,中国是世界上最大的旅游客源市场,2023年中国游客预计将达到1.1亿人次。到2030年,这一数字预计将增加到2.28亿人次。

世界旅游及旅行理事会总裁兼首席执行官朱莉娅·辛普森表示,出境中国游客以及赴华外国游客的增多,对全球旅游业从疫情中复苏具有重要意义。

（资料来源：人民日报海外版，2023年2月27日）

| 教学互动 |

比较分析：请对比分析国内与国外定制旅行的区别之处。

## 本章小结

案例分析

1. 定制旅行产生背景与发展历程。
2. 定制旅行发展现状与趋势。
3. 我国定制旅行发展空间。
4. 国内旅游发展与定制旅行。
5. 国际旅游发展与定制旅行。

## 本章训练

一、知识训练

1. 简述我国定制旅行产生背景。
2. 简述我国定制旅行发展历程。
3. 简述我国定制旅行发展趋势。

二、能力训练

1. 请运用PEST模型分析我国定制旅行发展环境。
2. 请自行设计调查问卷，了解周边消费人群对定制旅行产品的知晓度、参与度与满意度等相关数据，撰写一份调查报告。
3. 通过文献查阅的方法，归纳总结国外定制旅行对中国定制旅行发展的启示。

在线答题

# 第二章
# 定制旅行:概念、特性与职业框架

 **本章概要**

  定制旅行在过去主要服务于高端定制市场,近年来,随着旅游市场的不断扩大,旅游人次、旅游消费的增加,以及旅游市场对个性化行程的追求,越来越多的游客选择以定制游的形式出游。定制旅行是一种比较新颖的旅游方式,目前大众甚至从业者对定制旅行的定义与理解都普遍模糊。本章从认知的角度,主要讨论了定制旅行的基本概念和基础知识,涉及定制旅行的演变与定义、定制旅行性质与特点、定制旅行产品与服务、定制旅行核心岗位,以及定制旅行职业技能等级。通过本章的学习,学生能够掌握定制旅行的基础知识,为后续定制旅行相关内容的学习奠定基础。

 **学习目标**

### 知识目标

1. 理解并掌握定制旅行的定义、性质与特点。
2. 掌握定制旅行产品与服务的概念和内容。
3. 熟悉定制旅行核心岗位的职责和职业技能等级评定、考核。

### 能力目标

1. 能够辨析定制旅行与自由行、跟团游等旅行方式的区别与联系。
2. 能够明确旅游定制师在定制旅行中的位置和作用。

### 素养目标

1. 培养学生从事旅游定制师职业的职业素养。
2. 树立以客户为中心的服务理念。

**知识导图**

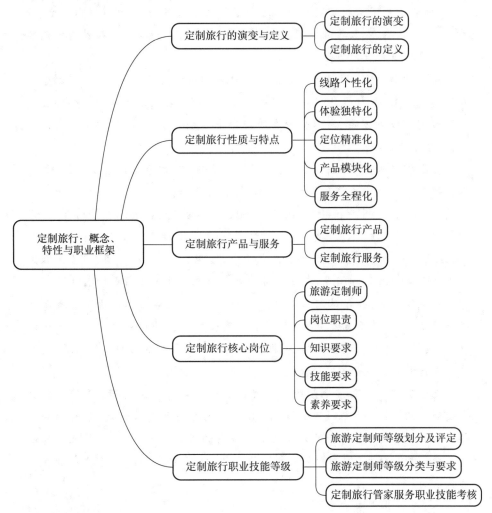

定制旅行性质与特点；定制旅行服务内容；旅游定制师；定制旅行职业技能等级

**章首案例**

### 按需定制，我的旅游我做主

不需要自己四处搜索攻略安排行程，手机一键就可在线定制出游方案。最近几年，随着人们旅游消费观念的不断转变和旅游品质的持续升级，有着更私密、更省心、更自由等优势的私人定制游开始流行起来，成为旅游业的"黑马"。

一、一键定制触手可得

伴随着各大在线旅游平台发力定制游市场,一键定制已变得触手可得。近日,记者在一家旅游定制平台上进行了一次旅游咨询,只需提供出发地、目的地、出行日期、人数等信息便可一键下单,最多可同时选择三位旅游定制师分别为这场出游设计方案。

几分钟后,接单的定制师小侯打来电话询问记者关于吃、住、行、玩等方面的具体需求,并对青岛部分景点做了简单介绍。在沟通结束后定制师会根据游客需求设计方案,游客登录在线旅游平台,在"我的订单"中就能看到方案,十分方便快捷。

在小侯发来的"青岛5天4晚纯玩休闲定制游"方案中记者看到,定制师根据记者提出的要求详细设计了包含16个景点、1个主题活动在内的出游方案,整合了核心景区、精品民宿、特色餐饮、落地交通、属地导服等内容,并详细列出了机票、住宿、用车、导游、门票、餐食等项目费用。除了系统的游玩攻略,方案里每一个景点都标注了景点简介、地理位置、开放时间、门票是否免费以及预计的游玩时间等,在景点与景点之间也备注了距离和行车时间。

在系统了解后,游客可以在线对每个景点、住宿等信息依次进行确认或提出修改要求,直到游客满意,才能最终确认方案签约付款。"等游客确认订单后,我们也会建立包括游客、司机、导游、定制师等人在内的在线沟通群,随时跟进行程。"小侯说。

记者咨询的三位定制师给出的定制游价格要高于在线平台同等天数的跟团游价格,另一位定制师小田说:"游客也可以把预算告诉我们,我们会在预算内设计方案,定制师服务费用是总费用的百分之十,不会额外收取其他服务费。"换句话说,定制游并非与高价画等号,在定制游里,每个人都拥有量体裁衣的权利。

二、个性化需求考验定制师专业能力

旅游定制师跟导游一样,正在成为旅游行业具有代表性的符号。与导游工作不同,在定制旅游的整个过程中定制师提供24小时管家服务,按需定制是核心,需要游客和定制师之间来回沟通,仅一份出游方案经过专属定制师与游客反复沟通、修改、最终敲定至少历时三天。

在孙燕的接单经验中,玩已经不是定制游游客的核心需求,游客需求愈发碎片化、精细化,"在我接单的青岛定制游中,有人专门来青岛看海,深度玩海,我给他设计的出游方案几乎没有别的景区景点,全是与海有关的体验,比如住海景房、坐帆船、垂钓、赶海等等,还有游客专门来体验青岛酒吧文化,很多需求都在你的意料之外。"在孙燕看来,区别于传统的"吃、住、行、游、购、娱"六大要素式的成团旅游,"个性"是定制旅游的关键词,很考验定制师的资源匹配能力和对目的地的了解程度。

业内人士表示，未来定制游市场会趋向年轻化、个性化。当年轻一代成为旅游消费的主力军，不仅目的地的选择范围更加广泛，旅游的纵深较其他年代游客也更加深入。"现在开始流行剧本杀式的定制游，从旅游落地的那一刻起游客就是其中一个角色，旅游变成了一场场景式游戏，这些变化都是为了满足年轻人对个性、新奇的追求，但这不是定制师一个人能完成的任务，需要团队配合。"孙燕说。

（资料来源：青岛日报，2022年4月18日）

案例分析

## 第一节　定制旅行的演变与定义

### 一、定制旅行的演变

2000—2013年，随着中国经济的不断发展，高端人群数量逐渐增加，定制旅行还处于探索阶段。这个时期人们对定制旅行的印象更多的是鸿鹄逸游的品牌产品"环游世界80天"，因此在旅游者看来，定制旅行更多是高端的甚至奢华的，一对一的服务，受众群体只是一小部分旅游消费者。

2014年之后，市场上开始出现一大批新兴的创业公司，它们常常以创意打动客户，并引入了一个新概念——私人定制，具有代表性的就是无二之旅。此时有些行业内人士认为，定制旅行不是只针对有钱人，而是可以按需定制，有多少钱办多少事，预算少也有办法定制。

同时，旅游市场上，团建、会务、考察等企业出行形式也日益个性化，企业出行不只是参加一个会议，更多的是工作和娱乐、文化体验的融合，定制旅行市场接触到更深层次且多元化的需求。2017年底，路书（北京）科技有限公司（以下简称"路书"）发现企业一半以上的客户并不是旅行社，有的是教育机构做一些游学服务，有的是金融机构做LP服务，也有医疗机构做海外的高端医疗、地产公司做业主出行等，这类定制旅行服务需求很普遍。而传统旅游行业在品类、价格、服务质量上都无法满足这些分散又小型的需求。2018年1月，携程发布了我国首个企业定制平台，开辟定制旅行的新市场，标志着企业定制旅行进入了在线化、平台化的阶段，企业定制也成为定制旅行的细分市场。

随着市场环境的不断成熟，定制旅行内涵的不断丰富，路书与定制游行业内有代表性的企业统一认为，定制旅行是以客户需求为中心，满足旅游者个性化体验需求的一种旅游方式。

行业资讯

"极之美"定义"轻探险旅行"推动旅游行业创新升级

### 二、定制旅行的定义

定制旅行来源于旅游者差异化的旅游需求，目的是让旅游者享受到高质量的旅游产品和服务,在国内外很受游客欢迎,目前已经成为旅游界的一种新兴潮流。20世纪70年代,阿尔温·托夫勒对"定制"进行理论化探索。后来多个学者推广了这一概念,比如学者Hart(1995)、服务行业专家Linda Peters(2000)等,将"定制"这一概念广泛应用于旅游业的发展中,并重视定制旅行模式的研究,涵盖营销、产品、服务体验等方面。可见,国外对定制旅行的研究起步早,研究内容深入而细致,研究成果较多。近年来,国内对定制旅行的研究也逐渐增多,主要研究成果体现在发表的学术论文上。教育部印发的《职业教育专业目录(2021年)》中,新增了"定制旅行管理与服务"专业,随后与定制旅行相关的书籍不断涌现,但整体来说,与之相关的系统研究还较少。对于定制旅行或定制旅游的概念表述,还没有形成统一的标准定义,我国学者的主要观点如下。

林爱芳(2012)表示,定制旅游是旅游企业将客户的体验价值作为指导方向,根据客户的多样化要求设置旅游项目的旅游方式。

张红(2012)认为,定制旅游是客户参与旅游项目的询问、创建、设定等环节,是实现客户多样化旅游项目要求的新型旅游方式。

王计平等(2011)认为,定制旅游是以游客的体验价值为导向,将游客群体的需求和兴趣细分,充分注重旅游者的时间成本和体验成本的旅游方式。

艾瑞咨询发布的《2018年中国在线定制旅游行业研究报告》中称,定制旅游是根据用户需求生成的旅游产品组合,有广义和狭义之分。狭义的定制旅游是指定制旅游企业或私人旅行顾问针对消费者的个性化需求和体验感受制定旅游方案并提供相关服务的一种旅游方式。

胡蝶(2022)指出,定制旅游是以旅游者需求为导向,在分众和分层基础上,细分旅游市场,通过旅游者参与到旅游产品的设计、开发与生产环节,依托旅游企业的专业化运营,为旅游者提供差异化、品质化、个性化服务,进而满足游客体验需求的旅游方式。

学者们从不同的角度对定制旅游的定义进行阐述。虽研究视角有所差异,但其表述存在以下共同之处。

一是定制旅行要以旅游者的需求为主导,旅游企业根据旅游者的个性化需求设计和生产有针对性的专项旅游产品和服务,这是定制旅行最核心的内容。

二是定制旅行让旅游者参与到产品的设计中,以增强旅游者的参与感和体验感。

据此,本书认为:定制旅行是指旅游企业以旅游者需求为主导,依托定制师、旅行顾问或定制服务提供商的专业服务,通过与旅游者对旅游行程中各个环节的信息沟通,灵活组合旅行要素,策划个性化旅行方案,提升旅游产品、服务质量和旅游者满意度的旅行方式。

## 第二节　定制旅行性质与特点

定制旅行是一种国外非常流行的旅游方式,其根据旅游者的需求,以旅游者为主

专家剖析

谱见文旅创始人许义关于定制游的理解

导进行旅游活动流程的设计。通俗来讲,定制旅行就是旅游者根据自己的偏好和需求定制行程的旅行方式。它的意义就是把旅游者从人山人海中分离出来,完全按照旅游者的个人兴趣和喜好来安排设计旅游线路。定制旅行属于自由的旅行,根据不同人形成不同"口味"的旅游方案,出来的旅游产品都是"玩我喜欢的",具有线路个性化、体验独特化、定位精准化、产品模块化、服务全程化五个特点。

## 一、线路个性化

在传统旅游服务方式中,旅游者位于价值链末端,旅游企业可以不顾消费者的多样化、个性化需求,提供千篇一律的标准化产品和服务。随着旅游者收入水平和文化程度的逐渐提高、旅游经验的增多和旅游行为的不断成熟,他们的旅游需求也越来越复杂,在购买旅游产品时越来越喜欢个性化的产品,希望满足自我的个性化心理需求。

为此,定制旅行逐渐兴起,这也是旅游者需求个性化的体现。如同自由行,定制旅行也追求个性张扬、不走寻常路,抛弃了上车睡觉、下车拍照、走马观花式的旅游模式。定制师或旅行顾问在旅游线路的设计中,首先必须从旅游者角度出发,以旅游者需求为主导,利用专业的旅游知识和技能以及自身的旅游经历,深入了解旅游者内在的、特殊的甚至隐含的潜在需求,尽可能全面、细致地提供满足其需求的旅行产品和服务,细微处增加创意。同时,根据旅游者的时间、预算、兴趣爱好、体验需求和旅行目的,从路线安排、出行方式、相应的旅游人员和服务的搭配等方面量身打造具有旅游者专属风格的个性化和专业化的定制旅行产品,消除无关紧要的行程安排,使旅游者获得独一无二的体验。例如,为资深"吃货"游客打造小巷特色美食游,为冒险爱好游客打造丛林峡谷惊险游等。这样一来,旅游者的个性化需求在旅游过程中就能得到很大程度的满足,这是定制旅行的突出特点。

## 二、体验独特化

定制旅行是以独特化、体验性为主要特征的一种旅游服务方式。在体验经济的浪潮下,目前定制旅行企业在为旅游者量身制定旅游方案时,非常重视旅游者的体验与感受,最大限度地提供独特、实惠而舒适的旅行服务。定制旅行企业会推荐旅游者去那些具有独特地理特点的旅游目的地,也可以安排旅游者去安静地感受一个城市的魅力,真正融入城市生活,即使超市购物、小店品茗也别有一番风味;也会设计独特的旅游活动,如参加当地的传统节日,参加攀岩、滑雪、跳伞甚至狩猎等活动,制作个人纪念品、定制旅行手册等;亦会提供独特的旅游餐饮和住宿,如当地的特色美食、传统的住宿方式等。此外,定制旅行企业尤其会注重细节的安排设计,这是打造独特旅行体验的关键。例如,在酒店住宿方面,可以安排特别的床单、枕头、香氛等;在交通出行方面,可以安排私人司机、豪华座驾,提供翻译服务等。

当然,随着定制旅行市场上的竞争越来越激烈,不少定制旅行服务机构除了设计独特的体验项目,还为旅游者创造出一系列极具特色的创意行程。比如针对喜欢冒险的游客,设计出"《007》新邦德"角色真实体验之旅;针对出行的单身男女,设计推出莎翁式英伦浪漫交友之旅;针对全家出行的群体,设计出"爸爸去哪儿之英国站"的亲子行程等。

同时,旅游者也会参与定制旅行方案的设计,可以设定内容、决定行程、选择行走路线等,也可以根据自身需求选择更加优质和实惠的住宿,还可以更改行程及具体出行时间,从而可以尽情自由地享受旅行,完全沉浸于当地文化气息与风土人情之中,让旅行更加有意义、有价值,这种特殊的定制服务也无时无刻不在提升旅游者独特的行程体验。

### 三、定位精准化

实施定制化生产,目的在于全面识别旅游者的个性化需求,在进行市场细分时要充分考虑旅游者需求的特征,寻求与众不同的定制方案设计策略。现代社会科学信息技术高度发达,企业经营环境正在发生质的变化。因此,定制旅行企业成功的一个关键因素就是要对旅游者需求进行精准化的定位,并且获取准确的需求信息,这也是定制旅行的一个重要特征。

首先,在互联网大数据时代,定制旅行企业会建立定制客户的数据库系统,对不同旅游者的收入、职业、偏好、购买产品的价格、购买数量、购买条件、家庭成员组成等信息进行记录,绘制用户画像,进行一对一的维护,通过数据来分析不同旅游者的需求,从而更好地定制旅行产品和服务来满足旅游者的需求。

其次,定制旅行企业将旅游市场进行极限化细分,会把每个旅游者都作为独一无二的微观目标群体,更细致、精准地把握旅游者的个性化需求,并依照其个人喜好定制旅行产品和服务,最大限度地让旅游者的需求得到满足,凸显对其个性需要的关怀。

最后,在定制旅行服务中,定制旅行企业也非常重视定制客户的参与感,这是满足旅游者个性化需要、实现精准定位的前提。旅游者可以根据个人喜好、时间和预算等偏好信息,参与到定制旅行产品和服务设计的全过程中;定制旅行企业通过打造共享社交平台,让定制客户在平台上共享和交流信息资源,对定制旅行方案提出意见和建议;定制旅行企业还可以通过线上与线下结合的方式,增强定制客户的黏性。这些方式不但增强了定制客户的体验感,而且实现了定制客户的精准定位,能更好地服务于定制客户。

### 四、产品模块化

对定制旅行企业来说,实现定制旅行的最好办法就是建立能配置多种最终产品和服务的模块。定制并非无限制地进行选择，而是可以提供多种受定制客户喜欢的产品和服务模块的标准件，让旅游者进行自由选择和各种搭配，进而组合成符合旅游者个性化需求的旅游产品和服务。

具体说来，这种定制旅行产品的模块化设计，就是通过大数据等信息技术手段，对定制旅行市场进行市场预测和功能分析，设计并划分出一些旅游六大要素方面通用的产品和服务模块，然后依据定制客户的不同选择进行不同的模块组合，进而形成个性化的定制旅行产品。这既能给旅游者一种无限选择、量身定做的感觉，又能使烦琐的定制旅行方案的设计程序得到有效管理。

这种设计将多样化、标准化、个性化进行了有机的结合，把产品和服务进行了过程重组，不但可以发挥标准化服务的优势，同时还能对定制客户的个性化需求做出快速反应，进而减轻定制旅行企业用有限的生产成本快速地为客户提供多品种、高质量定制产品的压力。

## 五、服务全程化

定制旅行的核心是服务。对比传统的大众旅游，定制游最大的不同在于它的服务无法将行前和行中、行后完全割裂开来。因此，定制旅行绝不止步于为旅游者定制产品、设计行程，而是将无微不至的高品质服务贯穿行前、行中乃至行后的整个流程闭环，形成全方位、全过程的定制旅行服务，从而使客户免于烦琐的旅游安排以及出行时可能遭遇的困难和风险。

在行前，定制旅行企业会安排专业的定制人员与客户进行交流沟通，根据旅游者的不同需求和要求，设计和安排旅游行程和服务，保证旅游者能够享受到专属的个性化服务。在行中，按照提前设置的行程安排，在旅游者享受自己选择的产品和服务的同时，定制旅行企业还要密切关注旅游者的行中进程，帮助旅游者解决各种突发状况，并对定制旅行方案进行及时调整，保证行程无死角，让每一段路都成为愉快的回忆。

专享的、个性化的定制旅行仅有优质的行前沟通服务、高品质的行中落地服务是不够的，良好的行后服务是优秀定制旅行工作的延续。如行后的回访关怀，及时回访不仅可以获得定制客户的评价反馈，进而依此不断更新定制产品内容，提高定制服务水平，还可以维持和扩大原有的客源，提高定制客户的忠诚度，这更能体现定制旅行服务的人本精神和品质追求。

| 教学互动 |

讨论：与一般的大众定制旅行产品相比，环球高定·旅行【北海道·TOMAMU冰雪王国】6天5晚高端定制游旅行产品方案的"高端"体现在哪些方面？

行业资讯

环球高定·旅行【北海道·TOMAMU冰雪王国】

## 第三节 定制旅行产品与服务

### 一、定制旅行产品

定制旅行产品是近年来在旅游消费市场逐步升级的形势下催生的一种新型旅行产品，它迎合了旅游者追求个性化、高品质旅游体验的需求。目前定制旅行的相关研究较少，定制旅行产品的科学定义至今尚未明确。

在传统旅游市场上，标准旅游产品是以降低成本为基础的，牺牲个性，放大共性，基本上没有兴趣细分、需求细分，提供以低标准和低成本为导向的常规模式产品，靠增加服务项目和购物来补贴成本差额，以增加收入和利润，经营要点是成团。而定制旅行产品是旅游业发展到新的阶段后出现的一种新的旅游产品，是一种以无形服务为主体内容的特殊产品。龚立仁（2009）认为，定制旅行产品就是旅行社在精准的目标人群细分基础上，遵循以客户体验价值为导向的产品设计原则，按照客户需求，对目的地和行程等要素进行组合，为客户提供各种单项旅行服务和任意组合产品服务，形成具有鲜明个性化特征的产品。它具有生产规模化、市场深度细分、顾客参与度高这三个显著特点。从旅游者角度来看，定制旅行产品是指高度贴合自身需求的一种量身定做的旅游产品。

因此，对定制旅行产品概念的理解，我们应该注意以下几个方面。

第一，定制旅行产品本质上是一种旅游产品。它是旅游定制师为满足旅游者个性化需求而将定制旅行产品资源进行合理配置或组合而形成的旅游产品。定制旅行产品资源具体指的是组成定制旅行产品的交通、酒店、餐饮、目的地（景区、景点）和活动项目等。

第二，定制旅行产品的设计以解决旅游者核心诉求为起始点和着力点。选取的核心定制旅行资源及其他产品资源都要围绕这一核心诉求来展开。

第三，定制旅行产品既包括有形产品，也包括无形产品，无形的服务更是定制旅行产品的核心。

| 教学互动 |

讨论：定制旅行产品与跟团游、自由行旅游线路都有什么不同？

行业资讯

近万亿体量的私人定制游市场，能否抓住千禧一代的心

## 二、定制旅行服务

### （一）定制旅行服务的概念和特征

近年来，定制旅行已经成为个性化需求较高的客户群体首选的旅游方式，定制旅行服务的品质在很大程度上成为影响定制客户选择定制旅行企业的重要因素，也是定制旅行企业核心竞争力的重要体现。定制旅行服务从本质上讲是一套完整的定制服务方案，它是根据客户的旅行服务需求，结合定制旅行企业的专业策划，为定制客户量身打造的行前、行中、行后一整套完整的个性化、专属化的服务方案。它迎合了新的时代背景下旅游者对旅游服务的要求更为个性化的趋向，是定制旅行企业产品与服务升级的必然趋势，具有以下几个特征。

1. 资源整合能力要求高

定制旅行服务全过程化，决定了定制旅行企业需要全面、细致地整合旅游产业链上的所有资源，在资源上取长补短；要针对客户的不同定制需求，丰富旅游资源和产品服务。定制旅行服务提升跨界资源的整合能力，需要补充和完善其他行业的资源和人力。

2. 服务人员专业化程度高

相较于传统旅游从业人员，定制旅行服务人员的专业程度和综合素质的要求更高，定制旅行服务人员要具备更精细、专业的定制视角并能够实施服务项目。比如在纪念馆、博物馆类的文化之旅中，请一个拥有历史文化研究背景的文化学者负责定制产品的设计和全程服务，会比一个普通导游带给游客的体验感更丰富、更优质；而在以情侣、蜜月、亲子和家庭为主题的定制游中，请一位更懂爱情、婚姻和家庭育子的心理学专业背景的人来设计和引导定制服务的实施，将更能显示出定制服务的独特性。来自各行各业的专业化定制服务人员会是未来定制旅行发展的独特价值体现。

3. 需求匹配系统完整

完整的需求匹配系统是定制旅行企业开展定制旅行服务所必需的。根据柳欣（2017）的研究，从多元化的需求中寻找匹配点，利用技术平台和系统，通过定制流程系统、标签化的客户管理系统和基于位置的产品服务数据库来完成定制旅行服务的设计，可以在用户需求和产品服务供给之间快速实现匹配，可以更快地实现定制服务的规模化。

### （二）定制旅行服务的内容

参考徐郅耘、龙睿主编的《定制旅行服务与技能》和山杉等主编的《定制旅行管家实务》中的内容，定制旅行服务包括行前、行中、行后服务三个主要部分。行前服务包括定制方案设计沟通、定制方案设计、定制旅行服务预订操作；行中服务包括准备工作服务、大交通服务、酒店住宿服务、游览服务、餐饮服务、当地交通服务、购物服务、行中突发情况处理；行后服务包括退款操作与发票开具、定制客户评价管理、服务投诉处理。

1. 行前服务

（1）定制方案设计沟通。第一，旅游定制师首先要理解客户需求，通过与客户进行有效沟通挖掘客户需求，尽可能全面地了解和掌握客户的信息；第二，判断客户需求，根据企业的产品资源情况以及操作性判断客户需求的合理性和可操作性；第三，引导客户调整需求，如不能完全满足客户需求，可以围绕客户核心诉求点，引导客户接受替代性产品资源。

（2）定制方案设计。定制师寻找产品资源，然后匹配产品资源，合理安排产品资源，最终呈现出满足客户需求的可视性强的定制方案。将首版方案发送给客户后，要做好方案的跟进与修改。需要跟进订单两次以上，并按照要求修改。若与客户约定了下次沟通时间，根据约定的时间跟进订单。若未约定下次沟通时间，跟进订单的频率需要满足首版方案发送当天至少跟进客户1次。首次跟进后，若客户未明确拒绝继续服务，在3天内再次跟进客户。若客户有修改需求，根据客户需求修改方案。最终需要客户确认方案。

（3）定制旅行服务预订操作。定制师与客户就行程细节及报价达成一致后，客户可以在预订平台订单中查看方案。客户确认方案及报价后，定制师将定制方案合同发送给客户，提醒客户相关的注意事项，明确客户的权利与义务，确认客户对开票类型及发票开具方有无要求等，待客户签署合同后定制师会发起收款，提醒客户完成订单支付。

此后，旅游定制师还需要立即开展资源预订操作，包括出行交通、酒店住宿、餐饮推荐、景区票务、安排接待人员、与目的地旅行社联系等具体业务。

2. 行中服务

（1）准备工作服务。定制旅行服务团队做好出发前的各项准备工作是向客户提供优质行中服务的前提与基础。一般来说，需要做好建立行中沟通群、出发前一天提醒、行中准备等准备工作。

（2）大交通服务。定制旅行行中服务的第一项服务为大交通服务。它不仅包括目的地导游的接机服务，还包括出发前往旅游目的地的送机、送站服务，以及在交通工具上的服务。对游客中的老弱病残孕等要给予重点照顾关怀。

（3）酒店住宿服务。导游需提前确认客户入住的酒店房型、是否含早餐、如何办理入住等相关信息，提前查询好行车路线；协助客户办理入住，告知早餐时间、地点，提示客户检查房间设施（如有问题，需协助客户与酒店沟通换房等）。在确认客户入住后方可离开酒店。

（4）游览服务。当地游览服务是定制旅行服务的核心所在，也是客户旅游体验的重心所在。定制旅行服务团队需按客户的具体需求提供有针对性的服务。一般而言,定制客户在当地的游览活动分为常规定制游览活动和特殊定制游览活动。

选择常规定制游览活动的客户,其主要诉求在于优质的旅游服务与体验,应选择当地优质的旅游供应商,根据游客需求提供有针对性的、优质的旅游服务。而对于选择特殊定制游览活动的客户,其主要诉求在于与常规游不一样的非凡特殊旅游体验。定制师在前期的定制旅行活动设计上需与客户反复沟通活动内容与细节,首先应保证特殊活动按照客户的需求进行;其次,定制师应在满足客户需求的基础上完善细节,力求为客户带来难以忘怀、历久弥新的旅游体验。

(5)餐饮服务。定制行程中若含餐,导游需提前熟悉餐厅的运作情况(是否需要提前预约等)及周边环境(是否方便停车等),在抵达餐厅前需电话联系确认备餐情况、餐桌号等相关细节。到达后,指引客户入座用餐,并按照菜单(餐标)进行核查。客户用餐过程中,要做1~2次巡视,在不影响客户用餐的前提下主动询问客户意见,关注菜肴的数量、质量和口味。定制行程若不含餐,导游需提前熟悉景点、酒店附近的用餐情况并适当向客户推荐,尤其是产品方案中推荐的餐厅,更要熟悉餐厅位置、预订情况、口味等详细内容。如客户提出代订用餐的需求,需协助客户订餐,并将详细的情况告知客户。

(6)当地交通服务。对于旅游目的地交通,若客户选择包车出行,定制师需在客户出发前再次落实预订车辆的车况信息,确保是按照客户的需求进行车辆的选择与预订;若客户选择公共交通,定制师应尽量满足客户需求,根据行程,提前为客户规划好当地的公共交通路线;若客户选择自驾出行,定制师应提前在当地租车公司为客户租车,确定租车及交还地点、车型、车辆附属设备(如儿童安全座椅)、车况(车辆运营时间和里程)、押金金额和缴纳方式等,并在出发前再次确认所租车辆的情况,且需要提前为客户规划好行程路线并告知当地的交通状况,提醒客户有关的自驾注意事项,提醒客户注意自驾安全等。

(7)购物服务。在定制旅行中,定制师或相关服务人员均不能主动推荐及带领游客前往购物店,更不能强迫游客购物;如果游客主动提出购物需求,则可以推荐游客前往旅游目的地正规的商场或专卖店,需要讲清购物的有关注意事项,可以介绍当地商品的特色以及相关的商品知识。对于假冒伪劣产品,定制师或相关服务人员应提醒客户谨慎购买。

(8)行中突发情况处理。如遇行程或资源使用受阻,常见的如到店无房、到场无车、到场无机票、到场无门票、到场无地接人员等,客户受到人身伤害,以及客户需要立即给出解决方案的情况,定制师或相关服务人员要第一时间安抚客户并协助客户处理突发状况。对于其他不影响行程继续的场景,如客户不满意、咨询、新增需求等也应及时响应。

### 3. 行后服务

（1）退款操作与发票开具。若订单涉及退款，已与客户约定退款时间的，按照客户需求操作并通知客户。未与客户约定退款时间的，在返程后的2个工作日内为客户操作退款并通知客户。

在客户返程后，按照以下要求为客户开具发票，开票前须向客户核对发票信息，包括抬头（个人/公司）、纳税人识别号等。如果客户未明确开票时间，且在返程前提出开票需求的，应在返程后的3个工作日内为客户开票并邮寄或发送；如果客户未明确开票时间，且在返程后提出开票需求的，应在客户提出后的3个工作日内为客户开票并邮寄或发送。

（2）定制客户评价管理。定制旅行行后服务质量是定制旅行企业的核心竞争力，是衡量其服务水平的重要指标。行后做好客户评价管理，通过数据和信息收集，深入了解定制旅行各环节的服务质量，发现问题、分析问题，并提出解决问题的方案，更有利于提高管理和运营能力，规避经营风险。

（3）服务投诉处理。客户直接向定制师投诉，若是紧急情况，建议在15分钟内回复。客户直接向公司客服投诉，定制师或相关服务人员须配合客服人员，协助调查，处理投诉。对投诉的初步核实结果，应该在2个小时内回复给客户，整个核实过程需要在2个工作日内完成。

## 第四节 定制旅行核心岗位

### 一、旅游定制师

随着时代的发展，旅行逐渐成为一种时尚；但是人们对旅行的要求也越来越高，特别是对于当代都市青年，千篇一律的旅行模式已经不能满足他们了。定制旅行是当前大众旅行市场发展的阶段性产物。它是一种管家式服务的旅行方式，在坚持个性化的基础之上，着力让旅行者在旅途中享受舒适省心的体验。定制旅行的服务涉及多个岗位，旅游定制师是其中的核心岗位（见图2-1）。

2020年9月1日，中国旅行社协会标准化管理委员会批准发布《旅游定制师等级划分与评定》团队标准，编号为T/CATS 001—2020（2021年8月，编号调整为T/CATS 004—2020），自发布之日起实施，这是我国首个针对旅游定制师这一新兴职业发布的推荐性团体标准。该标准明确指出，旅游定制师是依托定制旅行产品相关资源、服务、组织以及供应链体系，提供定制旅行产品设计方案和实施方案的从业人员。

旅游定制师与传统的旅游销售、旅行社计调、旅游顾问等岗位的区别在于"定制"。

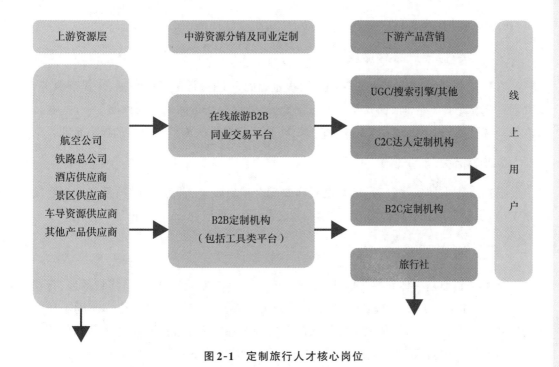

**图 2-1 定制旅行人才核心岗位**

(资料来源:携程旅游学院培训资料)

旅游定制师对一个或多个旅游目的地更为熟悉,在游客的出行过程中,可以依据实际情况对行程路线进行二次甚至三次调整,甚至搭配出一条新的产品路线,满足客户的临时要求或者因突发事件而更改路线。总之,旅游定制师的对客服务是以实际情况、客户合理需求为主,为客户出行提供优质的定制服务。而传统旅行社,因为成本问题,产品路线固定统一,同行人员多,全程以团队为主,单一客户诉求需服从团队需求。

## 二、岗位职责

### (一)提供旅游咨询服务

旅游定制师要拥有出色的沟通技巧,根据客户的订单需求和兴趣提供专业优质的旅游咨询服务。

### (二)制订定制旅行方案

其一,通过首呼及多次沟通,多方面多层次挖掘客户潜在需求,了解客户出行目的、产品需求、服务标准、预算预期等方面的细节要求,提供贴切、专业、个性化且符合客户预算的定制旅行方案;其二,跟踪客户需求变化,适时调整方案,并核算方案的成本及报价,以良好的服务态度、最专业优质的服务促成订单的签订。

### (三)落实定制行程细节

旅游定制师要积极与各部门沟通合作,落实定制行程的资源预订、风险规避等细

行业资讯

旅游定制师:开启你的专属旅程

节,使定制客户顺利出行。

#### (四)定制客户跟踪服务

旅游定制师要对成交业务进行后期跟进,做好行前、行中、行后的关怀提醒服务,处理客户旅途中的咨询、投诉及其他突发情况,确保服务达到承诺的预期。同时,在行后做好客户回访、评价和客户关系维护工作,让客户在下次旅行时继续选择本企业。

#### (五)相关协助工作

根据工作中的实践经验,旅游定制师要配合项目负责人完成旅游项目开发创意策划工作,协助完成旅游资源的开发采购、考察评估、合作谈判、成本议价等工作。

### 三、知识要求

旅游定制师是一种新兴的职业,主要为客户量身定制旅行计划,包括目的地、行程安排、餐饮住宿等方面,让客户体验更加个性化、舒适、贴心的旅游服务。不同于传统的旅游从业者,旅游定制师强调的是从旅游者的个性需求出发进行旅游产品和服务的设计与开发。这对旅游定制师的专业知识提出了更高的要求,不仅需要具备丰富的旅游目的地知识,还需要掌握定制服务相关知识,以及营销知识、财务知识等相关理论知识。

#### (一)旅游目的地知识

旅游目的地知识包括国内外各区域旅游目的地资源特点、概况、历史、文化、风土人情、旅游景点、娱乐体验、主题活动、创新玩法等,还包括目的地定制资源要素(酒店、机票、车辆、导游、景区门票、签证等)采购相关的基本行业常识。旅游定制师要明确不同旅游资源区域存在的差异性,以及同一区域不同时节的主题旅游类型,能够依据不同旅游群体的市场需求创新组合开发定制旅行产品。

#### (二)定制服务相关知识

由于定制旅行的特点,旅游定制师除了要具备传统旅游从业者最基本的旅游常识,还需要掌握挖掘需求、匹配、跟单、转化、旅游安全和应急处理等定制服务相关知识。

#### (三)营销知识

旅游定制师是一个充满挑战的职业,需要掌握大量营销相关知识。旅游定制师需要关注旅游行业的发展趋势和市场需求,及时调整自己的服务策略,提高自身竞争力;需要掌握旅游消费心理学的基本知识,通过有限的沟通交流为定制客户制定与其需求相匹配的定制旅行产品;需要掌握市场分析、产品策划、销售服务等方面的知识,为客户提供有竞争力的旅游产品和服务;需要了解管理协调、客户维护、口碑传播等方面的知识,这样才能吸引新客户,与客户建立良好的关系,维护客户的满意度和忠诚度。

### (四)财务知识

定制旅行产品和传统的旅游产品(如包价旅游)不同,旅游定制师需要掌握财务管理、成本核算、行程报价、方案调价、利润把控、风险控制等相关知识。在定制行程方案确定后,需要对其进行成本核算,需要掌握方案中机票、酒店、车辆、用餐、接送机或其他项目的价格构成;对产品进行分拆报价或打包报价,掌握报价的方法和技巧。客户对价格产生异议时,定制师需要与客户沟通,通过调整产品来进行价格调整,要掌握价格调整的方法。

## 四、技能要求

旅游定制师,不仅仅是旅游产品策划师,还可能是销售员、踩线员(体验师)、突发事件处理及售后服务人员、采购员(有时需要参与寻找新的项目)等,所以成为一名优秀的旅游定制师,不仅需要掌握各类丰富的知识,还需要具备多方面的技能和经验。

### (一)沟通协调能力

旅游定制师需要与客户进行充分的沟通,只有了解了客户的需求和偏好,才能制订与客户需求相匹配的定制旅行方案。此外,旅游定制师还要与旅游供应商和其他合作伙伴等进行沟通,协调客户与旅游供应商之间的关系,以确保旅游计划的顺利实施。因此,旅游定制师要有良好的沟通协调能力,从接到客户需求,到沟通跟进,再到落实行程,包括处理一些突发状况,这些过程中的每时每刻都需要有效的沟通,才能促成订单的形成,并为客户提供优质的个性化服务。

### (二)产品创新能力

产品创新能力是定制旅行发展中的核心能力。随着旅游者个性化需求的不断增加,旅游定制师要拥有产品(路线、项目)分析和创新能力,不是单一地拿到一个产品,只卖就行,而是需要对产品进行分析和创新,了解产品(路线、项目)的优劣。此外,旅游定制师需要提升对目的地知识的获取能力、对信息和资源的挖掘能力,提高产品定位、产品研发、客户服务等环节中产品资源的整合能力,以及新兴目的地资源挖掘与产品研发能力。在熟知目的地的基础上,结合产品资源,通过创意思维,设计出新颖的产品,为越来越多的定制客户制订一对一的不可复制的旅游方案。

### (三)深度服务能力

产品和服务是定制旅行企业的核心竞争力。与传统旅游的服务不同,旅游定制师面对的游客群体的需求从单纯的普通观光、休闲度假、商务旅行等,转变为更为个性化、独特的主题式的深度体验。这种深度体验一方面需要定制师在行前规划、行中调整、行后反馈等各方面都为客户提供持续的服务;另一方面,定制师需要在面对客户多方诉求和庞大的产品资源时,能够通过对客户需求的掌控、对业务知识的应用和对供应商的把控,分析提炼出有效信息,设计出私人化、定制化、小众化、个性化的旅游方案,做好客户的价值挖掘与定制化服务,区别于常规的旅游方式,让客户体验到不一样的有深度的高品质服务。

### (四)软件操作能力

在信息化平台应用的时代背景下,旅游定制师除了要熟练运用办公自动化软件(Word、Excel、PowerPoint等),还需要熟悉各类平面设计、动态交互设计、新媒体编辑等制图软件和媒体营销工具,掌握旅游相关技术和工具,如旅游预订系统、在线地图、航空公司预订系统等,以提高工作效率和客户满意度。

## 五、素养要求

一个优秀的旅游定制师,不仅需要具备丰富的知识、出色的技能,还需要有良好的服务意识、端正的工作态度和执着的职业精神,从而为定制旅行行业奠定坚实的人才基础。

### (一)服务意识

旅游行业是服务类行业,服务的核心即服务人员的服务意识。旅游定制师需要对客户的整个行程负责,面对重复或多变的工作,需要始终保持一颗平静的心,积极主动地站在客户的角度去思考,想客户之所想,思客户之所思。面对客户提出的问题,要能够及时、耐心解答。同时,要重视服务中的细节,如出行前给客户送上"旅游三宝"(眼罩、耳麦、靠枕),可以主动为客户拍照,可以将客户的照片制作成纪念册送给客户等。总之,从行前的沟通方案确认,到行中游览、行后客户维护等,旅游定制师始终都要保持并强化服务意识。

### (二)态度端正

定制旅行的本质是提供管家式的贴心服务,着重解决客户在旅行中遇到的问题,并根据各种情况对客户的旅游路线进行实时调整,让客户在旅游过程中省心省力。定制旅行服务在行前、行中、行后,不可避免地会出现各类琐事和突发事件,这也会直接影响到定制师的服务状态。因此,旅游定制师要及时调整心态,努力改善服务态度,坚持热情友好的工作态度。具备了端正的服务态度,才能确保提供更优质的定制服务。旅游定制师的态度培养是十分重要的。

### (三)职业精神

旅游定制师是新型的旅游从业人员,同样需要遵守旅游职业道德。当前,定制旅行行业仍处于初级阶段,一方面要求旅游定制师要忠于和热爱定制事业,有明确的从业精神;另一方面旅游定制师也要勤于钻研业务,提高自身技能,这也是旅游从业人员工作职责的基础,以为迎接新时代市场激烈的竞争和挑战积累经验。

## 第五节　定制旅行职业技能等级

### 一、旅游定制师等级划分及评定

旅游定制师等级分为三个级别,由低到高分别为初级旅游定制师、中级旅游定制师、高级旅游定制师。

#### (一)等级划分依据

(1)三个等级的旅游定制师都应具备规定的基本条件,不同等级旅游定制师应具备规定的相应条件,且遵循逐级晋升的原则。

(2)对达不到中级、高级规定的从业经验的某一领域的专家型人员,经自愿申请,接受相应级别旅游定制师的专业课程培训并考试合格者,予以评定。

#### (二)等级评定方法

(1)采取本人自愿申请、资格审核、培训与考试相结合的评定方法,对旅游定制师进行综合评定。

(2)综合评定结果可作为从业人员业务考核、职业发展、能力提升等方面的依据。

(3)建立旅游定制师退出机制,不同等级旅游定制师评定结果的有效期为2年,并依据旅游定制师职业发展情况,结合有效期内不少于规定学时的继续教育情况进行重新评定,予以复核。

(4)归口单位负责组建全国旅游定制师评定委员会,组织并监督落实审核、培训、考试、评定、证书颁发、继续教育、复核等工作。

### 二、旅游定制师等级分类与要求

旅游定制师分为初、中、高三个等级,每个等级的旅游定制师都有相应的资格要求、知识要求和技能要求。

#### (一)基本条件

(1)遵守国家法律、法规,遵守职业道德和行业规范,遵守社会公序良俗。
(2)秉承先进的服务理念和服务意识,践行服务精神。
(3)爱岗敬业,尽责守信,具有团队合作精神。
(4)善于表达和倾听,大方得体,具有一定的文化底蕴。
(5)以客户为中心,提供优质服务。

## （二）初级旅游定制师

1. 资格要求（应具备以下一项或多项条件）

（1）具有大学专科及以上学历（或同等学力）。

（2）全日制大学专科及以上学历的在校生。

（3）高中毕业并从事旅游定制师相关业务2年以上的相关企事业单位的现职中高级管理人员或业务骨干。

2. 知识要求

（1）熟悉旅游定制师业务流程和标准。

（2）具有旅游接待咨询基本知识。

（3）具有消费者心理学基本知识。

（4）具有旅游市场营销、品牌推广的意识。

（5）了解旅游目的地资源开发相关知识。

（6）了解目的地地理、历史、文化、风俗民情和当地法律法规等基本常识。

（7）了解旅游产品定价方法及旅游产品价格构成。

（8）熟悉旅游安全和应急处理等相关知识和程序。

3. 技能要求

（1）具有较强的创新能力、组织能力、应变与适应能力、学习能力。

（2）具有基本的客户沟通协调能力，能够捕捉客户的核心需求。

（3）具有基本的定制旅游产品相关资源、服务、组织以及供应链体系的适度匹配能力。

（4）具有基本的旅游定制产品成本控制与报价能力。

（5）具有基础的文字、图片、视频处理能力，掌握新媒体应用和传播技巧。

（6）具有捕捉市场信息，了解旅游消费市场变化趋势的能力。

（7）具有独立完成个性化旅游定制产品设计与服务业务流程所需的其他技能。

（8）具有履行安全告知义务的能力，并具有向客户普及事故预防、突发事故处理等措施的能力。

## （三）中级旅游定制师

1. 资格要求（应具备以下一项或多项条件）

（1）大学本科及以上学历（或同等学力），且能提供独立完成的旅游定制产品业务案例。

（2）高中毕业并从事旅游定制师相关业务5年以上的相关企事业单位的现职中高级管理人员或业务骨干，且能提供独立完成的旅游定制产品业务案例。

（3）具有2年以上初级旅游定制师的从业经验的现职中高级管理人员，且能提供独立完成的旅游定制产品业务案例。

2. 知识要求

(1) 掌握旅游定制师业务持续优化与创新知识。

(2) 熟悉目的地地理、历史、文化、风俗民情和当地法律法规等基本常识。

(3) 熟悉旅游定制产品策划、实施、品牌管理和媒体传播知识。

(4) 熟悉旅游定制产品定价方法及旅游定制产品价格构成。

(5) 掌握旅游定制产品相关资源、服务、组织以及供应链体系的相关知识。

(6) 掌握制定旅游定制产品运行计划及采购和调度相关旅游服务及资源的工作流程。

(7) 掌握旅游安全和应急处理等相关知识和程序。

(8) 熟练掌握消费者心理学基本知识。

3. 技能要求

(1) 具有目的地文化特色提炼,树立旅游产品品牌的能力。

(2) 具有独立完成文化和旅游产品的组合和线路规划的能力。

(3) 具有旅游定制产品的科学定价能力。

(4) 具有独立进行旅游产品采购、议价、报价并达成协议的能力。

(5) 具有创新创意能力,设计的产品和线路要有独特的文化特色和地域特点。

(6) 具有独立完成市场调研的能力,能够准确把握旅游消费市场趋势,并根据消费趋势对旅游产品和线路进行相应调整。

(7) 具有合理安排不同客户的跟进优先级,有效跟进多个需求的能力。

### (四) 高级旅游定制师

1. 资格要求(应具备以下一项或多项条件)

(1) 硕士研究生及以上学历(或同等学力),且能提供独立完成的旅游定制产品业务特色案例。

(2) 大学专科及以上学历(或同等学力)并具有3年以上从事旅游定制业务或相关从业经历,且能提供独立完成的旅游定制产品业务特色案例。

(3) 具有2年以上中级旅游定制师的从业经验,且能提供独立完成的旅游定制产品业务特色案例。

2. 知识要求

(1) 深谙目的地地理、历史、文化、风俗民情和当地文化内涵。

(2) 深谙品牌营销知识,能够为目的地量身定制品牌方案。

(3) 深谙媒体传播学知识,精通新媒体传播技巧。

(4) 精通经济学、管理学和消费心理学相关知识。

(5) 精通旅游服务规范标准和相关法律条文。

(6) 精通旅游安全和保险相关业务知识和流程。

3. 技能要求

(1) 具有独立进行目的地旅游产品开发的能力。

(2) 具有独立进行目的地旅游产品营销策划和宣传能力。

(3) 具有较强文字功底和图文、视频编辑能力,善于通过多媒体手段,提炼、总结和展现目的地文化特色。

(4) 具有其他领域专业知识,文化底蕴深厚,知识面广。

(5) 具有独立进行旅游市场调研、数据分析能力,能够对目标客户群体或市场产生引导效应。

(6) 从事境外定制旅游业务的定制师,应具备熟练运用主要业务区域的语言进行文字编辑、语言沟通与服务的能力。

## 三、定制旅行管家服务职业技能考核

为贯彻落实《国家职业教育改革实施方案》《关于在院校实施"学历证书+若干职业技能等级证书"制度试点方案》等文件精神,携程旅游网络技术(上海)有限公司制定了《定制旅行管家服务职业技能等级标准》,该标准为教育部第四批1+X证书制度试点职业技能等级标准,具有较高的含金量和行业认可度。

### (一) 考核方式

定制旅行管家服务职业技能等级分为三个等级:初级、中级、高级。三个级别依次递进,高级别涵盖低级别职业技能要求。初级、中级两个级别的考核方式均为笔试(闭卷)+口试。高级采用笔试(闭卷)方式,不进行口试。其中笔试采用线上答题的方式,口试则采用线下现场对话的方式进行考核。

### (二) 考核内容

定制旅行管家服务初级:需要具备需求获取与期望管理、产品定制、客户关怀等方面的工作能力。

定制旅行管家服务中级:除了初级能力,还需要具备处理客户投诉、资源采购等方面的能力。

定制旅行管家服务高级:除了初级和中级能力,还需要具备定制企业绩效管理及财务管理方面的能力。

### (三) 考核成绩评定

定制旅行管家服务职业技能等级考试初级及中级笔试,试卷满分100分,权重50%;口试满分100分,权重50%。笔试和口试合格标准为单项分数均大于等于60分,两项成绩均合格的学员可以获得相应级别的职业技能等级证书。

知识关联
▼

1+X 定制旅行管家服务中级职业技能要求

定制旅行管家服务职业技能等级考试高级笔试,试卷满分100分,权重100%。笔试合格标准为分数大于等于60分,合格的学员可以获得相应级别的职业技能等级证书。

1. 笔试

初级笔试包含客观题和主观题:客观题共75分,包括单选题(占35%)、多选题(占25%)及判断题(占40%);主观题共25分,即一道行程方案设计。

中级笔试包含客观题和主观题:客观题共50分,包括单选题(占30%)、多选题(占30%)及判断题(占40%);主观题共50分,包括两道行程方案设计(各占50%)。

高级笔试包含客观题和主观题:客观题共70分,包括单选题(占40%)、多选题(占30%)及判断题(占30%);主观题共30分,即一道论述题。

定制旅行管家服务职业技能等级考试笔试题型见表2-1。

表2-1 定制旅行管家服务职业技能等级考试笔试题型

| 题型 | | 初级笔试 | 中级笔试 | 高级笔试 |
| --- | --- | --- | --- | --- |
| 客观题 | 分值 | 75分 | 50分 | 70分 |
| | 单选题 | 35% | 30% | 40% |
| | 多选题 | 25% | 30% | 30% |
| | 判断题 | 40% | 40% | 30% |
| 主观题 | 分值 | 25分 | 50分 | 30分 |
| | 行程方案设计 | 100%<br>(一道) | 100%<br>(两道) | 100%<br>(一道论述题) |

其中,中级笔试中行程方案设计的评分细则见表2-2。

表2-2 1+X定制旅行管家服务中级笔试行程方案设计评分细则

| 评分项 | 考核内容 | 考核标准参考项 | 分值 |
| --- | --- | --- | --- |
| 基础合规度<br>(10分) | 一票否决 | A.行程天数过短或过长;<br>B.目的地未选择本次考试指定的四座城市;<br>C.需求单未按照试卷要求选择,自行虚构;<br>D.行程方案不符合客人需求(时间、预算、目的地选择等),错误明显;<br>E.文案中相关文字内容和涉及的资源,有明显违反国家法律法规和道德规范的情况。<br>上述五点中符合其中一项,即该题判定为0分,后续评分项不再评分 | 10分 |
| 资源匹配度<br>(15分) | 需求达成 | 对标订单,客户每一条需求均在行程安排中予以满足 | 5分 |

续表

| 评分项 | 考核内容 | 考核标准参考项 | 分值 |
| --- | --- | --- | --- |
| 资源匹配度<br>(15分) | 客情适合 | 行程安排符合客户的年龄、家庭组成、出游主题等要求 | 5分 |
| | 时令恰当 | 行程安排中设计的资源符合客户出游时令 | 5分 |
| 信息完整度<br>(30分) | 方案组成结构完整 | A.标题命名(指向动词＋客人姓名称谓＋出发城市＋目的地城市(国家)＋游玩天数＋出游主题)完整(4分);<br>B.特色描述(特色景点、推荐理由、行程亮点)完整(4分);<br>C.每日的日程标题(资源A—资源B—资源C)完整(4分);<br>D.每日行程(以时间为序,简介当日的行程安排)完整(4分);<br>E.行前注意事项(携带物品、安全告知等)完整(4分) | 20分 |
| | 资源信息描述完整 | A.每日行程中,各资源安排按时间先后顺序描述(2分);<br>B.每日行程资源(交通、景点、用餐、活动、住宿等)、信息和时间(抵离或停留)表述完整(8分) | 10分 |
| 行程合理度<br>(20分) | 每日行程资源编排完整 | 每日行程资源(交通、用餐、游览、活动和住宿等)均有描述,无缺漏 | 5分 |
| | 每日行程资源空间编排 | A.资源先后编排符合空间线路的便捷性要求(2分);<br>B.资源先后编排符合客户情况的舒适性要求(3分) | 5分 |
| | 每日行程资源时间编排 | A.资源抵离时间符合资源特征和客户情况(3分);<br>B.资源停留时间符合资源特征和客户情况(3分);<br>C.各资源的衔接时间流畅,无空档时间(3分);<br>D.时间标注统一为24小时制,如00:00,00:00—00:00或00:00/00:00(1分) | 10分 |
| 报价明细度<br>(15分) | 资源报价明细度 | 行程中涉及的各类收费资源项(交通、门票、餐费、住宿等)均有明细报价,既有客单价,也有分类小计价 | 5分 |
| | 服务报价明细度 | 行程中涉及的各类服务收费项(定制服务费、预订服务费、司导服务费等)均有明确的分类报价 | 5分 |
| | 总价准确度 | 总价计算准确 | 5分 |
| 排版美观度<br>(10分) | 文字美观度 | A.标题字号层级明显,由大到小(2分);<br>B.同级标题和文字,字号一致(2分);<br>C.最小字号不低于五号字体(1分) | 5分 |
| | 段落美观度 | A.段落无不合理的间距和换行设置(3分);<br>B.段落中使用标点正确(2分) | 5分 |

续表

| 评分项 | 考核内容 | 考核标准参考项 | 分值 |
|---|---|---|---|
| 排版美观度（10分） | 配图美观度（暂不做考试要求） | A.方案首图配置符合订单主题和涉及的核心资源；<br>B.每日行程中的配图与涉及资源相匹配；<br>C.所有配图清晰，无明显马赛克、水印和LOGO | |
| 合计 | | | 100分 |

(资料来源:携程1+X定制旅行管家服务中级笔试评分标准)

2. 口试

总分100分，考试时间10分钟。

初级口试考生随机从题库中抽取三道题，包含一道线路设计类问题(占30%)，一道销售沟通问题(占30%)，一道应急处理问题(占30%)，三题各30分，每题的准备加作答时间不超过3分钟；仪容仪表及礼貌(占10%)10分。总成绩相加满60分，即视为口试成绩合格。

中级口试考生需要和培训评价组织选派考官进行对话作答，由"模拟首呼＋考官提问"两部分构成。每位考生口试时间限15分钟之内，主要以2分钟抽题准备、10分钟首呼对话部分、3分钟问答组成。满分100分，60分视为合格，评分标准如表2-3所示。

表2-3　1+X定制旅行管家服务中级口试评分标准

| 评分项 | 考核内容 | 考核标准参考项 | 阶段 | 得分 |
|---|---|---|---|---|
| 基础分（10分） | 仪容仪表 | 通过穿着整洁度、仪态体态进行评分 | 先决阶段 | |
| 通话礼仪（25分） | 普通话标准，吐字清晰 | 咬字清晰，无地方口音(5分) | 自述部分 | |
| | 称呼与问好 | 礼貌地称呼客户(3分)；<br>主动向客户问好(3分) | | |
| | 规范的自我介绍 | 自我介绍完整，介绍内容包括定制师身份、本人称呼(4分)。<br>示范：我是携程平台向您推荐的定制师×××  | | |
| | 态度友好，语气热情 | 态度冷淡，语气生硬(0分)；<br>态度平淡，语气平淡(3分)；<br>态度热情，语气亲和(6分) | | |
| | 友好道别并约定下次联系时间 | 亲昵道别、预告方案制作时间或约定下次联系时间(4分) | | |

续表

| 评分项 | 考核内容 | 考核标准参考项 | 阶段 | 得分 |
| --- | --- | --- | --- | --- |
| 专业技能（15分） | 目的地熟悉度 | 无法解答或支吾回答客户提出的目的地相关问题(3分)；能解答客户提出的大部分目的地相关问题(6分)；能解答客户提出的所有目的地相关问题(10分) | 问答部分 | |
| | 贴合客户订单需求 | 提供贴合订单需求的景点活动推荐,从专业角度提供定制(有特色、有内容,不流于普通)(5分) | | |
| 沟通技巧（15分） | 沟通顺畅 | 表述内容清晰准确,措辞得当,能有效回答客户的问题(点位完整,内容准确)。好(12分)、较好(8分)、一般(4分)、完全不行(0分) | | |
| | 逻辑清晰 | 沟通有条理,逻辑清晰(3分) | | |
| 信息确认完整度（35分） | 出游人构成及大致需求 | 出游人构成及要求,主要内容有：①人数；②出游人关系或特殊人群相关信息(如儿童、老人的年龄等)；③大致需求(亲子、蜜月、放松等)；④预算。每一点3分,共计12分 | 自述部分 | |
| | 出游日期/天数 | 具体出游日期(3分)、游玩天数(3分),共计6分 | | |
| | 大交通要求 | 航班：航班时间、航司偏好<br>火车：班次时间、座席等级(4分) | | |
| | 酒店需求 | 位置、级别、房型(4分) | | |
| | 景点/活动要求 | 确认客户对景点或活动安排的偏好,进行景点或活动推荐(5分) | | |
| | 证件信息确认 | 确认身份证、护照有效期或签证办理情况(4分) | | |

(资料来源：携程1+X定制旅行管家服务中级口试评分标准)

## 本章小结

1. 定制旅行的演变与定义。
2. 定制旅行的性质与特点。
3. 定制旅行服务的概念和内容。
4. 旅游定制师的岗位职责和知识、技能、素养要求。
5. 定制旅行职业技能等级分类与考核。

## 本章训练

一、知识训练

1. 简述定制旅行的性质与特点。
2. 简述定制旅行服务的内容。
3. 简述旅游定制师的岗位职责。
4. 简述旅游定制师的知识、技能和素养要求。

二、实训项目

1. 请根据定制旅行服务的内容,模拟旅游定制师的工作,然后分析并总结该岗位还需要具备哪些知识、能力和素养要求。
2. 对于定制旅行职业技能等级考试,你有什么样的计划？应如何达到该等级考试的要求？

在线答题

# 第三章
# 定制旅行服务:流程与评价

 **本章概要**

　　定制旅行区别于其他旅游方式,其根本在于定制旅行所提供的服务。服务是否到位、产品是否适合游客、游客的需求是否能得到满足等因素是高净值消费者更加在意的方面。定制客户寻求的个性化,不仅仅是定制行程方案设计得独一无二,更多的是以人为本的高品质服务。深入了解游客的需求,定制个性化的行程,完善个性化、细节服务,才能够为定制客户提供完美的旅程。本章从服务的角度,阐述了定制旅行服务的基本流程、定制旅行服务的沟通技能、对客服务的需求分析、定制旅行的个性化服务,以及行后的评价服务管理等相关内容。通过本章的学习,学生能够对定制旅行服务相关的内容有全面的了解,树立游客至上、服务为本的理念。

 **学习目标**

### 知识目标

1. 熟悉定制旅行服务的基本流程。
2. 理解并掌握定制旅行服务的沟通技能。
3. 了解定制旅行行后的评价服务。

### 能力目标

1. 能够独立与客户沟通交流,获取客户信息,判断客户需求。
2. 能够为客户制定满足个性化需求的定制旅行方案。

### 素养目标

1. 培养学生制定定制旅行方案的工匠精神。
2. 树立旅游个性化服务理念。

第三章　定制旅行服务：流程与评价

知识导图

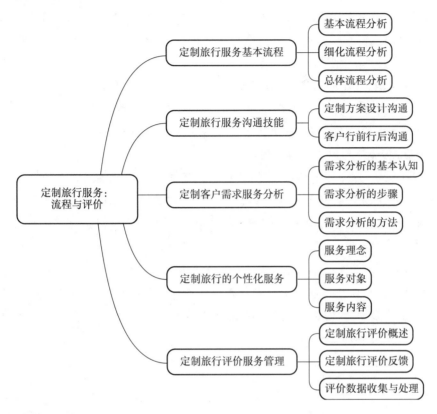

章节要点

客户需求分析；卡诺模型（KANO模型）；个性化服务；行后评价反馈

章首案例

### 许义对话"6人游"贾建强：关于定制游我有不同看法

"许义对话"是2022年许义老师发起的线上交流活动，每周在"新旅游许义"视频号上以连线的方式与1~3位旅行公司创始人沟通对应领域的经营话题。在第一期"许义对话"中，许义老师同"6人游"的创始人贾建强对定制游这一话题进行了讨论，在定制游的经营现状、定制游的流量获取以及效率问题等方面，都有详细的互动交流。

许义：关于定制，我有一个观点，定制的前提应该是按需，但我之前观察到，目前市场上的多数旅行公司并未真正按用户需求去做合理化方案，很多定制师承担的工作是销售既定线路，对目的地并未深入地了解，同时还要肩负业绩指标主推某条线路，对于这种"定制"，贾总您怎么看？

贾建强：对于定制游，我们有自己的理解，这个理解我们和许多公司也是不一样的。其一，我认为定制一定要对目的地够熟悉，熟悉到什么程度？你比用户熟，这就达到了30分的标准；你非常熟，达到了60分标准；你像当地人一样，达到了90分的标准；如果你本身就在当地，那你可能会达到100分，这肯定是有标准去衡量的。

其二，我所理解的定制，就是帮助用户做他自己不愿意做的事情。有家庭出游的用户找到我们，帮助解决用车、住宿、门票、餐饮等一系列问题，最终呈现一个方案给到用户，基于基础方案再做优化与调整，这就是我们需要做的事情，也就是我们理解的定制。

"6人游"其实给自己设定了三个概念，这三个概念也成为我们自己对我们服务的认知。第一个概念是私密旅行。专门为你和你的朋友们安排的一次旅行。这是一种消费的价值观。第二个概念是量身定制。这是基于第一个概念做的衍生，如果是陌生人出行，那就没办法量身定制，因为众口难调；以家人和亲友为单位出行，就很好地解决了需要有人做出妥协的问题。第三个概念是全程保障。即从行程定制开始到整个旅行结束，全程都有我们给你保障，整个流程都有跟踪。这就是我们对定制游的理解，也就是传统旅行社所谓的小包团的概念。

（资料来源："许义对话"第一期）

## 第一节　定制旅行服务基本流程

定制旅行是帮助客户实现个性化、小众化旅行需求的旅游服务，它能为旅游者提供与众不同、满足预期独特期望的定制旅行方案。定制旅行服务的流程较常规的旅游服务要长。

### 一、基本流程分析

（1）游客诉求：客户与定制旅行企业取得联系，并说明自己的旅游诉求。

（2）方案沟通：定制旅行企业会根据客户需求推荐适合的目的地，并针对客户的旅游人数、出行目的、出行时间、行程预算、交通、餐饮、住宿、游览、活动等项目在服务的标准方面进行多次沟通。

（3）方案发送：根据客户的详细要求寻找和匹配产品资源，进行旅游行程的安排。同时根据客户的要求对行程安排进行跟进和修改，按照时间要求发送定制旅行方案。

（4）行程报价：定制旅行企业向客户展示具体行程报价，根据客户的预算做出选择。

(5) 合同签订与付款：客户满意后，定制旅行企业就会发出行程合同，合同中会列出明确的价格、时间、景点等信息。与客户签订合同，客户支付全款。

(6) 服务落实：定制旅行企业按照合同细节提供相应服务，包括买票、安排住宿等。客户可以根据合同中的条款享受定制旅行服务，度过愉快的旅行。

## 二、细化流程分析

毛润泽、徐璐等学者认为定制旅行服务的细化流程可以从总体定制流程、成团后流程、出团前流程、出团后流程四个方面来阐述。

定制旅行服务团队人员分为定制师和操作员(OP)。定制师负责接单、制作方案、报价和签约。OP负责预订机票、酒店、地接。定制师和OP都需要对客户的行程进行跟踪。

定制师和OP组成团队，为了方便大家协作，通过SVN进行资料共享，主要资料包含：①团包，它是关于每个旅行团的基本信息，包括住宿、酒店、机票、餐饮、景点、地接等信息；②财务资料，包含工资水单、接团单、结算明细、付款凭证资料；③OP文件包，包括通讯录、流程规范、行程名单、运营账号等信息。

1. 总体定制流程

总体定制流程如图3-1所示。

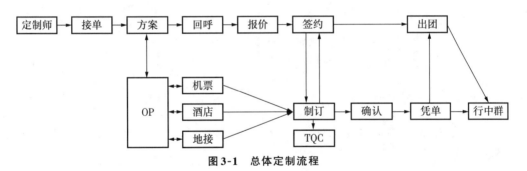

图3-1　总体定制流程

(1) 手机端、PC端进行抢单操作。

(2) PC端寻找业务需求单，查询客户手机号码，进行首呼(抢单后1个小时之内)，确认客户需求，在系统上进行备注。

(3) 按照客户的真实需求(航班要求、酒店要求、行程要求、预算情况等)进行初步的方案制作。

(4) 初步方案制作完毕，通过微信发送给客户或者二呼客户，了解方案不足之处，之后进行方案的调整。

(5) 及时跟进客户，不断沟通并完善方案直至成交订单。

(6) 成交订单流程：定制师完善方案—客户确认最终方案—定制师提供合同—客户确认合同—定制师发起收款—客户付款。

（7）成交订单后，收集客户证件信息、联系方式并提供给后台OP处，OP进行酒店、机票、地接等预订操作。

（8）合同确认后建群拉代表客户以及行中服务人员，进行客户行中服务。

2. 成团后流程

（1）获取客户证件信息、联系方式，预订机票、酒店、地接等资源；若需要办理签证，统计入表，及时送签。

（2）做好备忘录，提醒定制师让客户及时补充不全材料和信息。

（3）制作简易行程单并交与地接报价，整理客户名单，尽快落实预订资源。

（4）整理结团单，备注待定资源，估算成本并注明相关垫款记录。

（5）整理团包，设定团包名称。

3. 出团前流程

（1）出团前若干个工作日准备简易出团通知书、机票行程单、酒店确认件等出团文件，分发机票行程单。

（2）出团前一个工作日中午12点前拉行中服务群，按格式备注群名，包括出团团期、目的地、客户姓名、需求单号、客服，问候客户并介绍服务人员，分发出团通知书、酒店确认件，有行李额的发行李额确认件。

（3）出团前1天为客户购买保险，核对客户的机票、酒店、地接等资源预订情况（最后核查）。

4. 出团后流程

（1）及时回复客户行中询问，及时处理紧急事宜。

（2）出团归来后，问候客户并提交结算。

## 三、总体流程分析

总体上来说，对客提供定制旅行服务按时间进度一般分为行前服务、行中服务、行后服务。这也是一种服务流程的体现。

1. 定制旅行行前服务

行前服务包括定制方案设计沟通、定制方案设计、定制旅行服务预订操作。根据携程旅游学院定制服务的标准化流程，行前服务具体包括需求获取和分析（首呼）、定制旅行产品方案设计、产品方案发送、产品方案跟进和改进、方案确认与合同签订、资源预订等内容。

2. 定制旅行行中服务

行中服务包括准备工作服务、大交通服务、酒店住宿服务、游览服务、餐饮服务、当地交通服务、购物服务、行中突发情况处理。根据携程旅游学院定制服务的标准化流程，行中服务具体包括接机和入住、行中播报、送机、行中突发情况处理、温馨结束等内容。

3. 定制旅行行后服务

行后服务包括退款操作与发票开具、定制旅行客户评价管理、服务投诉处理,与携程旅游学院定制服务的标准化流程中的内容基本一致。

## 第二节　定制旅行服务沟通技能

### 一、定制方案设计沟通

#### (一)定制客户沟通中的形象塑造

旅游业的每一个工作人员,尤其是从事定制旅行工作的人员,在对客服务沟通中的专业形象,不仅代表着其定制旅行企业的形象,甚至在某些时候代表着国家旅游的对外形象。要全面提高定制旅行行业的整体水准,首先必须加强定制旅行从业人员的形象塑造。

1. 外在形象

人的外在形象主要包括外貌、表情、举止、衣着、谈吐和待人接物等方面的表现。定制师的工作性质决定了其经常要与陌生人打交道,这本身就是一项十分艰难和富有挑战性的工作。

如果是线下的对客沟通交流,定制旅行从业人员就需要拥有适当的礼仪、端庄的仪容、大方整洁的着装、优雅的举止等,其外在形象能够很大程度上影响人与人之间的第一印象。美国心理学家洛钦斯提出的首因效应,就充分说明了第一印象的重要性。与他人初次见面时,第一印象有55%来源于人的外在形象。若定制旅行从业人员给客户留下了良好的第一印象,在之后的沟通和服务中大概率应该会让客户满意;如果初次见面没有给客户留下良好的印象,那么定制旅行从业人员想要在之后改变这个印象就会很困难,这对此后定制方案的设计沟通会产生很大的不利影响。

目前,定制旅行的沟通交流更多的是在线上,那么定制旅行从业人员,尤其是定制师,在对客服务中就必须特别注重线上形象的塑造。这一方面体现在定制师的媒体形象上,如常用的沟通工具,如微信、QQ等上面的名字、头像、朋友圈、推文等内容,要体现定制师的专业化、职业化特征;另一方面体现在定制师的语言表达和网络礼仪上,语言表达要条理清晰、答有所问,态度要亲切、自然、友好,关注客户的切身需求。

2. 内在形象

人的内在形象指个人的品格、思想、智慧以及对社会和他人的态度等。在这里主要是指定制旅行从业人员,尤其是旅游定制师应具备完善的知识结构。这些方面难以直接观察和量化，但却能够在人与人之间建立起深刻的信任和感情，对个人在社会交往中的形象和地位有着深远的影响。

1）产品知识

旅游定制师在对客服务前必须熟知本企业定制产品的线路类型、特色、服务标准等，更应该掌握整个产品链中的每一个环节以及周边同类产品的特点，只有这样才能应对客户提出的各类问题。

2）业务知识

定制师必须熟悉旅游业务知识，包括丰富的历史文化知识、地理环境知识，以及旅游市场营销、旅游服务管理、旅游规划、旅游消费心理学、旅游财务等方面的知识，这样才能为客户提供与之需求和预期相匹配的产品和服务。

3）企业知识

作为旅游企业对外的形象代表，定制师必须具有企业认同感，熟知自己的企业，这样才能让客户感觉到你的自信，从而相信你的介绍而接受你的旅游产品。同时在工作当中，定制师总是需要与其他部门配合完成工作，因此对旅游企业的了解，特别是对旅游企业运行政策的了解，会使你更加清楚自己能够为客户争取什么、不能承诺什么，这样你在从事旅游产品设计和推销工作时才能更加得心应手。

4）行业知识

旅游定制师还需要了解旅游市场的发展趋势、游客需求，以及竞争对手方面的相关信息，这样才能在客户有需要的时候，提供本企业产品与竞争对手产品之间的差异，从而引导客户做出正确的消费选择，这就需要定制师拥有丰富的旅游行业知识。

5）其他知识

优秀的定制师是能够与客户变成朋友的人，能够找到共同语言的人，因此定制师应该在天文地理、诸子百家、古今中外等方面都要有所涉猎，这样才能服务好各种各样的客户。

（二）定制沟通中信息的获取

1. 学会提问

定制客户在定制平台上提交定制需求时，往往信息量较少（见图3-2），因此旅游定制师在后期的一项非常重要的工作就是与客户的沟通交流。通过电话、微信、QQ等以提问的方式进行沟通，以获取定制客户出行的全面信息，方便后期定制旅行方案的设计。同时，学会提问也有助于增进定制师与客户之间的关系，促进人际关系的和谐发展，有利于客户定制旅行的完美结束。提问类型主要有以下几种。

1）清单式提问

清单式提问是指定制师在首呼中引导或者鼓励客户从多个方面表达定制需求的提问方式。在提问时，定制师可以给出多个可供选择的方向，如"您这次选择定制出行是想要达到什么样的目的？在交通、住宿、景点、餐饮等方面有什么特殊的考虑？"这种方式为客户提供了思考问题的方向，使问题易于回答，不至于客户无从回答。

图 3-2 携程 App 定制游需求界面

2）开放式提问

开放式提问是指提出的问题没有限制客户回答问题的答案，完全让客户根据自己的喜好围绕谈话主题自由发挥。这种提问方式既可以引起客户注意，又有助于定制师根据客户谈话了解更有效的客户信息，如"上次的行程计划您怎么看？""您还有什么问题？"等典型问法。同时，开放式提问也可以使客户感到放松和愉快，有助于双方进一步沟通与合作。

3）封闭式提问

封闭式提问是一种可以得到具体答案的提问方式，不需要多说一个字。常用的封闭式提问包括出游时间、出游人数、偏好等，如"这个特色餐饮要不要加入您的行程里？""您有问题吗？"这种提问方式可以限制客户的答案，但一般不需要过于主动，客户只需根据自己的实际情况进行回答即可。

4）协商式提问

协商式提问是以一种征求对方意见的形式提问，引导对方进行合作性的回答，如"您认为这个旅游行程方案还有没有需要修改的地方？"即使有不同意见，也能保持融洽关系，双方仍可进一步洽谈下去。这种提问方式对方比较容易接受，即使对方不能接受你的条件，谈判的气氛仍能保持融洽，双方仍有合作的可能。

2. 做好核实

核实是检验、查证、考核信息真实性的方式。在工作中，定制师可以采用的核实方法有反馈、重复、澄清、阐明、沉默。

1）反馈

反馈就是在沟通过程中，定制师向客户做出的回应。将客户的部分或全部信息反述给客户，通过这种形式表示定制师已经收到了信息，同时让客户对自己的讲话重新确认一下；客户若有异议，可以进行必要的澄清或者给予修正性的意见。

2）重复

重复就是定制师将客户反映的信息稍加整理然后复述。重复一方面表明定制师在认真倾听，表现出对客户的尊重和重视，另一方面能够帮助定制师和客户二次确认信息，避免出错。

3）澄清

澄清就是"弄清楚"，包括两方面含义：一方面是弄清楚对方每句话的实际内容和说话目的，这是有效沟通所必需的；另一方面是将一些模棱两可、含糊不清、不够完整的陈述弄清楚，其中也包括试图得到更多的信息。

4）阐明

定制师在聆听客户的旅游需求时，可以适时阐述一些新的观点或看法，并对该观点或看法进行解释，帮助客户更好地认识和理解后续行程的安排。

5）沉默

沉默是辅助语言，不要认为沟通必须依赖说话。当客户处于焦虑状态时，或有些问题不愿答复的，若定制师能保持一段时间的沉默，客户会感觉到你能体会他的心情，真心听取他的意见，自己的愿望受到尊重。

3. 打好首呼

1）首呼的概念

首呼是定制师接单后与客户的首次电话沟通。其目的是确认客户个人信息，深入挖掘客户出游目的及出游需求，设计匹配的出游行程方案，通过专业的业务知识和优秀的观察、沟通能力为客户答疑解惑，赢得客户的信任，给客户留下良好的印象，在竞争中取得优势。

首呼的流程包括首呼前、首呼中、首呼后，如图 3-3 所示。首呼前需要对客户需求单进行分析，查询客户需求所涉及的相关交通、酒店、景区等信息，个人保持良好的工作状态，并确保首呼前的周边环境安静，以有利于与客户进行电话沟通。首呼中，应了解客户的出游目的和具体需求，并选择与之相匹配的玩法和路线推荐给客户，展示出产品线路的亮点与特色，最重要的是要根据客户的意见与建议，为客户答疑解惑，取得客户的信任。首呼后，定制师要及时记录客户需求，添加好 VBK（携程平台的系统）备注，并与客户保持联系，根据客户的反馈及时调整出游方案。

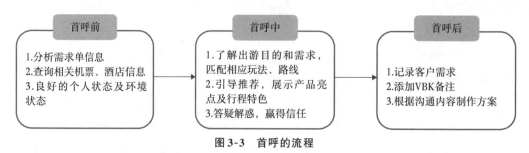

图 3-3 首呼的流程

2）完整的首呼

一个完整的首呼应该包括自我介绍、信息确认、挖掘需求、匹配玩法、引导推荐、答疑解惑、约定下次联系时间等内容。

(1)自我介绍。规范的自我介绍应该包括问好、客户姓氏称呼,表明定制师身份、电话联系的目的等信息。其中,表明定制师的身份时应简单明了,如"我是××平台为您推荐的定制师×××"。电话联系的目的包括两方面:确认需求或答疑解惑。

(2)信息确认。具体内容包括往返日期、人数、出发地、目的地、其他备注等。相关信息应填入订单信息表,如表3-1所示。

表3-1 订单信息表

| 订单号 | 下单时间 | 评分 | 用户标签 | 类型 | 出发地 | 目的地 | 往返日期 | 人均预算 | 人数 | 订单状态 |
|---|---|---|---|---|---|---|---|---|---|---|
| XC2020 | 2017-11-24 19:46:31 | 92 | 价格敏感 | 个人 | 上海 | 曼谷 | 往12-15 返12-21 | 8000元 | 2名成人 | 待抢单 |

(3)挖掘需求。包括两个方面:一是出游的人群结构,跟客户确认是家庭游(儿童/长辈)、朋友出游、情侣出游,还是公司集体出游;二是出游目的,跟客户确认是蜜月或纪念日出游、家庭解压游、深度游,还是主题游。

(4)匹配玩法。包括两个方面:一是活动项目,根据客户需求匹配对应的景点及游玩项目;二是线路安排,每日的行程安排是否合理,活动亮点是否能满足客户需求。

(5)引导推荐。主要包括吃、住、行。吃:餐厅是否是当地特色餐厅、其主题特色等。住:酒店位置、房型、星级、是否含早餐、特殊设施以及客户偏好品牌等。行:航班时间、偏好航司、选择直飞还是转机、舱位、用车的车型、载客量、用车时长,如果涉及签证,则需要提前办理或选择落地签。

(6)答疑解惑。针对客户提出的疑问,给予解答。

(7)约定下次联系时间。提前告知客户制作方案所需时间,询问下次联系的时间,询问联系方式(最好能添加客户的微信),最后再次强调自己的联系方式。

3)首呼技巧

(1)沟通逻辑清晰。

"5W1H"结构化说辞,也称六何分析法。其最初是"5W"模式,1948年美国著名政治学家哈罗德·拉斯韦尔在一篇题为《社会传播的结构与功能》的文章中总结了新闻的"5W"模式,即谁(Who)、说什么(What)、对谁说(Whom)、通过什么渠道(Which Channel)、取得什么效果(What Effect),这个"5W"模式简洁而清晰,遂成为传播经典。

后经过人们的不断运用与总结,逐步形成了一套成熟的"5W1H"模式,从原因(Why)、对象(What)、地点(Where)、时间(When)、人员(Who)、方法(How)六个方面提出问题,进行思考。这套"5W1H"模式在首呼中的使用,可使内容清晰化(见表3-2)。

表3-2 "5W1H"结构化说辞信息点

| 项目 | 内容 | 详细信息点 |
|---|---|---|
| When | 出游时间 | 具体出发及返程日期 |
| | | 是否可以弹性调整 |

续表

| 项目 | 内容 | 详细信息点 |
|---|---|---|
| Who | 出游人 | 人数（结构） |
| | | 出游人的关系 |
| | | 出游人的年龄（儿童身高） |
| Why | 出行目的 | 休闲度假 |
| | | 亲子游学 |
| | | 公司团建 |
| | | 蜜月 |
| Where | 目的地 | 是不是首次前往目的地（或有无提前做攻略） |
| | | 有没有特别想去的地方 |
| What | 特殊需求 | 酒店（星级、品牌、位置、价位、设施等） |
| | | 预算范围 |
| | | 指定的活动项目 |
| | | 指定的餐厅 |
| How | 出行方式 | 大交通的选择（航班时间、直达或转机、航司、舱位） |
| | | 包车服务的选择（品牌、使用年限、车座） |

(2)话术运用得当。

和客户联系的过程中,应遵循规范服务话术、避免服务禁语、根据具体情况调整话术等原则。规范服务话术包括:使用普通话；开头语、结束语要规范,自我介绍应简洁明了；要常常使用"您、请、谢谢、抱歉"等礼貌用语；通话快结束时应询问客户"请问您还有什么需求或问题吗？"注重客户服务感受,体现增值服务。

服务禁语如"这个要求我们做不到""你想怎么样""你觉得呢""你还有什么问题呢"等。同时,当客户提出不合理的要求时,要学会调整话术,学会委婉拒绝,要积极地加以引导,巧妙化解问题。当然,还需要注意:说话语速不宜过快；语音语调要适中；要注重客户感受；回答客户问题切忌不耐烦、不礼貌、反问；不宜打断客户说话,如客户打断了,让客户先说。

(三)定制旅行服务中的沟通技巧

沟通不等于说话,说话也不等于沟通。沟通是为了实现设定的目标,把信息、思想和情感在个人或群体间传递,并达成共同协议的过程。美国著名心理学家威廉·莫尔顿·马斯顿博士把人的性格大致分为老鹰型（支配型客户:外向＋理性）、猫头鹰型（分析型客户:内向＋理性）、孔雀型（表达型客户:外向＋感性）、考拉型（和蔼型客户:内向＋感性）、变色龙型（整合型客户）五类。接下来通过这五种类型客户的特征分析来阐述其沟通技巧。

1. 与老鹰型客户的沟通技巧

老鹰型客户的独立性和计划性强，表达比较直接，经常会在沟通过程中打断别人的说话，不会照顾他人的感受，沟通的目的性很强，强调沟通的效率，不喜欢细节，自尊心也很强。

对于这种类型的客户，定制师在沟通时一定要非常直接，不要有太多的寒暄，直接说出你的问题或目的，要节约时间。而且说话的声音要大，要有底气和说服力，保持自信，大方得体。否则，客户会对你的方案或建议产生很大的怀疑。如果定制师是在线下与之沟通，最好要有眼神交流。

2. 与猫头鹰型客户的沟通技巧

猫头鹰型客户不轻易表露自己的情绪，爱提问题，较难从他们口中得到明确回答，做事或回答问题都比较谨慎，有条不紊，注重细节，时间观念强，不喜欢杂乱无章的沟通方式。这种类型的客户不太关注与之交流的人，更看重数据，如定制师的好评率、口碑等。

对于这种类型的客户，定制师在沟通前一定要想好沟通的内容和提问或谈话的顺序，尽快切入主题。在沟通中，定制师一定要注意说话的细节，最好用准确的专业术语来表达，而且在推荐或建议某个项目或特色内容时可以多列举一些具体的其他客户的反馈数据，同时，一定要遵守与之约定的时间。如果定制师是在线下与之沟通，要做好记录的准备，不要有太多的身体接触和眼神交流，他们比较强调个人空间。

3. 与孔雀型客户的沟通技巧

孔雀型客户善于表达，热情活泼，富于幽默感，求新求变，会用抑扬顿挫的语调，并伴有手势动作，喜欢倾听，对沟通对象的信息会有回应，但不注重细节。

对于这种类型的客户，定制师在沟通时声音一定要洪亮，并要有一些动作和手势。同时，最好营造出热情活泼的氛围，否则此类客户的情绪容易受影响。关于具体事项的沟通，也要尽量带有感情色彩，用带有感情的理由去说服客户，但需要注意的是，达成协议以后，最好与之进行书面确认，以便提醒客户。

4. 与考拉型客户的沟通技巧

考拉型客户说话和蔼可亲，慢条斯理，声音很柔；他们善于倾听，比较有耐心，能够换位思考，凡事讲究以和为贵，讲求细节，但有拖延症，缺乏主见。

对于这种类型的客户，定制师沟通时不要过于看重最后的成果，务必注重双方良好的关系。沟通说话时语速要慢，多用鼓励性和赞美性的语言，多去征求客户的意见。如果定制师是在线下与之沟通，一定要时刻保持微笑，与之要有频繁的目光接触。

5. 与变色龙型客户的沟通技巧

变色龙型客户是老鹰型、猫头鹰型、孔雀型、考拉型四种特质的综合体。看似没有突出个性，但擅长整合内外资源；没有强烈的个人意识形态，是他们处事的价值观。

对于这种类型的客户,定制师在沟通时最好不要花太多功夫去猜测他的心思,这不仅浪费时间,也会减少彼此之间的信任。应当努力提升自己的服务质量,优化客户体验,让变色龙型客户真切地感受到你的周到与体贴。在沟通交流时,要保持严肃的姿态,表达自己的观点时增加手势,可以适当打断客户的发言并做出回应以引导沟通。

## 二、客户行前行后沟通

### (一)定制客户满意度概述

#### 1. 定制客户满意度概念

顾客满意(Customer Satisfaction)理论萌芽于20世纪初的消费心理学研究,直到1965年,美国学者Cardozo首次将此概念引入营销领域。目前,营销学界普遍接受的是美国著名营销学者奥利弗(Oliver)提出的"期望—实绩"模型。他认为,在消费之前,顾客会根据自己的经历、他人的口头宣传、企业形象、广告宣传等多种因素来评估产品和服务的绩效,形成"期望",并将这种期望作为评估产品和服务实绩的标准;顾客消费以后,会将从消费的产品和服务中所获得的真实绩效水平与购买前的期望进行比较,由此则形成了二者之间的差异,又称为"不一致",这个差异和不一致就是顾客对该产品和服务的满意度。根据这一模型,顾客满意度是由顾客期望、实绩与期望之差共同决定的。在旅游学方面,游客满意度的内涵在早期研究相对比较单一。匹赞姆(Pizam)、波德、拉吉卜(Bread、Ragheb)、贝克(Baker)、波特(Porter)、伍德洛夫、卡杜塔、简金斯(Woodruff、Cadotte、Jenkins)等专家学者将游客满意度归为游客本身的一种主观认知的心理感受,从不同的方面分别做了深度研究(见表3-3)。

表3-3 代表性的游客满意度内涵

| 专家学者 | 时间 | 主要观点 |
| --- | --- | --- |
| Pizam、Neumann、Reichel | 1978年 | 游客满意度是对旅游者旅行前的心理预期与体验后的实际感知的对比。如果旅游后对产品的实际感知和评价与预期相符,甚至超出预期,那么游客对此次出游的经历总体评价是满意的;反之,游客就会感到不满意 |
| Bread、Ragheb | 1980年 | 强调游客满意度的积极效应,是建立在自身对目的地的预期与实际感受相比较的基础上 |
| Woodruff、Cadotte、Jenkins | 1982—1983年 | 游客会根据以往的消费经历,评估自己目前消费的产品和服务的实绩,提出了"消费经历比较"模型。比较标准有三种:①最佳的同类旅游产品和服务;②一般的同类旅游产品和服务;③某个旅游企业的产品和服务。游客通过与这三种不同的旅游消费经历标准的对比来影响期望与实绩的比较过程 |
| Baker等 | 2000年 | 游客满意度是游客在购买目的地旅游产品后,对目的地产生的满足或不满足的状态 |

续表

| 专家学者 | 时间 | 主要观点 |
| --- | --- | --- |
| Porter、Kramer | 2006年 | 游客满意度是游客在体验过旅游地的基础设施、旅游景观、环境、娱乐和接待服务等各种产品后的需求程度的综合评价,它是游客自身与旅游目的地之间相互作用所形成的一种心理感知 |

还有一些学者认为,顾客满意度是一种个人情感。例如美国学者 Valerie S. Folkes 认为,顾客满意感是顾客对服务结果进行评估与归因之后产生的情感(见表3-4)。如果顾客认为服务结果对自己有利,并且这是企业可以控制的结果,那么顾客就会对该企业心存感激,并愿意做出有利于企业的口头宣传行为;如果顾客认为某种服务结果损害了自己的利益,并且这种结果是企业可以控制和避免的,顾客就会很生气;如果顾客认为服务结果对自己有利,并且自己早就预料到这种服务结果,顾客就会对该企业比较信赖;如果顾客预期某种服务结果会损害自己的利益,顾客就会对该企业做出回避行为,改购其他企业的产品和服务。

表3-4 服务结果、归因与顾客满意感的情感表现

| | 归因 | 有利结果 | 不利结果 |
| --- | --- | --- | --- |
| 企业 | 可控结果 | 表扬/感激 | 批评/生气 |
| | 不可控结果 | 惊喜 | 失望/容忍 |
| 顾客 | 预期的稳定结果 | 信赖 | 回避 |
| | 预期的不稳定结果 | 尝试 | 迟疑 |

(资料来源:Oliver Richard L,Customer Satisfaction with Service,In: Teresa A. Swartz and Dawn Iacobucci,Handbook of Service Marketing and Management. Thousand Oaks, CA: Sage Publications, 2000:251.)

由此可见,顾客满意度既包含了主观认知的成分,也包含了个人情感成分。尽管各专家研究的角度不同,表达各异,但从实质上来看,旅游领域顾客满意度和其他领域的顾客满意度一样。因此,我们可以认为,定制客户满意度就是定制客户对某一旅游企业的定制产品和服务在消费体验后的实际感知与预期期望或某一标准进行比较之后产生的主观综合心理评判。

2. 定制客户满意度指数

指数是用于测定多个项目在不同场合综合变动的一种特殊相对数,指数评价是分析社会经济现象数量变化的一种重要统计方法。旅游领域顾客满意度指数是在顾客满意度指数(Customer Satisfaction Index,CSI)的基础上发展而来。旅游企业进行顾客满意度指数评价的意义在于做好同竞争者旅游产品或服务的比较,了解顾客满意度状况,从而为改进投入产出率,提高产品或服务质量,增强市场竞争力,预测未来发展前景,为实现经营目标提供指导。以下是几个较有代表性的顾客满意度及旅游领域顾客满意度的指数模型。

1）国家顾客满意度指数模型

从世界范围来看，瑞典顾客满意度晴雨表（SCSB, Sweden Customer Satisfaction Barometer）是最早构建的国家层次的顾客满意度指数模型。美国顾客满意度指数（ACSI, American Customer Satisfaction Index）模型是目前体系最完整、应用效果最好的一个国家顾客满意度指数模型。欧洲顾客满意度指数（ECSI, European Customer Satisfaction Index）模型是在 SCSB 和 ACSI 模型的基础上，由欧洲质量组织和欧洲质量管理基金会等共同资助完成的。中国顾客满意度指数（CCSI, China Customer Satisfaction Index）模型是在参照和借鉴 ACSI 模型的基础上，根据中国国情和特点而建立的具有我国特色的质量评测方法，是国内首个较完善的顾客满意度指数模型（见表 3-5）。

表 3-5 代表性的国家顾客满意度指数模型

| 国家/区域 | 时间 | 名称 | 研究机构 | 指标（潜变量） | 研究成果 |
|---|---|---|---|---|---|
| 瑞典 | 1989年 | SCSB 模型（瑞典顾客满意度晴雨表） | 瑞典统计局在美国密歇根大学国家质量研究中心费耐尔（Fornell）教授等人帮助下构建 | 5个变量：顾客期望 价值感知 顾客满意 顾客抱怨 顾客忠诚 | （1）提出了顾客满意弹性的概念；（2）满意度的前置变量是顾客期望和价值感知；（3）满意度的结果变量是顾客抱怨和顾客忠诚。忠诚度是模型中最终的因变量 |
| 美国 | 1994年 | ACSI 模型（美国顾客满意度指数模型） | 美国国家质量研究中心和美国质量协会等机构 | 6个指标：顾客期望 质量感知 价值感知 顾客满意 顾客抱怨 顾客忠诚 | （1）增加了质量感知；（2）顾客满意度综合评价指数，由国家整体满意度指数、部门满意度指数、行业满意度指数和企业满意度指数4个层次构成；（3）顾客期望、质量感知和价值感知是顾客满意度的原因变量，顾客抱怨和顾客忠诚则是顾客满意度的结果变量 |
| 欧洲 | 1999年 | ECSI 模型（欧洲顾客满意度指数模型） | 欧洲质量组织、欧洲质量管理基金会等机构 | 6个指标：企业形象 顾客期望 质量感知 价值感知 顾客满意 顾客忠诚 | （1）去掉了顾客抱怨，补充了企业形象；（2）将感知质量细化为硬件和软件两个方面，即在强调企业有形产品质量给消费者带来感知价值的同时，也强调企业无形产品质量对消费者感知价值的影响 |

续表

| 国家/区域 | 时间 | 名称 | 研究机构 | 指标（潜变量） | 研究成果 |
|---|---|---|---|---|---|
| 中国 | 2002年 | CCSI模型（中国顾客满意度指数模型） | 清华大学中国企业研究中心 | 6个指标：品牌形象预期质量质量感知价值感知顾客满意顾客忠诚 | （1）将企业的品牌形象细化；（2）品牌形象与企业顾客满意度有着直接影响关系，具有很大突破性；（3）根据ECSI,感知质量细分为感知软件和硬件质量 |

2）学者/机构旅游领域顾客满意度指数

（1）SERVQUAL模型。

为了分析产品和服务问题产生的原因,并帮助服务性企业的管理者了解应当如何改进产品和服务,20世纪80年代末,美国学者帕拉苏拉曼（Parasuraman）、泽丝曼尔（Zeithaml）和贝里（Berry）（简称PZB）首次提出了SERVQUAL（Service Quality）模型。它是依据全面质量管理理论,在顾客期望服务质量和顾客感知服务质量基础上提出的全新服务质量理论。SERVQUAL模型不仅是一个有效测量满意度的模型,也是一个测量和管理服务质量的有效工具。该模型提出服务性企业可能存在管理者认知、服务质量规范、服务传递、市场信息传播和顾客感知服务质量五种类型的差距,可以帮助企业管理者发现引起质量问题的根源,并寻找适当的消除差距的措施,为企业指明了提高服务质量的方向。随后PZB三人在该模型的基础上,提出了衡量服务质量的包含5个评价维度（有形性、可靠性、响应性、保证性、移情性）22个组成项目的调查表,这就是已经被旅游企业管理者和学者们广泛使用的SERVQUAL量表（见表3-6）。

表3-6 SERVQUAL量表

| 维度 | 含义 | 组成项目 |
|---|---|---|
| 有形性（Tangibles） | 服务中的实体部分,包括服务设施、设备和员工的外表 | （1）有现代化的服务设施；（2）服务设施具有吸引力；（3）员工有整洁的外表；（4）公司的设施与所提供的服务相匹配 |
| 可靠性（Reliability） | 可靠地、准确地提供所承诺的服务的能力 | （5）公司向顾客承诺的事情都能及时完成；（6）顾客遇到困难时,员工能表现出关心并帮助；（7）公司是可靠的；（8）能准时提供所承诺的服务；（9）正确记录相关的服务 |
| 响应性（Responsiveness） | 乐于帮助顾客,提供及时的服务 | （10）告诉顾客提供服务的准确时间；（11）提供及时的服务；（12）员工总是愿意帮助顾客；（13）员工不会因为其他事情而忽略顾客 |

续表

| 维度 | 含义 | 组成项目 |
|---|---|---|
| 保证性<br>（Assurance） | 员工的知识与态度使顾客放心 | (14)员工是值得信赖的；<br>(15)在进行交易时，顾客感到放心；<br>(16)员工是礼貌的；<br>(17)员工可以从公司得到适当的支持，以提供更好的服务 |
| 移情性<br>（Empathy） | 关心并为顾客提供个性化服务 | (18)公司针对顾客提供个性化的服务；<br>(19)员工给予顾客个别的关心；<br>(20)员工了解顾客的需求；<br>(21)公司优先考虑顾客的利益；<br>(22)公司服务时间符合顾客的需求 |

（资料来源：Parasuraman A，Zeithaml V A，Berry L L.SERVQUAL: A Multiple-Item Scale for Measuring Consumer Perceptions of Service Quality [J].Journal of Retailing，1988(1).）

（2）中国旅游研究院游客满意度指数。

由中国旅游研究院和原国家旅游局监督管理司联合执行，中国旅游研究院"游客满意度指数"课题组于2012年编制了游客满意度指数测评体系，该指数测评体系由现场问卷调查指数、网络评论调查指数、旅游投诉与质监调查指数3个层面构成（见表3-7）。3项一级指标的权重系数根据德尔菲专家评分和层次分析法综合确定。

表3-7　游客满意度指数测评体系

| 一级指标 | 二级指标 | 三级指标 |
|---|---|---|
| 现场问卷调查指数 | 城市旅游形象 | 目的地旅游业形象、目的地整体服务水平 |
| | 游客预期 | 旅游质量的总体预期、旅游过程服务质量预期 |
| | 游客感知质量 | 总体服务质量、旅游交通、旅游餐饮、旅游住宿、旅游购物、旅游娱乐、旅游景点、旅行社服务、旅游公共服务 |
| | 游客感知价值 | 旅游价格是否合理、与旅游定位相比旅游质量的满意程度 |
| | 游客满意度 | 总体满意程度、实际感受与需求相比的满意程度、实际感受与理想中相比的满意程度 |
| | 游客忠诚 | 未来重游可能性、未来继续选择该旅行社的可能性、向亲友推荐该地旅游的可能性 |
| 网络评论调查指数 | 目的地旅游形象 | 总体形象、行为识别、情感认知、视觉识别 |
| | 当地居民态度 | 高度兴奋、漠然、厌恶、对抗 |
| | 交通 | 性价比、质量、服务、总体评价 |
| | 餐饮 | 性价比、质量、服务、特色、总体评价 |
| | 住宿 | 性价比、质量、服务、总体评价 |
| | 景点 | 性价比、质量、服务、特色、总体评价 |

续表

| 一级指标 | 二级指标 | 三级指标 |
| --- | --- | --- |
| 网络评论调查指数 | 购物 | 性价比、质量、服务、特色、总体评价 |
| | 休闲娱乐 | 性价比、服务、特色、总体评价 |
| | 旅行社 | 性价比、服务、总体评价 |
| | 预订网络 | 性价比、服务、总体评价 |
| | 旅游公共服务 | 市场秩序、信息服务、投诉机制 |
| | 整体性价比 | — |
| | 综合评价 | — |
| | 回头率/推荐度 | — |
| 旅游投诉与质监调查指数 | 投诉程序 | 搜索便捷程度、政务网便捷程度、实际体验 |
| | 投诉制度 | 质监所网站建设、制度与新闻的数量 |
| | 投诉结果公示 | 公示频度、详细程度、投诉处理效果 |
| | 投诉数量 | 重要平台投诉数量及现场调查的投诉比例 |

（资料来源："游客满意度指数"课题组，《游客满意度测评体系的构建及实证研究》，载《旅游学刊》，2012第7期，第74-80页。）

（3）香港理工大学旅客满意指数。

2009年，香港理工大学酒店及旅游业管理学院发布了"理大旅客满意指数"，主要度量入境旅客在6个旅游相关行业（景点、出入境服务、酒店、餐饮、零售、交通）的满意程度。该指标体系构建了感知绩效、期望、估计价值、游客满意、抱怨意图和忠诚度6个潜变量。其一，依据"旅游者满意度的部门模型"计算入境旅游者对6个旅游相关行业的满意指数；其二，依据"旅游者满意度的聚合模型"，按照每年各行业旅游者满意指数对整体满意指数的贡献比重，最终计算出综合的旅游者满意指数。

3）定制客户满意度指数

定制旅行是一种高端、小众、时尚、精品、个性化的出游方式，其客户群体具有一定的旅游经验和较高的收入水平，对生活有一定的追求，喜欢尝试新鲜事物。与普通的团队客人相比，定制客户更注重旅游的深度体验、自主性以及周到、专业的高品质服务。因此，定制客户满意度的评价指数与其他游客的有所不同。

鸿鹄逸游的定制客户满意度评价包含5个指标，即线路设计、导游服务、酒店服务、客服服务和再次定制，总评分是10分。

无二之旅的定制客户满意度评价分为3类：第一类是商品评价，包括4个指标，即航班时间、航班舒适度、酒店住宿、行程安排；第二类是商家服务评价，包括服务态度、响应速度2个指标；第三类是总体评价，包含行程设计、客服服务2个指标。

飞猪旅行的定制客户满意度评价包含导游服务、餐饮住宿、行程安排、旅行交通4个指标；或单有"描述相符"1个指标，满分是5分，评价得分为4.9~5分的是"超出预期"

五星好评，4.8分的是"非常好"五星好评。

马蜂窝旅游的定制客户满意度评价仅包含行程设计和客服服务2个指标，每一项满分是5分。

由此可以看出，各定制旅行企业的定制客户满意度评价指数有所不同，但具体细节都涉及旅游服务的"吃、住、行、游、购、娱"六大要素、服务态度、定制行程方案等内容。从满意度的评价指标上来看，包括顾客期望、质量感知、价值感知、顾客满意，部分还涉及顾客忠诚（如鸿鹄逸游"再次定制"的评价）。

## （二）定制客户投诉处理

### 1. 正确认识定制客户的投诉

首先，定制旅行从业人员需要正确认识客户的投诉，树立"客户的抱怨或投诉是送给企业的礼物"的观念。客户不投诉并不意味着企业的产品或服务令人满意，因为绝大多数的客户会选择沉默。定制客户的投诉意味着定制旅行企业的服务存在不足，是企业应该欢迎的。

其次，客户投诉是不可避免的。受定制客户的文化背景、个体特征及旅行中不可控因素的影响，即使是最优秀的旅游定制师，在烦琐、复杂的工作中也难免会出现各种各样的问题而遭到客户的投诉。

再次，定制师可以通过客户的投诉来实现自我的提升。在定制旅行服务活动中，只有一小部分客户直接对定制师投诉，但这并不意味着企业的定制服务水平很高。通过小部分定制客户的抱怨或投诉，定制师可以发现自身工作中疏忽的地方或企业发展中存在的问题，这是定制师实现自我提升的良机。

最后，定制师可以通过努力来实现客户投诉向良好口碑的转变。如果定制旅行企业、旅游定制师没能解决客户投诉的问题，客户可能会更为不满，从而给企业、定制师带来负面影响。但如果解决了客户的问题，他们就会做正面的口碑宣传，从而成为企业的忠诚客户。

### 2. 定制客户投诉的原因

1）定制旅行企业或定制师的原因

定制师不能提供令客户满意的服务，导致客户期望与实际感知之间形成落差。例如，行前与客户沟通时未深入挖掘客户潜在需求，设计的旅游方案未能使客户享受到独特体验，或夸大行程方案中的服务品质，而实际无法兑现服务承诺，或定制师方案设计考虑不周，行程安排不合理，致使因景区人流量过大而影响定制客户游玩体验等，最终导致客户的投诉。

2）定制客户自身的原因

定制客户因自身素质、修养或个性原因，在沟通交流中有时不能准确、合理或清晰地表达对旅游服务的需求，导致客户本身对定制服务会产生一种不合理的、超越实际

知识关联

会抱怨的客户是好客户？

的甚至是无理的期望,当这些期望或要求没有得到满足时,客户心理就会失去平衡,从而产生抱怨或投诉。

3)其他随机的因素

随机的因素往往是无法预测的,比如不可抗力的影响(如2023年7月30日受第5号台风"杜苏芮"影响,青岛海水浴场紧急关闭)、政府政策的临时变动(如因目的地入境政策临时变更,客户出境旅游无法成行)等。

3. 处理客户投诉的步骤

在面临定制客户的投诉时,定制旅行企业方人员最害怕的是因客户不满导致品牌口碑下降,进而影响到其他定制客户购买本企业定制产品或服务。因此,企业在处理客户投诉时,不仅要为客户解决问题,还要避免对企业口碑造成不良影响。

1)接受投诉,学会倾听

定制客户发起投诉,必然是对定制旅行产品或服务有不满意之处,所以往往会伴随着负面情绪。在收到客户投诉时,一定要学会倾听。这样不仅可以让客户缓解自己的情绪,同时可以在倾听过程中记录下客户提出的问题以及对方的诉求。在倾听过程中还要注意一些小技巧,不论面对的是理性客户还是感性客户,都要积极地给予回应、反馈,比如可以用一些"是的""我知道""我同意你的看法""我理解你"这样的词句来安抚客户的情绪,只有先调节好情绪才能继续解决问题。

2)解释澄清,学会耐心

定制客户投诉的问题中往往会有较多重复的旅游服务问题,对于那些出现过的、常见的投诉问题,一家成熟的定制旅行企业一定是有预案应对措施的,定制旅行从业人员只需要按照现有的工作流程进行处理即可,但需要注意解释时的语调,不要让客户有受轻视、冷漠或不耐烦的感觉,也不要和客户争辩或一味找借口,要从客户的角度做出合理的解释或澄清,更不能推卸责任。如果客户投诉的问题是不常见的,可以记录下来并告知客户接下来会有该方面的专业人员再一次与其沟通。

3)提出解决方案,学会尽心

对于客户要求的处理方案,如果不能确定其是否合理,可以向客户说明自己的处理权限有限,相关问题已经向上级汇报了,并向客户说明解决问题所需要的时间及其原因,但后续也会积极跟进,有情况将及时反馈给客户。同时,需要及时将需要处理的投诉记录传递给相关部门。

4)跟进后续,学会关怀

作为处理投诉时与客户直接沟通的第一人,在客户完全解决问题之前,定制师都应积极跟踪关注,与相关工作人员保持联系,获知最新进展,及时向客户反馈处理结果,并关心询问客户对处理结果的满意程度,这样才能确保客户的问题真正得到解决,避免出现遗漏、拖延的情况。

# 第三节 定制客户需求服务分析

## 一、需求分析的基本认知

定制客户的需求分析是指旅游定制师或定制旅行相关人员从定制客户的需求出发,通过沟通服务,确定客户的兴趣爱好、需求和出游目的,将客户的个性化需求转化成定制旅行产品需求。可以简单地将其理解为判断客户的定制需求要怎样才能被满足,要怎样做才能实现定制旅行产品的目标及客户价值最大化。其核心内容有两点:一是判断定制客户的真实需求和出游目的;二是提出满足其需求的定制旅行产品解决方案。

那怎样做好需求分析呢?要注意以下几点。

1. 树立正确的价值导向,而不是目标导向

一般旅游定制师收到客户需求后,就直接针对需求进行各种分析和客户调研。这样的做法很容易忽略这个"需求"在整个产品方案乃至整个生态链中的价值体现,即使达到了需求最初设定的目标,那这一需求在整个产品方案中有什么样的价值体现呢?上海师范大学旅游学院张文建教授表示,旅游业最重要的属性是美好生活导向性。当定制客户有到某一旅游目的地出行的需求时,目标导向型定制师的关注点只有一个,就是给客户安排到此目的地打卡各类景点或游玩各类项目;而价值导向型定制师需要通过与客户的沟通,清楚地了解客户的出行目的。价值导向型定制师思考的不仅仅是"到此一游",更多的是如何设计安排有趣、活泼、舒适、个性化的项目让客户触摸、感知自然和文化,满足其对美好生活的向往与追求,实现客户出游的目的。

2. 搞清楚"去角色化的个体特征"以及"集体人格特征"

每个人都在现实生活中扮演着不同的角色:家庭里的孩子、丈夫、妻子、母亲,单位上的领导或下属、生意上的合作伙伴或者竞争对手等。角色意味着规则、边界和束缚。在工作中,每个人都扮演着某一种角色、承担某种职能,以提升效率并确保工作的顺利完成。但在定制旅行中,旅游定制师要搞清楚"去角色化的个体特征",卸下定制客户的角色进行思考,抛开对客户角色的刻板印象,将其作为一个真实、完整、鲜活的个体来观察。如果定制师面对的是某个集体客户,那就需要充分研究这个集体的集体人格、共同记忆和核心观念。去角色化才能有感情,根据去角色化的个性或集体特征,设计有温度、有感情的定制旅行方案。

3. 明确"痛点""痒点"以及"爽点"均是产品机会

其实,旅行中的"痛点"无处不在,小到垃圾纸屑,大到设施安全,甚至某一小小的

旅游服务,都会成为影响游客体验感的重要因素,甚至导致游客对一个景区、一个城市的印象也因此定格。"痛点"就是经常给客户带来不便或烦恼的问题,是客户迫切需要满足的需求;"痒点"就是不痛不痒的,客户认为不太重要的需求;"爽点"就是超出客户预期,期望被满足的某些需求。因此,定制师要有策略性地进行需求分析。例如,在沟通过程中,定制师需要着重针对客户的"痛点"来解决当前面临的主要问题;在随后的需求分析中,针对"痒点+爽点"来完善定制旅行方案,让客户处于兴奋状态,提升客户活跃度;后期定制师可以通过不断的微创新来提高旅游产品的转化率。

## 二、需求分析的步骤

### (一)信息收集阶段

定制客户在定制旅行平台上提交需求时,需求单上填写的信息相对比较简单。旅游定制师就需要通过首呼或后续的沟通收集更多的、有效的客户需求,因此在和客户沟通时,要把握好问题的量和度,按照程序通过一定的方法和技巧,详细地了解客户的出游目的地、人数、出游时间/天数、出游目的,以及对交通、住宿、餐饮、景点、活动、预算等方面的要求。但是不可避免也可能会出现无用的或答非所问的信息,那么定制师就需要根据录音记录和笔记,对收集到的客户信息进行整理、判断、记录,完善客户需求单。同时,旅游定制师最好能够在此阶段确定客户的基本属性,如客户属于哪一类型,也可使用 KANO 模型进行分析,确认客户的需求是基本型需求、期望型需求,还是魅力型需求、无差异型需求或者反向型需求。

### (二)需求评估阶段

1. 判断需求的合理性

旅游定制师是以客户的需求为出发点来进行定制旅行产品方案的设计的,但在实际工作中,各类客户需求的满足受时间、地点、人物、环境、事件等因素的影响,因此定制师不能盲目地迎合客户的需求,在设计定制旅行产品方案前,需要对客户的需求进行合理性判断,尽量满足客户的合理性需求,调整其不合理的需求部分。例如,一个亲子游的家庭要在暑假去洛阳的山里避暑,希望定制师安排一个类似新密羲山悬崖酒店的住宿,享受水天一色的梦幻无边泳池的游泳戏水。但受现实景区住宿的限制,客观上不能实现其需求,定制师可以引导客户去新密羲山度假避暑,也可以向客户推荐洛阳白云山的森林度假木屋酒店,虽不能享受无边泳池的浪漫,但可以于森林之中悠然栖居,享受童趣时光。

2. 分析客户需求价值和产品方案价值

前述提及,定制师要树立正确的价值导向,因此在与客户的沟通中,要特别留意客户对某些需求提及的频率或次数,以此来分析客户对这些需求的迫切程度。这些内容决定了客户的需求价值,也就是客户的付费意愿以及产品的留存或转化率。同时,定

行业资讯

2023 年小红书 City Walk 趋势报告

制师在进行需求分析的过程中，也要考虑产品方案的价值，具体表现在客户对产品方案的创意、设计风格以及个性化、性价比等方面的感知，这一方面有助于降低企业成本，另一方面也可以凸显品牌价值，让客户产生价值认同感，提升订单转化率。

### （三）寻找产品阶段

在明确客户需求的基础上，旅游定制师需要在众多的旅游资源中寻找到能够有效匹配客户需求的各项产品资源。能够搜寻并充分掌握产品资源的信息，是完成定制旅行产品设计的必要条件。定制师可以通过搜索引擎、专业网站、展业展会、客户反馈、竞争对手、市场考察、旅游供应商推荐等途径来寻找和匹配"吃、住、行、游、购、娱"六要素所对应的产品资源，以及满足客户个性化需求的产品和服务资源。

## 三、需求分析的方法

### （一）马斯洛需求层次论

一般我们提到需求理论，大多数人都会想到马斯洛的需求层次划分，马斯洛需求层次划分是最基础也是最常用的需求层次划分。美国著名心理学家亚伯拉罕·哈罗德·马斯洛在《动机与人格》一书中提出"需求层次论"，他认为人类具有五个层次的需求，从低到高依次为生理需求、安全需求、归属与爱的需求、尊重需求和自我实现需求。

（1）生理需求。生理需求包括水、食物、空气等，处于第一层，是人类行为活动的基础动力，也是架构需求层次论的基石。只要是能追溯到生理层面的需求，都可称为生理需求。对于旅游中的六大要素，吃、住、行三个要素都属于第一层次的需求，因此在定制旅行产品和服务的设计中，要全部将其考虑在内，即使客户要求某个要素自理（如餐饮自理），也要为其推荐合适的场所，提供相关的餐饮建议。

（2）安全需求。安全需求包括保障人身安全、获取信息资源、维持情绪稳定、保持合群状态等。安全需求处于第二层次，同样属于低级别的需求。在定制旅行产品和服务的设计中，尤其是出境游，应该考虑向客户提供详细的旅游安全提示和丰富的旅游安全服务，如，外汇兑换服务（财务安全）；提醒客户开通国际漫游服务（通信沟通安全）；提供使领馆电话（领事安全）；提供当地匪警、火警、急救电话（人身和财产安全）；提供随身药品（健康安全）；提供特殊保险服务；提醒客户当地禁忌；保障饮食安全；提醒客户海关注意事项（旅行安全）；提供购物退税和行李托运等服务；行程单不宜变化太多和太频繁（稳定性）；提前解除客户所有旅行安全忧虑。

（3）归属与爱的需求。归属与爱的需求又被称为社交需求，处于第三层。它是指人与人交流时的情感需求，包括他人对自己身份的认同、社群是否认同自己的归属等。社交需求与生理需求、安全需求被马斯洛视为人类的基础需求，在基础需求满足后，更高级的尊重需求和自我实现需求才会出现。在定制旅行产品和服务的设计中，应特别关注亲子游、蜜月游和家庭游,定制产品和服务应该聚焦构建定制师与客户之间,客户相互之间,客户与导游、司机等服务人员之间,以及客户与当地居民之间的融洽关系。

(4) 尊重需求。每个人都渴望被尊重,尊重来源于别人对自己话语和观点的认可态度,属于较高层次的需求。旅行定制师应该关注游客在新媒体平台上发布的旅游信息,及时点赞、评论和转发;游客每完成一次重要活动,都要给予表扬或奖励,提供满足游客尊重需求的渠道等。

(5) 自我实现需求。自我实现需求是马斯洛需求层次论中最高等级的需求,包括实现自我人生价值、扮演好社会多种角色的需求,比如告知者、劝导者、维护者。为了满足这一需求,人们会不断了解信息,积累知识,提高自身素养。满足和激发此类需求的方法有:设计方案时考虑复杂情况,强调任务的艰巨性;给有特长的客户委派特别的任务;在设计工作和执行计划时为他人留有余地等。定制旅行产品和服务的价格越高,越要关注客户自我实现的可能性和可行性,根据客户自我实现需求的特征核对产品和服务的内容。

总体来说,每一个需求层次上的客户对定制旅行产品和服务的要求都不一样,即不同的产品和服务满足不同的需求层次。有定制需求的消费者,高层次需求的比例比较高。根据五个需求层次,在定制旅行产品和服务的设计中需要考虑以下要素。

(1) 生理需求。定制旅行产品和服务必须首先满足最低层次的需求,体现出各个要素,即使这些需求没有明确说明或者支付费用要求定制。

(2) 安全需求。定制旅行产品和服务要满足游客对安全的需求,关注产品和服务对游客身体与财物的影响。

(3) 社交需求。定制旅行产品和服务要满足游客对社交的需求,主动与游客保持事事互动、日日互动,为游客之间联络以及与亲朋好友沟通提供便利条件,激活游客爱和交际的需求。

(4) 尊重需求。定制旅行产品和服务要满足游客希望产品和服务与众不同的需求,关注产品和服务的象征意义、内在价值,并让游客认知和感知。

(5) 自我实现需求。定制旅行产品和服务要满足并符合游客自己的判断标准,创造机会,发挥游客特长,挖掘其潜能,让其展示才华,为其提供助人的机会。

(二) 卡诺模型(KANO模型)

KANO模型是日本东京理工大学教授狩野纪昭(Noriaki Kano)在1984年提出的,是用以分析用户需求对用户满意度影响的工具。按照卡诺模型,需求被分解为基本型需求、期望型需求、魅力型需求、无差异型需求和反向型需求五个部分(见图3-4)。定制师在进行客户需求分析时,也会对客户的不同需求进行区分处理,以找出提高客户满意度的切入点。

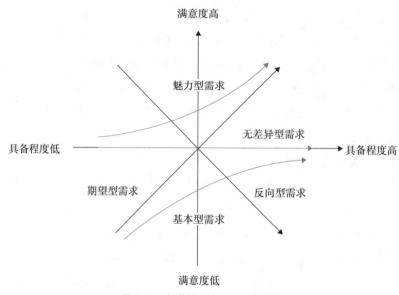

图3-4　卡诺模型（KANO模型）

**1. 基本型需求**

基本型需求也称为必备型需求，指的是客户对定制旅行企业所提供产品和服务的基本要求，是客户认为"必须有""必须满足"的，定制师解决客户基本问题、提供满足理所当然需求的定制旅行产品和服务。如果没有满足该类需求，客户的满意度就会大幅降低。但是这类需求的满足也无法给客户带来惊喜，满意度也不会因为这类需求得到满足而大幅提升。例如，在酒店住宿，必然有干净、整洁、安全、隐私等需求，即使客户没有提到，这也是被默认的条件。定制旅行中交通、餐饮、住宿、游览等方面的安排设计，在沟通中若客户没有提及，定制师也需要主动询问客户对这些方面的需求，因为这些内容是保证客户正常出行必备的基本需求；而购物、娱乐，则因人而异，如果客户提出这些要求，则成为基本型需求。满足基本型需求是应该的，并不能提升客户的满意度，除非物超所值。

**2. 期望型需求**

期望型需求也称为意愿型需求，是指定制客户期望获得的比较优质的产品或服务，但并不是必需的，有些期望型需求连客户自己都不太清楚，但是他们希望得到。简单来说，就是客户希望产品中有什么，如果这一类需求在定制旅行产品中体现出来了，客户将会感到满意，从而给产品加分。如果并没有体现这一点，客户不会不满，但是印象分会有所降低。这是处于成长期的需求，是客户、竞争对手和企业自身都关注的需求，也是定制旅行企业的产品区别于竞争对手产品的体现。例如，同样是飞机经济舱，如果定制师能提前为客户订座，安排到宽敞的紧急出口座位，客户就会感到更加满意；同样是客户行程方案，如果提供融文字、图片、影音、链接等各种可视化形式于一体的详细的内容，客户就更满意。

### 3. 魅力型需求

魅力型需求又称为兴奋型需求，是定制师提供给客户的一些完全出乎意料的产品或服务，可以让客户获得兴奋的体验。它是基于客户的一个兴奋点，可以在客户没有想到或不抱太大期望的时候创造出来。魅力型需求的满足能让客户感到惊喜，如果定制师不提供此类产品或服务，客户的满意度不会降低；一旦提供了此类产品或服务，客户的满意度会大幅提升。例如，定制师发现旅行中的某一天刚好是客户的生日，于是安排入住酒店的工作人员送上温馨的生日祝福、礼品或将房间贴心布置等，为客户提供一些完全出乎意料的产品或服务，客户感到惊喜，并获得超出期望的满意。

### 4. 无差异型需求

客户认为无所谓的产品或服务，无论提供还是不提供，客户满意度都不会有改变，这类需求即是无差异型需求。如送给客户的酒店桑拿券、酒吧折扣券等，这样的需求就是无差异型需求。定制师在分析客户需求时，要根据客户特征挖掘其真正的需求，摒弃这些对客户来说没有什么使用价值的需求，将精力投入前三种需求中，提高客户满意度。从定制旅行企业的角度来讲，这种需求的开发或设计会产生一定的成本，而且对客户而言没有什么作用，会白白花费人力与财力。

### 5. 反向型需求

反向型需求，又称逆向型需求，是指定制师在提供相关产品或服务后，客户的满意度反而会下降，也就是提供了客户很反感的产品或服务。如给老年人赠送极限运动的打折券，为研学的学生提供商店的优惠券等，这类需求会给客户造成很大的影响。若定制师没有做好客户需求分析，而是听到需求就安排，一定会出现这样的问题。

一个成功的产品，一定是不仅满足了基本型需求，还满足了用户的期望型需求，同时还可以满足用户的兴奋型需求，而且会适时地使用一些无差异型需求去触达用户，且尽量避免了反向型需求。因此，在实际操作中，定制师首先要全力以赴地满足客户的基本型需求，实现客户最基本的需求满足。其次应尽力去满足客户的期望型需求，这是产品的竞争性因素。提供满足客户需求的额外产品或服务功能，使产品和服务优于竞争对手，引导客户加深对本企业的良好印象，使客户达到满意。最后争取实现客户的兴奋型需求，为企业建立最忠实的客户群。

## 第四节 定制旅行的个性化服务

定制旅行服务的流程是标准化的，这个流程的步骤是固定的。这种标准化的操作虽然能够提高效率，获得丰富的经验，提升订单的转化率，实现定制旅行的规模化发展，但在实际操作中，每个标准化流程中的内容却不是固定的、死板的和千篇一律的。

定制旅行服务不能缺乏个性化的特征，比如面对不同单位或组织的商务客群，定制师设计的旅游行程不能几乎是一样的，每个商务客群的个性、预算等不同，或者有自己特殊的需求，定制旅行企业提供的服务需要体现个性化。有形的产品会被模仿，但个性化服务是不会被模仿的。

## 一、服务理念

旅游业的服务理念总体上来说，是为游客提供高质量的服务，让游客在旅行中感到舒适和安心。其核心就是"客户至上"，以满足游客的需求和期望为目标，不断提升服务质量和客户满意度。但随着定制旅行的出现和发展，服务更加注重细节和个性化，需要为客户提供量身定制的服务，使客户感到受重视和尊重。

### （一）一对一服务理念

一对一服务又称为一站式服务，是一种为游客提供个性化、专业化旅游服务的理念。定制旅行企业通过与每一位客户进行一对一的沟通交流，明确把握每一位客户的需求和喜好，有针对性地为其量身定制景点路线、住宿、餐饮和活动安排等，还可以提供私人讲解、专车接送等个性化服务，以求最大限度地满足游客需求，让游客享受最贴心的服务。

邹益民教授认为，为更好地满足目标顾客的需要，旅游企业不仅需要把握目标顾客共性的、基本的、静态的和显性的需要，而且需要识别目标顾客个性的、特殊的、动态的和隐性的需要，于是旅游企业的服务承诺将由"我们将为您提供标准化服务"转变为"我们将满足您的个性化需要"，倡导"特别的爱给特别的您"，具体体现在以下几个方面。

1. 满足个性化需求

顾客的基本需要大体相同，但个性需要因人而异，这要求旅游企业的服务必须做到个性化和针对性，并努力做好延伸服务，让顾客可以方便运用企业的有关资源，体验与众不同、别出心裁的服务。一对一定制旅行服务可以根据客户的特殊需求和喜好，从路线、活动和服务等方面着手为客户量身打造具有浓郁个人专属风格的旅行，它提供的是一种个性化、专属化、一对一式的定制旅行计划，让客户的旅行更加个性化。

2. 专业的服务

一对一定制旅行服务通常由专业的旅游规划师和导游团队提供，他们对当地的文化、历史和景点都非常熟悉，可以为客户提供更专业的旅游服务。而且面对客户的个性化消费方式，一对一的定制旅行还可以提供飞机、游艇、豪宅、汽车、宴会、专业讲解以及签证等方方面面的定制服务，保障客户的出行从计划到完成的每一个环节，都能享受到专业的服务。

3. 更多的自由度

与传统旅游团相比，一对一的定制旅行更加灵活自由，客户可以根据自己的喜好和时间安排旅行计划,减少了跟团游的拘束,避免走马观花的疲劳式旅游。同时在旅程中,除了传统的参观,一对一的定制旅行还增加了互动式的活动,比如深入欧洲家庭或者城堡内,或者体验欧洲当地特色的传统活动,让旅程变得更加多样化。

4. 理解顾客的价值

顾客价值的本质是顾客感知利益和顾客感知价格之间的差距,简单来说就是顾客通过产品或者服务的使用做出的评价。只有聚焦顾客价值的定制旅行企业,才能形成良性运作,这需要企业着力提高顾客感知利益(提供可靠服务、快速响应顾客要求、满足顾客潜在需求和塑造品牌声誉等),或降低顾客感知价格(降低购买成本、使用成本、精力成本和心理成本等),如此才能为顾客创造较高的感知价值。

### (二)旅行管家式服务理念

旅行管家可以是一种职业,也可以是一种工作。在具体的对客服务过程中,旅行管家通常会在行程中始终相伴旅客,为旅客提供最及时的消费、娱乐和休闲信息;在行程中为旅客提供当地城市及景点的介绍,让旅客更好地了解、熟悉当地的风土人情;全程围绕旅客提供管家式服务,协助旅客实时安排行程,帮助旅客打理行程中的事务,如办理各类手续等;在保护旅客的私密个人空间的同时,提供极具人性化的服务和必要的协助。由此就产生了旅行管家式的服务理念。

首先,管家式服务理念是"专业化"。旅行管家要经过专业的培训和考核,掌握专业的知识和技能,为客户提供专业、细致、高效的服务。比如,旅行管家需要掌握安全服务、礼仪服务、餐饮服务等方面的知识,能够根据客户的需求提供相应的服务。

其次,管家式服务理念是"定制化"。旅行管家的服务不是一成不变的,而是根据客户的需求和喜好来提供定制化的旅游服务。比如,客户可能需要旅行管家为他们安排旅游行程以及购物、派对等活动,旅行管家需要根据客户的需求进行具体的安排。

最后,管家式服务理念是"隐私保护"。旅行管家需要为客户保守秘密,不泄露客户的个人信息和隐私。旅行管家和客户之间建立了一种信任关系,客户可以放心地把自己旅途中的琐事交给旅行管家处理。

## 二、服务对象

定制旅行服务的核心在于了解客户的需求,其区别于传统旅游服务的最大优点是具有较强的个性化和定制性。定制旅行产品的设计已经不再是传统的同质化生产模式,而是注重量身定制。不同定制客户,需求是不同的,有些人喜欢文化游,有些人喜欢自然风光,有些人喜欢探险,还有些人喜欢休闲度假。而且根据客户的出行目的,定制旅行可以是家庭亲子游、蜜月旅行、商务出行、企业团建、度假休闲,还可以是旅居生活、赛事活动等。适合北方人的服务,不一定适合南方人;对长辈适用的服务方式,不一定适合年轻一代的客群。因此,定制旅行服务一定是因人而异的。不同年龄、性别、性格的客户,其个性化服务的方式和内容也是不一样的。

知识关联

旅游企业定制化服务模式的支撑体系:聚焦顾客价值

行业资讯

壹佳壹国旅:人文、多元、个性的旅游平台,一对一管家式的服务例如，以蜜月旅行为出行目的的客户，大多是青年或中年的新婚夫妇。但不同新婚夫妇，文化、见识、性格特征等都不一样，蜜月旅行也有更加细分的市场和更加个性化的服务。例如，休闲玩乐型蜜月客户希望有体验性项目和逗留型景点方面的服务设计；新奇刺激型蜜月客户要考虑品质与价格平衡，更喜欢自由行旅游产品；情感型蜜月客户更加注重"婚"和"游"的结合，可以将蜜月浪漫元素融入整个旅游服务过程中；对于体验型蜜月客户，可以在旅游中增加体验娱乐服务项目。可见，旅游定制师需要根据不同蜜月旅行客户的特点，努力满足其多元化、时尚化、个性化、浪漫化的服务需求。

再如，相较于老年游客养生、养老、养心的周边游、慢旅游等，Z世代旅游消费群体呈现出较大区别的个性服务需求。根据马蜂窝旅游发布的《后疫情时代的"新旅游"——Z世代旅游消费变化报告》，Z世代伴随着互联网的发展而成长，日漫、韩剧、美剧一直伴随着他们的生活，影视动漫成为他们"种草"目的地的风向标，并且在当地旅游过程中，相较于以往代际，Z世代更注重仪式感。因此，在面对这类定制客户时，定制师需要更加倾向于探访电影拍摄地，寻找其中的相似建筑，品尝同款美食等个性化服务设计，也要尽量安排博物馆、主题公园、咖啡店等具有仪式感的打卡地。此外，坐遍全世界的过山车，体验每个城市的酒吧，在每次旅途中与陌生人拥抱合影等，都是Z世代旅游消费群体热衷的别样体验。

## 三、服务内容

定制旅行的服务内容总体上包括行前、行中和行后三个阶段的服务。但其个性化服务要求在标准化和程序化服务的基础上，针对不同客户的兴趣爱好和个人需要，提供一些全新的和个性化的服务内容，这样不仅可以提高服务的附加值，提高客户的满意度和复购率，而且也可以形成良好的口碑，有利于定制旅行企业的营销宣传。个性化的服务内容主要表现在丰富产品体验元素、设计多元体验场景、产品融入编剧思维三个方面。

### （一）丰富产品体验元素

定制旅行产品是客户专属的定制旅行方案，方案的设计要高度贴合客户需求，讲究量身定做，同时为了突出个性化服务，在方案的设计中要丰富产品的各类体验元素。产品的体验一方面要注重个性化，要与传统旅游形成差异；另一方面还要注重参与性，让客户体会旅游产品的内涵和魅力。例如蜜月定制旅行，不能只有单一或常规的纪念仪式、蜜月旅拍，还需要加入一些其他的元素来丰富产品的体验内容。

无二之旅是国内专业的出国旅行定制公司，于2012年成立，致力于为每位客户提供省心、自由、高性价比的海外自由行方案，让旅行有温度。它的海外婚礼及蜜月旅行的定制颇具特色。例如，公司网站推出的蜜月旅行主题游"蜜月旅行就是要'色'一下"，根据目的地特点，把蜜月旅行分为清新绿、神秘蓝、浪漫红、冰原灰四类主题。每类主题下的旅游产品都会加入不同元素的旅游体验内容，具体见表3-8。

表3-8 蜜月旅行主题游产品方案

| 颜色 | 颜色的蜜月解读 | 旅游产品方案 | 产品体验内容 |
|---|---|---|---|
| 清新绿 | 蜜月旅行,是和你牵手看绿宝石大海 | 毛里求斯8天,北纬20°的蜜月天堂 | 跳伞、浮潜、乘帆船、海底漫步,浪漫与激情并存 |
| | | 斐济7天,和爱人上天入海 | 高空跳伞、深潜、海钓、探寻《荒岛余生》风光 |
| | | 塔希提岛7天,唯美之境,拥抱极致梦幻 | 日落巡航、海钓、浪漫法式晚餐、水上摩艇、四驱越野、与灰鲨同游 |
| 神秘蓝 | 蜜月旅行,是和你在异国小镇的蓝色邂逅 | 希腊11天,情定蓝色爱琴海 | 蓝顶教堂、最浪漫日落、潜水、乘游艇、品葡萄酒、入住悬崖洞穴 |
| | | 意大利+法国11天,探秘欧洲夏威夷 | 探秘水上城市、乘坐热气球、塞纳河游船、学法餐 |
| | | 法国11天,陶醉于薰衣草的花香 | 踏薰衣草花海、乘塞纳河游船、赏红磨坊歌舞、住薰衣草花园 |
| 浪漫红 | 蜜月旅行,是和你在红色大道上的热烈缠绵 | 美国11天,自驾西部最美1号公路 | 自驾1号公路、游红色大峡谷、驾驶日落帆船、观看NBA球赛、驾驶超跑、品尝赌城顶级自助 |
| | | 西班牙+葡萄牙13天,踏着弗拉明戈舞说爱你 | 游走里斯本老城、私奔小镇、观赏弗拉明戈舞表演、法朵演出、住悬崖酒店,品尝米其林餐厅 |
| 冰原灰 | 蜜月旅行,是和你在世界尽头的极光下拥吻 | 挪威+芬兰11天,世界最美邂逅极光童话 | 汽车追极光、驯鹿雪橇,住Olokolo小屋、冰雪城堡、入住峡湾风光住宿 |
| | | 冰岛12天,唱响冰与火之歌 | 追极光、驯鹿雪橇、冰洞冰钓、冰河湖、黄金圈、蓝湖温泉、探秘《权力的游戏》,住玻璃屋、北极树屋 |
| | | 芬兰10天,驾圣诞雪橇驰骋,冰原林海 | 驯鹿雪橇、圣诞老人村、冰雪乐园、雪地坦克追极光,住玻璃穹顶小屋、小木屋别墅,芬兰桑拿 |

## (二)设计多元体验场景

在新型旅游时代,游客的旅游观念和出行方式发生了较大的改变,更加注重多元化的旅游感官体验。游客不仅仅是为了满足"到此一游",而是追求有安排、有预期、有收获的旅游经历,更需要有常看常新的旅游体验。因此,高端定制旅行产品除了需要加入丰富的产品体验元素,还需要注意多元化体验场景的设计。在人们固有的印象中,人们好像只有在白天才去动物园,但定制师为了更好地展示旅行产品的个性化,让定制客户体验不同的场景,可以设计夜游动物园的项目。例如,新加坡野生动物园夜游,游客可以乘坐游览专车在夜间观察动物,近距离、沉浸式地探访夜色笼罩下的丛林动物。当然，也可以通过《夜晚的精灵》动物表演的形式欣赏夜间动物特有的自然习性。

鸿鹄逸游是携程旗下高端奢游品牌，于2012年成立，定义了"高端旅行"的标准，首创"高端环游世界"品牌，其产品持续领先业界。它的肯尼亚旅行产品在动物之旅的场景体验方面就非常独特。其行程中不仅设计有"骆驼骑行"体验活动，乘坐游猎专用越野车、游船进行夜间游猎（徒步）等项目，还有与动物共食的安排，让客户在多元的体验场景中全方位地观看、接触动物，这样神奇的动物深度探险之旅，给客户留下了深刻的印象。

### （三）产品融入编剧思维

编剧是剧本的作者。编剧以文字的形式表述节目或影视的整体设计，其作品就叫剧本，是影视剧、话剧的表演蓝本，成就突出的职业编剧被称为剧作家。编剧的工作是将故事转化成一个个可以拍摄、表演的情节。那么顾名思义，编剧思维就是编剧的思维方式。例如，"××的父亲对他很严厉"，这句话导演、演员是不知道怎么演的，那么编剧要将这句陈述句转换成可以拍的情景："××放学回家，书包没放好就打开电视看，父亲拎起书包扔到了门外。"从中我们可以理解，编剧的思维方式不是让事情、道理更抽象，而是更具体、更易于操作、更加直观。编剧思维其实是视听的思维，也就是要具有画面感。人们看完剧本的一段文字后，仿佛这个影视作品就已经出现在面前了。

定制旅行产品是定制师为解决旅游者个性化需求而将产品资源进行合理配置或组合的旅游产品，包括交通、酒店、餐饮、目的地（景区景点）、活动项目等多项内容。如果发送给定制客户的旅行产品方案是像流水账一样呈现的，客户的观感是非常枯燥且无趣的。因此，定制旅行产品的设计要融入编剧思维，犹如写剧本一样，需要将行程涉及的各个要素通过文字、图片、色彩、影音、链接等可视化的形式呈现给客户，而且产品设计得越丰富，描写得越详细，客户的感受就会越好。如定制师在对酒店的表述中，会有酒店的介绍、客人的评分和评语等描述，以及酒店内外场景的照片等，这样客户在浏览这些信息时会不自觉产生画面感，增加产品方案的观感和客户的兴趣。

## 第五节　定制旅行评价服务管理

### 一、定制旅行评价概述

旅游企业游客满意度的高低直接决定客户的选择与购买，从而影响旅游企业的经济效益。因此，定制客户行后满意度的评价，对于旅游者自身而言，可以使旅游者更加明确自身的旅游需求，在下一次出游之前对于旅游目的地的选择可以多加考虑，从而

---

行业资讯

【至臻奢享·动物王国】肯尼亚10天7晚之旅

行业资讯

携程定制旅行方案欣赏

减少期望与实际感知之间的差距,获得较满意的旅游体验。对于定制旅行企业或经营者来说,通过定制客户的评价,可以深入洞察客户在旅行出发前,以及旅行中在旅游目的地吃、住、行、游、购、娱各个维度的实时满意度,有利于定制旅行企业客观准确地掌握旅游定制师、旅游供应商、不同景区或酒店等的服务质量,找到问题所在并加以修正,从而可以促进旅游定制师为定制客户设计更精准的活动服务来满足个性化需求,在服务过程中规范自身的行为,更加重视客户旅行中的细节和品质;也可以促进旅游供应商进一步提升智慧旅游服务能力,以此来提高定制客户的忠诚度,提升企业的运营效率。同时,定制客户的评价也是衡量定制旅行企业的管理和服务水平、提升竞争力、争取更多业务机会的重要因素。

定制旅行服务是一种以客户需求为起点,为客户提供的专享的和个性化的旅行服务。定制旅行服务流程涉及多个岗位,这是一个注重客户体验感和客户满意度的工作,通常在工作中,各岗位的工作绩效以客户满意度的形式表现出来。根据携程旅游发布的《中国旅游者点评与幸福指数报告2017》,越是熟练使用互联网和智能手机的旅游者,越愿意点评及分享,幸福程度往往越高。统计发现,60％以上的旅游用户使用携程App进行点评,近20％的用户是在行程中发布图文点评。在实际工作中,提高评价率是客服工作的重点。评价率是旅行结束后参与服务质量或满意度评价的客户数量占所有客户的比例,而好评率＝好评数/评价总数,它反映的是客户对企业产品或服务的满意程度。没有高品质的产品或服务,没有好的行前、行中、行后服务,再有效的措施也可能都无法提高好评率。

定制旅行结束后,旅游定制师一般会请客户对定制服务进行评价。定制旅行企业的质量监督员也会对定制师的服务进行客户调查,听取定制客户的真实反馈。评价率对企业员工的晋升、绩效考核、指标奖励、评比奖励、优秀称号评选等也有很大的激励作用,如零时差定制旅游公司会将综合评分达到8.5分以上(满分10分)的定制师评为优秀定制师,也会评选出最佳销售师、最优定制师等。

## 二、定制旅行评价反馈

### 1. 行后客户反馈

定制客户在行程结束前可以通过定制微信群、在线定制客服"旅游管家"、定制客服电话、直接联系定制师等各种方式对此次定制旅行进行评价。如果是在线点评,优质点评一般是指点评字数多于50字,或者字数大约为30字且含图片/视频的点评。据携程相关人员介绍,客人的点评一般由点评分和点评内容组成。客人点评中,只要含有3分及以下的子项,则为差评(满分5分)。携程依据点评质量分对点评进行排序,从而得出优质点评。点评质量分主要是根据点评的内容(文字、图片、视频)、点评时效性等维度综合计算出来的。对于优质点评,系统有积分奖励。点评内容所包含的信息与形式越丰富,对于促进客人预订转化的作用越大。

针对客户的好评，携程定制师会及时回复以示对客户的尊重，参考话术如下。

（1）您的肯定胜过千万华丽的辞藻，我们将更加努力，期待我们能为您提供更多的惊喜服务。

（2）每一次相遇都是命中注定的缘分；最亲爱的朋友，能得到您用心的好评，我们更感到荣幸。您的每一声赞扬，都是对我们的肯定。有了您的支持与赞扬，我们将更加专业、更加努力、更加热情！××期待你们的到来，祝您生活愉快、工作顺利。

（3）感谢您分享的旅行体验，因为有您，尽显完美！愿您的生活常温暖，日子总是温柔又闪亮。

对于客户的差评，携程定制师会针对客户反馈中的具体内容进行分析，并及时与旅行中的司机、导游、客服、供应商等相关人员或组织沟通联系，了解客户反馈情况，在4个工作日内将处理意见告知客户，或线上回复差评。携程回复差评的参考话术如下："尊敬的××先生/女士，感谢您给予的反馈。很遗憾本次定制旅行服务未能让您满意，我们深感抱歉。您的建议我们已经收到，请允许我向您分享/说明……（如有）。再次感谢您的宝贵意见，并期待能为您的下次出行服务，我们将为您提供更优质的体验。祝您一切顺利！"携程定制师向客户的反馈如图3-5所示。

图3-5　携程定制师向客户的反馈

2. 行后供应商反馈

定制客户旅行结束后，旅游供应商要向定制旅行企业提交由定制客户填写的"顾客满意度调查表"或"旅游客户反馈表"（电子或纸质的）或类似的反馈表，以便定制旅行企业确认供应商是否按照合同所约定的服务时间、地点、方式、等级等标准履行职责。如果在旅行过程中定制客户出现投诉或抱怨、安全问题、突发情况等，旅游供应商要在规定的时间内将事情的经过、客人的要求、采取的措施、处理结果等情况向定制旅行企业反馈。当然，旅游供应商如果开发了新的产品、项目、服务等也可以反馈给定制旅行企业。

## 三、评价数据收集与处理

1. 评价数据收集

为了更好地服务定制客户,了解定制客户的消费需求和游后满意度情况,定制旅行企业需要关注定制客户的评价,当然就应该想办法获取定制客户的相关评论数据,主要有以下3种方式。

(1)定制旅行企业内部数据。这种内部数据包括定制客户在企业定制平台上的交易数据、行为数据,定制客服的电话录音,以及定制微信群记录、在线客服"旅游管家"记录(见图3-6)、定制客户的线上评价(见图3-7)、售后工单等,可以通过建立企业数字化业务运营系统来统计。这种技术企业完全可管控,所以现在很多旅游企业都建立了各种各样的信息化系统。

图3-6 携程定制旅行的在线客服

图3-7 定制客户的线上评价

(资料来源:携程App和无二之旅官网)

（2）定制旅行企业外部数据。除了从企业内部获取数据，通过互联网这个开放的环境也可以获取一些评论数据，包括竞争对手、旅游供应商、旅行代理商（销售）等的评论数据，也包括定制客户在微信、QQ、微博、小红书、抖音等社交媒体上发布的评论，还包括在知乎等问答平台发表的评论等。一般定制旅行企业根据各自需要，通过网络爬虫工具来抓取各大平台网站上定制客户的评论数据。相比内部数据，外部数据的不确定性比较高，因此在分析外部数据时需要更加严格的验证。

（3）线下的数据。线下实体旅行社的定制旅行业务经营中会产生大量的评论数据，但线下的评论数据在收集方面比较困难。

2. 评价数据处理

通过上述3种方式收集的定制客户评论数据，可以分为两类：一类是结构化数据，比如一些数字、性别、出行目的地、结算金额等，这类数据的分析相对比较容易，可以用Excel、数据库SQL（结构化查询语言，Structured Query Language），也可以用Tableau、Power-BI这一类的可视化BI工具；另一类是非结构化数据，比如图片、视频、录音、大段的文字等，这类数据的处理比较复杂，传统的BI工具是不行的，目前有效的手段主要是通过自然语言处理（NLP）技术，即人工智能的分析模型来进行数据分析。

当然，大段的文字分析也可以使用网络爬虫Python的方式进行处理，即用Rwordseg包进行分词，用Tmcn进行词频统计，用Word Cloud进行文字云绘制，从而帮助定制旅行企业聚焦定制客户的心声，发现并改进定制旅行产品和服务存在的问题，从而提升定制客户的满意度，获得竞争优势。

## 本章小结

1. 定制旅行服务的基本流程。
2. 定制旅行服务的沟通技能。
3. 定制客户需求服务分析。
4. 定制旅行的个性化服务。
5. 定制旅行评价服务管理。

## 本章训练

一、知识训练

1. 简述定制旅行服务的基本流程。
2. 简述定制旅行服务中的沟通技巧。
3. 简述如何处理定制客户投诉。
4. 简述定制旅行个性化服务的内容。
5. 简述定制旅行评价中需要关注的内容。

## 二、实训项目

如果你是一名旅游定制师,请选择一种需求分析方法,根据下表中的内容,分析如何设计个性化的服务。

| 项目 | 内容 |
| --- | --- |
| 客户信息 | 王先生 |
| 出游人数 | 2大2小:王先生夫妇,女儿(9岁),儿子(4岁) |
| 出游时间 | 7月20日至7月25日 |
| 出发地—目的地 | 郑州—青岛 |
| 活动要求 | 要适合小朋友,同时兼以丰富的文化阅历 |

# 第四章
# 定制旅行资源:分类、调查与评价

 **本章概要**

　　定制旅行需要获得并整合各类旅游资源,由专业定制师按照客户需求,设计出独特的定制旅行产品,最大限度地达到客户的旅游预期。掌握定制旅行资源分类,有效分析、评价和整合旅游资源,通过需求分析和沟通反馈,挖掘出具有时代特色、精准定位客户需求的定制旅行资源,为客户提供个性化服务解决方案,满足客户旅游期待。作为定制旅行产品设计的基础,定制旅行资源开发的重要性逐渐凸显出来。

 **学习目标**

### 知识目标

1. 了解定制旅行资源分类原则和分类方式。
2. 熟悉定制旅行资源调查目的和调查内容。
3. 掌握定制旅行资源评价内容和评价方法。

### 能力目标

1. 能够比较各种定制旅行资源分类方式及其适用情形。
2. 能够根据客户需求调查定制旅行资源。
3. 能够评价和分析各类定制旅行资源。

### 素养目标

1. 明确定制旅行资源与定制旅行产品之间的关系,树立可持续开发利用理念。
2. 了解我国定制旅行资源分类,树立民族自豪感和文化自信。

第四章　定制旅行资源：分类、调查与评价

### 知识导图

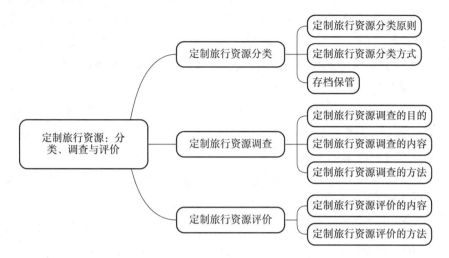

### 章节要点

定制旅行资源；分类、调查与评价

### 章首案例

**民宿唤醒长城脚下"沉睡资源"**

夏夜，天空尚有一丝光亮，远处的长城依稀可见，凉风带来青草香，窸窸窣窣虫鸣不时响起。三两游客闲坐在小广场上，回味着晚餐的美味。如此景象，是近来延庆区石光长城民宿的日常。这家"长"在石峡村、背靠古长城的精品民宿，成为唤醒"石头村"的钥匙。

2015年，贺玉玲回到家乡延庆，在长城脚下的石峡村租下闲置的老院子，创办了延庆首家精品民宿——石光长城。贺玉玲花了大量时间研究本地食材和人文特色，创新非遗美食贺氏酱猪脸，开发出长城石烹宴。用滚烫的鹅卵石给菜肴保温，再搭配延庆火勺、山野菜、石烹土鸡蛋和海棠汁，经过游客的推荐，长城石烹宴成了一道网红美食。一声响亮铜锣，一台精致小轿，欢天喜地中乘轿而来竟是一盆香气四溢的酱猪脸。"酱猪脸坐轿上桌"的视频曾走红网络，更为石光长城民宿吸引来一大波路人粉。

渐渐地，越来越多的游客到访曾经寂静的石峡村。吃一盆鹅卵石酱猪脸，住一晚长城小院夜观繁星，成为京郊微度假的新场景。

贺玉玲回忆，自己在创办石光长城之时，就有着大志向："做民宿就是要带动乡里，振兴乡村经济。"2019年，市文化和旅游局等8个部门出台《关于促

案例分析

进乡村民宿发展的指导意见》，为乡村民宿高质量发展提供政策保障。在北京大力支持民宿发展的背景下，石光长城的"民宿＋"赋能效应更加凸显。通过深耕本地民俗和长城历史，贺玉玲将文化融入民宿运营之中，建设了村史博物馆、石光长城文化书店等，把石光长城发展成集住宿、餐饮、娱乐、休闲及文化体验于一体的京郊文旅新空间，更多文旅消费场景在涌现。2021年，石光长城获评首批国家级等级民宿。

石峡村的海棠产业也被盘活，自主研发生产的海棠干、海棠汁等产品深受游客喜爱。村民建设了酒坊、山茶坊、海棠坊等多个手工工坊，以共生社区模式实现了村企共融发展。

这个在岁月中沉寂了许久的"石头村"，因为民宿的出现，整个村子就热闹起来，名气甚至传出了北京，谱写出名为"振兴"的乐章。

（资料来源：文旅北京，https://weibo.com/ttarticle/p/show?id=2309404925283693363326）

# 第一节　定制旅行资源分类

## 一、定制旅行资源分类原则

### （一）共同性与排他性原则

共同性与排他性原则也称为相似性与差异性原则，即把具有共同属性的定制旅行资源归为一类，所划分出的同级同类型定制旅行资源，必须具有共同的属性，不同类型之间应具有一定差异。

### （二）对应性原则

对应性原则是指所划分出的次一级类型内容，必须完全对应于上一级类型的内容，不能出现下一级内容超出上一级或少于上一级内容的现象，否则就会出现逻辑上的错误。

### （三）逐级划分原则

逐级划分原则，即采用分类结合分级的方法，将同一大类的定制旅行资源按照其相似性和差异性逐级划分为具有隶属关系的不同层次、不同等级的亚系统。定制旅行资源是极其复杂的系统，逐级分类可以避免出现分类的逻辑性混乱。先确定高一级的定制旅行资源类型，再将其划分为多个次一级的亚类型，然后将每一个亚类型再向下划分出更低一级类型。

#### （四）可操作性原则

定制旅行资源的分类是一项实践性很强的工作,在分类过程中,必须考虑资源的定量评价和资源的实际开发问题,确定的分类指标和体系,尤其是定制旅行资源的分类,需要更加针对资源及客户需求的调查与开发,否则将会与实际脱节,失去资源分类的意义。

### 二、定制旅行资源分类方式

定制旅行资源的分类是根据旅游资源的相似性和差异性进行归并,划分出具有一定从属关系的不同等级类别(类型)。每种类别(类型)属性上有相似之处,不同类别之间存在一定的差异。定制旅行资源分类更加关注客户需求,要以客户需求为中心进行分类,一般定制旅行资源的分类方式有以下几种。

#### （一）按照国家标准分类

经过十几年的旅游资源分类调查实践,我国旅游行政主管部门制定公布了旅游资源分类、调查与评价的国家标准,并在旅游资源调查研究、开发利用和保护管理的实践中不断补充修订,逐步完善。不过,旅游资源是一个动态开放的系统,旅游资源分类也是一个不断发展完善的过程,最新的标准是2017年版。

2017年12月29日,由国家质量监督检验检疫总局和国家标准化管理委员会发布,从2018年7月1日起开始实施中华人民共和国国家标准《旅游资源分类、调查与评价》(GB/T 18972—2017)。国标主要依据旅游资源的性质,对稳定的、客观存在的实体旅游资源和不稳定的、客观存在的事物和现象进行分类,以"主类""亚类"和"基本类型"为层次结构,共分为8个主类、23个亚类和110个基本类型。

#### （二）按照旅游资源的功能分类

这种分类方式主要关注旅游资源的功能,从能够满足客户不同需求的角度进行划分,对产品推广和产品营销有一定的帮助,可以基于客户的旅行目的进行有针对性的推广。

（1）情感型旅游资源。这类资源主要包括名人故居、名人古墓、各类纪念地等,可以开展祭祖、探亲、访友、怀古等旅游活动。

（2）观光游览型旅游资源。以各种优美的自然风光、著名古建筑、城镇风貌、园林建筑为主,供旅游者观光游览和鉴赏,使旅游者陶冶性情,并从中获得各种美感享受。

（3）参与型旅游资源。这类资源也称为体验型旅游资源,如冲浪、漂流、赛马、制作、访问、节庆活动等。

（4）购物型旅游资源。这类资源包括各种康复保健品、工艺品、艺术品、文创商品等旅游商品,主要供旅游者购买,以作为旅游经历的纪念物。

(5)保健休疗型旅游资源。这类资源包括各种康复保健、度假疗养设施与活动,如疗养院、度假村、温泉浴等,主要供旅游者度假、疗养、健身之用。

(6)文化型旅游资源。这类资源包括富有文化科学内涵的各类博物展览、科学技术活动、文化教育设施等。旅游者从中可以获得一定的文化科学知识,开阔眼界,增长阅历。

### (三)按定制旅行主题分类

根据旅游者定制旅行的需求分析,可以将旅游资源按照不同主题进行分类,便于定制旅行产品的设计和营销。

(1)户外主题游旅游资源。基于户外主题的定制旅行,对于自然旅游资源的品质要求较高,目的性较强,旅游者往往对某一种或者几种旅游资源较为关注。也就是说,只有围绕核心自然旅游资源进行产品设计,才能满足旅游者的需求。常见的户外旅游资源包括房车露营、温泉滑雪、沙漠探险等。根据自然旅游资源的特点,结合旅游者需求如探险、慢游等,设计符合客户需求的定制旅行产品。

(2)节庆主题游旅游资源。以各类节庆为主题的定制旅行,能够带动一系列协调性良好的、内容衔接的、共同体现节庆特色的旅游资源开发,推动旅游目的地整体形象的提升,扩大旅游节庆活动的影响半径。该类资源既包括节庆活动系列资源,也包括以节庆为主题的相关资源,通过科学合理的设计,可以共同构成节庆类产品。旅游节庆活动资源的丰富内涵,可以扩大产品的影响力。文化是节庆主题游旅游资源的灵魂,旅游者越来越追求旅游活动的文化内涵,而节庆活动正是文化的一种良好载体。

(3)历史文化主题游旅游资源。中国是历史悠久的文明古国之一,随着历史文化资源不断被挖掘,可以说历史文化主题游旅游资源非常丰富,资源潜力巨大。从不同角度开发历史文化资源,可以形成不同主题的定制旅行产品,如红色主题、研学主题等。突出当地文化特色,整合既有旅游资源,注重提前策划,形成主题旅游产品,已成为各地创新旅游供给的重要举措。结合时代浪潮开发的旅游资源,围绕"重视人,尊重人,关心人,爱护人"的主题,满足不同人群的需求和爱好,如音乐主题游、摄影主题游等。

(4)乡村主题游旅游资源。乡村主题游旅游资源丰富,具有巨大的市场潜力,通过科学梳理、资源优化等手段,在乡村旅游资源分析的基础上,深入挖掘乡村自然、文化底蕴,结合乡村具体情况,做相应的综合分析,选择契合乡村旅游发展的项目,提炼出富有特色和吸引力的主题。

(5)综合主题游旅游资源。随着旅游者需求的不断提升,单一性质的主题旅游已经难以满足多样化的旅游需求,以一个主题为核心、多主题并存的产品越来越受到人们的青睐。对于一个旅游目的地而言,一个符合市场需求的主题旅游产品,会对周边的民宿、餐饮、娱乐、购物等产生明显的带动作用。因此,整合当地旅游资源,突出地方特色,不断丰富内涵,打造能让游客"一来再来"的主题旅游产品,将成为目的地旅游业增强活力的重要途径。

### （四）按旅游资源层级分类

（1）世界级旅游资源。这类资源一般是指那些可以吸引来自全世界旅游者的旅游资源。我国的世界级旅游资源大体包括世界遗产、世界地质公园、列入联合国"人与生物圈计划"的自然保护区等类型。以列入联合国"人与生物圈计划"的自然保护区为例，"人与生物圈计划"（MAB），是联合国教科文组织于1971年发起的一项政府间跨学科的大型综合性研究计划。中国于1973年正式加入"人与生物圈计划"。截至2023年5月，中国已有34个自然保护地被联合国教科文组织评定为世界生物圈保护区，在亚洲位列第一。

（2）国家级旅游资源。这类资源是指在全国范围内具有吸引力的旅游资源，如国家级风景名胜区、国家级旅游度假区、全国重点文物保护单位、国家森林公园和中国优秀旅游城市等。以全国重点文物保护单位为例，1961年国务院公布了第一批180处全国重点文物保护单位，截至2019年，我国一共公布了八批全国重点文物保护单位，总计达5058处。

（3）省级旅游资源。这类资源是指各个省（自治区、直辖市）公布的在全省（自治区、直辖市）范围内具有吸引力的旅游资源，其游览观赏价值、历史文化价值及科学考察价值等稍逊色于国家级旅游资源，以吸引省内或部分周边省区的旅游者为主，如省级文物保护单位、省级自然保护区、省级旅游度假区、省级风景名胜区和省级非物质文化遗产等。

（4）市（县）级旅游资源。这类旅游资源具有一定的观赏、历史人文和科学价值，其吸引力和客源市场主要是邻近地区或本地的旅游者，如城市公园、运动场所等。

### （五）按旅游资源安全系数分类

（1）危险级旅游资源。这类资源是指旅游者在游览过程中存在人身安全风险的旅游资源。如前往南北极探险、珠峰探险等，都存在一定的危险性。这类旅游者在普劳格游客个性心理模式中，属于多中心型游客，也就是开放型游客，猎奇求新心理明显。这类旅游资源对应安全系数较低，目标群体较少，但因为同类竞争较少，利润可观。

（2）挑战级旅游资源。具有一定挑战性的旅游资源更加常见，旅游者在游览过程中不存在人身安全风险，但有一定难度，适合喜欢挑战和追求刺激的旅游者。科学合理开发旅游资源，可以满足一大部分旅游者求新、求异的心理。

（3）安全级旅游资源。安全级旅游资源不存在人身安全风险，一般常规线路都属于安全级旅游资源。此类旅游资源大部分已得到良好开发，能满足部分定制"慢、悠、轻"游的旅游者。

### （六）其他分类

（1）未经开发或潜在旅游资源。这类资源是指具有一定的游览、观赏价值，但是目前尚未开发的旅游资源,这类资源可以是自然景观、历史遗迹,或者是独特的旅游吸引物。

(2)现有已开发或者即将开发的旅游资源。这类资源是指已经客观存在的自然、人文或社会旅游资源,其配套的基础设施和服务设施比较完善,已经成为当地旅游业发展的主体;或者是已经通过可行性论证,其开发价值已取得认证,已经列入规划即将开发的资源。

(3)市场型旅游资源。这类旅游资源是比较适合市场需求的资源。它可能本身质量并不高,但由于某一社会实践促使其影响力倍增而成为旅游资源,或者是由于市场需要而可以开发创造出来的旅游资源。

此外,还可以从旅游活动主体、客体和媒介角度对旅游资源进行分类。从旅游业经营角度,可以将旅游资源分为有限类旅游资源(狩猎、垂钓、购物等)和无限类旅游资源(海水浴、泛舟、潜水等)两大类;按开发利用的变化特征,可以将旅游资源划分为原生性和萌生性旅游资源两大类;按旅游产业观,可将旅游资源分为生态型旅游资源、观光型旅游资源、度假型旅游资源、专项旅游资源等。

## 三、存档保管

旅游资源的存档保管,更多的是从定制旅行产品营销角度考虑。如果能够进行科学合理的存档保管,就能在首呼时第一时间找到旅游资源,为后面定制旅行产品的设计奠定良好基础。因此,存档保管需在旅游者需求分类的基础上,设计合理可行的存档保管方案。

专家剖析

定制旅行设计,深入挖掘文旅资源,应该这样做

# 第二节 定制旅行资源调查

## 一、定制旅行资源调查的目的

### (一)掌握旅游资源赋存状况

系统全面地调查和认识旅行资源是进行定制旅行资源评价、开发及合理利用和保护的基础性工作。通过调查,可以查明可供利用的旅行资源基本状况,系统而全面地掌握旅行资源的类别、数量、质量、性质、特点、级别、成因、结构、空间分布、可利用程度、潜力、价值等,为旅行资源的评价、分级、分区、开发及合理利用等做好准备工作,为定制旅行产品的策划提供决策依据。

## （二）有利于明确定制旅行产品开发方向

通过对旅行资源自身及外部开发条件的深入调查,可以全面掌握旅行资源的开发、利用和保护现状及存在的问题,从而为确定旅行资源的开发导向、开发时序、开发重点和提出有针对性的管理措施提供翔实可靠的资料。在调查的基础上,依据资源自身的特色和价值,结合市场需求,合理开发利用,深层次挖掘旅行资源的潜力,有利于进一步打造全新的定制旅行产品,形成全新的定制旅行品牌。

## （三）有利于提高定制旅行产品的效率和质量

定制旅行资源的调查,可以摸清资源赋存,把握资源优势,科学评估旅行资源的开发利用价值,确定定制旅行产品开发与策划的必需环节和基础性工作。此外,通过定制旅行资源的调查,能够深入挖掘全新的旅行资源和产品,进一步优化定制旅行产品的供需关系和结构,动态地、积极主动地开发适应旅游市场需求的定制旅行产品,不断满足旅游市场的现实需求。所以,科学高效的定制旅行资源调查工作,是深层次挖掘旅行资源潜力,促进定制旅行产品质量升级与结构调整,推动旅游业供给侧结构性改革,实现定制旅行产品高质量开发的重要基础性工作。

## 二、定制旅行资源调查的内容

### （一）定制旅行资源调查的范围

按照2017年颁布的国家标准《旅游资源分类、调查与评价》(GB/T 18972—2017)的要求,应选定下述旅游资源单体进行重点调查。

(1) 具有旅游开发前景,有明显经济、社会、文化价值的旅游资源单体。
(2) 集合型旅游资源单体中具有代表性的部分。
(3) 代表调查区形象的旅游资源单体。

### （二）定制旅行资源调查的基本内容

定制旅行资源调查的内容具体包括:了解旅行资源的形成、存在背景;掌握旅行资源单体的种类、性质、数量、体量、特色、结构与空间分布等发展现状;旅行资源开发的现状与条件等,把握旅游市场变化的动态趋势。

针对具体调查区域所开展的具体的定制旅行资源调查活动,不一定要涉及调查内容的各个方面,可根据调查目的和用途,选择相应的调查方式,从中选择部分内容或重点内容进行研究,以科学有效地完成调查任务。

1. 定制旅行资源形成背景的调查

(1) 自然环境的调查:对调查区自然环境概况、地质地貌要素、水体要素、气象气候要素、土壤和动植物要素等项目的调查。

(2) 人文环境的调查:调查该地的历史沿革,调查区的经济社会环境和发展水平、制度措施、法治环境,以及交通、邮政通信、供水、文化、医疗卫生等基础条件,同时,还应调查当地的旅游业发展水平和当地居民对发展旅游业的态度等内容。

(3)环境质量调查:调查企业生产、居民生活、交通服务等人为因素造成的大气、水体、土壤、噪声污染状况和治理程度,以及自然灾害、传染病、放射性物质、易燃易爆物质等旅游安全状况。

2. 定制旅行资源单体的调查

旅游资源单体调查填写的内容应该包括以下9个方面的基本情况:①单体序号;②单体名称;③代号项;④行政位置项;⑤地理位置项;⑥性质与特征项;⑦旅游区域及进出条件项;⑧保护与开发现状项;⑨共有因子评价问答项。

3. 定制旅行资源开发现状的调查

(1)旅游要素的调查。"吃、住、行、游、购、娱"是构成旅游者旅游活动的六大基础性旅游要素。与之相对应的餐饮、饭店、交通、游览、购物、娱乐等软硬件设施,既是旅游业发展的主要组成部分,又是形成旅游吸引物的重要因素,对其进行调查是十分必要的。

(2)客源市场的调查。调查旅游地和周围客源地居民消费水平和出游率,依据旅游资源吸引力的大小,进行必要的客源分析,包括形成旅游客源的空间范围和大致数量,阐述旅游客源的积极因素和不利因素等,这是旅游客源市场调查的重要内容。

(3)邻近资源及区域间资源的相互关系。邻近资源及区域间资源的相互关系,主要包括自然与人文旅游资源的结合与互补情况、各要素的组合及协调性、景观的集聚程度等内容。需要重点调查并分析邻近资源与区域内资源相互共生、相互竞争的关系,互动关系所产生的积极和消极影响,以及区域内旅游资源在不同层次旅游区域中的地位。

## 三、定制旅行资源调查的方法

### (一)资料搜索法

几乎所有的调查工作都可始于收集已有的资料。在定制旅行资源调查中,较为常用的方法是对第二手资料进行分析,通过从中摘取与定制旅行资源调查项目有关的内容,分析其他研究者或研究机构通过实地调查所得到的原始资料,间接获取定制旅行资源的有关信息。

资料搜索法既包括对现有资料的收集、分析,也包括对定制旅行资源调查过程中所取得的资料的统计、分析等。

### (二)田野调查法

田野调查法是定制旅行资源调查常用的一种实地调查方法。实地调查法是根据定制旅行资源调查的性质与任务,组织相关人员深入调查区域考察旅游地实际情况的方法。实地调查中用来收集资料的方法主要包括观察法和访谈法,具体包括非正式的、随机进行的各种观察、旁听和闲谈,也包括正式的采访、座谈和参观等。

总之,田野调查法要求调查人员一一核实所有已获得的资料,而且需补充将来开发工作所需的相关资料。因此,田野调查工作需要做到周详、细致。调查者要勤于观察、善于发现,及时记录、填图、现场摄录并进行必要的总结。

### (三)"3S"现代技术法

现代技术手段的应用为定制旅行资源的调查带来了许多方便。在进行野外实地考察时,使用现代声像摄录设备,如照相机、摄像机等,可以将野外考察过程全面地记录下来,真实地呈现出旅行资源地的原貌。应用于定制旅行资源调查的现代技术主要包括遥感技术(RS)、全球定位系统(GPS)、地理信息系统(GIS)等。

### (四)大数据分析法

在定制旅行资源的调查过程中,将大量的原始数据汇集在一起,通过云计算技术、数据可视化技术、人机交互技术等分析数据中的潜在规律,以预测以后事物的发展趋势,有助于人们对定制旅行资源做出正确的评估,产生更大的开发效益。在旅游资源调查中,可以通过虚拟虚景呈现某一地区定制旅行资源分布的总体概况,同时还可以通过虚拟实景并结合信息网络为调查人员提供调查区域景观的具体情况。

专家剖析

旅游资源对定制旅行产品设计的影响

## 第三节 定制旅行资源评价

### 一、定制旅行资源评价的内容

#### (一)定制旅行资源特色评价

**1. 独特性评价**

独特性即旅游资源的特色。特色是旅游资源吸引游客的关键因素,直接决定了定制旅行资源的开发方向和产品内容,是定制旅行开发的灵魂。定制旅行资源突出特色,是为了满足旅游者求新、求异、求奇、求知、求美的心理。定制旅行资源的独特性越突出,其吸引力就越大,从而具有越高的旅游价值。如黄山,因兼具奇松、怪石、云海、温泉"四绝"而名扬四海。在开发定制旅行产品时,应把挖掘当地特色的旅游资源作为工作的出发点,将各项优势旅游资源整合起来,形成一个主题,做到"人无我有、人有我优",尤其注意突出地方特色,以满足游客的猎奇心理,增强定制旅行产品吸引力。

定制旅行概论

**2. 知名度评价**

旅游资源知名度是旅游资源单体被外界了解、认可的程度和影响范围。随着旅游业的发展和旅游市场竞争的日趋激烈,也需要对旅游资源进行管理创新,提高其知名度,形成品牌效应。定制旅行企业要根据市场和游客的需求变化,寻求自身与竞争对手的差异,追求旅行资源的地方化、差异化和特色化,逐步挖掘定制旅行资源的内涵,整合多方面优势资源,最终形成资源品牌,提高资源知名度。

**3. 季节性评价**

开展定制旅行时,应该考虑相关旅游资源的季节性变化。这里的季节性包括两个方面的含义。其一,旅游资源的季节性决定了旅游地的容量可能会出现季节性的超饱和。自然景观方面,有些景色只有在特定的时间才会出现,如秋天的红叶、冬天的冰雪等,短时间内吸引大量游客可能会超出景区容量;人文景观方面,各种民俗节庆等也往往会出现短期性的超饱和状态,如河南周口的太昊伏羲陵庙会,每年二月初二总是人山人海,大量游客聚集于此。其二,旅游活动的季节性变化对旅游容量有着重要影响。在我国,随着双休日和各法定假期的实行,著名旅游区在此期间经常会出现人满为患的情况,特别是一些"网红"打卡地,一到节假日就人满为患,游客旅游体验感大大下降。

## (二)定制旅行资源价值评价

**1. 历史文化价值评价**

定制旅行资源的历史文化价值主要指旅游资源所包括的历史价值和文化内涵,如旅游资源是否具有或体现了某种文化特征,是否与某种文化活动有密切的联系,是否与重大历史事件、历史人物有关,或者是否有与之直接有关的文学艺术作品、神话传说等。历史文化是旅游资源的灵魂,是旅游资源形成特色的主要组成部分,历史文化既体现在资源的特色之中,又成为旅游吸引物的主要内容。

企业开发定制旅行产品时,应该精心选择历史文化类旅游资源,主要包括古遗址、遗迹、古代建筑与设施、非遗项目等。这些资源集中反映了人类历史各个阶段的政治、经济、文化教育水平,是人类历史的真实写照,是人类文化的瑰宝,具有较高的文化艺术价值,具有多种旅游功能,既可供游人观赏,也可以作为考古研究、历史教育的载体,还可以开展形式多样、参与性强的文化娱乐活动,如传统工艺品制作、书法临摹、体验造纸流程、编钟演奏等。

**2. 美学价值评价**

旅游活动本身是一个审美过程。通过感知旅游资源的美,游客能够赏心悦目、陶冶情操。定制旅行活动也是一个感受美、体验美的过程。定制旅行产品选择的资源,其美学观赏性包括自然美和人文美。自然美是通过山体、河流、湖泊、海洋、草原、森林、日光、月影、云雾、雨雪、霜冻等构景要素的总体特征来体现的;人文美主要包括艺术美和社会美,是通过石窟造像、摩崖石刻、民俗风情,以及寺庙、殿堂建筑、非遗等要素体现的。凡是吸引力较大的旅游资源首先必须具有较高的美学观赏性,设计定制旅行产品,在选择相关旅游资源时要进行美学分析。

1)自然旅游资源的美学特征

自然美五彩缤纷、包罗万象。自然旅游资源的美主要体现在形象美、色彩美、形态美、朦胧美、声音美等方面。

(1)形象美。按照传统的审美观点,形象美是自然旅游资源审美中的第一要素。形象美大致体现为雄壮、秀丽、奇特、险峻、幽邃、旷远等。

(2)色彩美。色彩美是自然风景中直观的形式美因素之一,它不但给人以强烈的视觉冲击,而且会对人的生理和心理产生很大的影响。色彩美主要体现在山色、石色、水色、天色和生物色等方面。

(3)形态美。形态美包括动态美与静态美。流水、瀑布、潮汐、云雾、流星、飞禽、走兽、游鱼等体现的是动态美;山、石、花、树等体现的是静态美。

(4)朦胧美。朦胧美是因为观赏对象隐隐约约、半为感受半为想象所产生的美感,朦胧美不仅丰富了景物的层次,还能引发人的遐想、活跃人的思维、启迪人的创造力。

(5)声音美。声音美也叫听觉美,是指欣赏景观时用耳朵感受景观特有的声音。瀑落深潭、雨打芭蕉、风起松涛、幽林鸟语、寂夜虫鸣等都是自然界中的声音之美。

2)人文旅游资源的美学特征

我国人文旅游资源有着几千年的历史文化积淀,其美学特征表现在以下几个方面。

(1)量与质的统一。人文旅游资源是人类智慧的结晶,勤劳勇敢的劳动人民在长期的生产、生活中创造了诸多美的事物。从量上来说,可谓数不胜数,如饮食文化、民族文化、服饰文化、建筑文化、宗教文化等;从质上来说,不同人文旅游资源本身有其特定的文化内涵,许多人文古迹体现的艺术价值之高,令人叹为观止。

(2)有形与无形的统一。人文旅游资源既有有形的,也有无形的。有形的景观,如遗址遗迹等都是基于实用目的而建造的,但设计和施工都体现了美学原理。无形的资源,如民俗风情,作为历史文化的沉淀,它们同样具有很高的美学价值。

(3)外在与内在的统一。我国人文旅游资源充分体现了外在美与内在美的高度统一。如敦煌莫高窟中宗教题材的壁画,不仅色彩鲜艳动人,形象栩栩如生,同时壁画故事劝人积德从善,是正义与善良的象征。

(4)共性与个性的统一。我国地域辽阔,古代文明历史悠久,许多人文旅游资源在长期的发展中,共性与个性长期共存,形成和谐的美。如民俗风情,不同地域之间既有共同的习俗,也有鲜明的地方特色。

(5)人与自然的统一。讲究人类与自然的和谐统一的思想自古有之。中国古代山水园林,利用了山水、植物的素材,经过人工改造、调整、加工而表现出一个精练概括的自然,达到"虽为人做、宛自天开"的境界。

3. 科学价值评价

定制旅行活动选择的旅游资源要有一定的科学价值。旅游资源的科学价值主要体现在旅游资源能够为自然科学、社会科学的工作者、爱好者提供教学科研资源和场所,也能为游客的旅行增添科学趣味性。这些场所通常是自然保护区、特殊的自然环境区域、博物馆、纪念馆等。

(三)定制旅行资源规模评价

1. 密度评价

定制旅行资源的密度是指一定地域范围内旅游资源集中的程度。当对一个地区的旅游资源密度进行衡量时,首先要考虑的是该地区的面积及旅游资源的数量。旅游资源的密度是衡量一个地区资源商业开发潜力的重要指标之一,也是对一个旅游地进行开发建设的科学依据。当我们看一个地区或一个景区的旅游图时,能直观地看到上面标注的旅游景点个数,其个数越多,表示旅游资源密度越大。从设计定制旅行产品的角度来说,旅游资源密度大的地区可供选择的景点多,旅游者往往无须跨越多地就能游览多个景点,避免舟车劳顿。

2. 丰度评价

定制旅行资源的丰度是指旅游资源的丰富程度,是用来衡量定制旅行资源数量的直接指标。丰度的衡量主要考虑资源的规模、体量、单体结构、疏密度及自然人文活动等方面。一般情况下,定制旅行资源的规模和体量越大,含有的单体旅游景观越多,其丰度越大;单体景观结构越完美,包含的内容越丰富,其丰度越大;定制旅行资源同一空间中包含的单体旅游景观数量越多、密度越大,其丰度越大。此外,自然现象周期性发生频率越高或人文活动组织次数越多,其丰度越大。

一般情况下,丰度大的旅游资源吸引力强。从定制旅行产业链来说,定制旅行企业能够掌控各种各样稀缺的、有价值的、无法替代的定制旅行资源数量越多、丰度越大,企业的定制旅行资源调控能力越大,将有助于企业长期保持定制旅行业务竞争的优势,并获得卓越绩效。

(四)定制旅行资源环境评价

1. 区位条件评价

区位侧重指一事物与其他事物的空间联系,旅游资源区位条件主要指旅游资源地与其他旅游资源、客源地、交通条件等的空间联系。旅游资源的区位条件主要包括资源区位条件、交通区位条件和客源区位条件。

(1)资源区位条件。一个旅游资源地能否兴旺发达,不仅取决于资源的绝对价值,更取决于资源的相对价值,即取决于旅游资源在空间位置中与邻近区域资源的组合结构。同一地区,地位较低的旅游资源倘若与他处雷同,这种先天不足,位于阴影区的资源是不少旅游地难以有较大发展的根本原因。反之,资源不属同一类别而是相互补充,则会产生叠加效应,形成综合吸引力。

(2)交通区位条件。交通不便,可进入性差往往是不少风景优美之地的制约因素。如不少"老、少、边、穷"地区,虽然有着真山真水、真貌真情,但却因位置偏僻、地形阻隔、经济落后而缺"路"少"线",难以进入,发展缓慢。

(3)客源区位条件。旅游资源地的游人多少并不完全取决于资源的吸引力,很多时候起重要作用的是位置的吸引力,这是因为多数游人的"钱""闲"有限,只能择邻近地域游览。因此,定制旅行资源评价还要分析客源市场距离的远近和客源市场出游的潜力。

2. 自然环境评价

定制旅行资源的自然环境评价,主要评估旅游资源开发对环境的影响和可持续性,包括生态环境、水资源、空气质量、垃圾处理等因素,以确定其开发是否可行和可持续。

3. 社会环境评价

定制旅行资源的社会环境评价,主要指当地社会公众对旅游开发的态度、社会公众舆论、社会治安状况、社会管理水平、人口密度、交通管理、游览游乐设施安全状况、当地医疗救护情况、环境卫生情况、餐饮及酒店数量情况等,这些环境因素将影响旅游市场的可进入性。

4. 环境容量评价

定制旅行资源环境容量,是指在保持旅游资源质量的前提下,在一定时间内旅游资源所能容纳的旅游活动量,也就是指满足游人最低游览要求(心理感应气氛)和达到保护风景区环境要求时,旅游资源的特质和空间规模所能连续维持的最高旅游利用水平,又称为旅游承载力或饱和度,一般以容人量或容时量来度量。

## 二、定制旅行资源评价的方法

### (一)定制旅行资源定性评价方法

这是一种描述性评价方法,又称经验法,就是评价者在收集大量的旅游资源信息的基础上,凭经验通过人们的感性认识,主观判定旅游资源的价值,一般采用民意测验法与专家评议法。

1. 卢云亭的"三三六"评价法

"三三六"即"三大价值""三大效益"与"六大开发条件"。"三大价值"指历史文化价值、艺术观赏价值、科学考察价值;"三大效益"指经济效益、社会效益与环境效益;"六大开发条件"指景区的地理位置与交通条件、景物或景类的地域组合条件、景区旅游容量条件、施工难易条件、投资能力条件、旅游客源市场条件。

### 2. 黄辉实的"六字七标准"评价法

黄辉实提出应从资源本身与资源所处环境两方面来进行资源评价。从资源本身来评价,采用六字标准:美、特、奇、名、古、用。从资源所处环境来评价,则有七项标准:季节性、污染状况、资源联系、可进入性、基础结构、社会经济环境、客源市场。

### 3. 体验性的定性评价法

该方法是评价者(旅游者或专家)对于旅游资源的质量进行个人综合体验而做出的评价。根据评价的深入程度及评价结果的形式,体验性的定性评价可分为一般体验性评价与美感质量评价。

一般体验性评价是通过统计旅游者或旅游专家对有关旅游资源(地)优劣排序的问卷回答,或统计旅游资源(地)在旅游报刊、书籍上出现的频率,从而确定一国家或地区最佳旅游资源(地),其结果能够表明旅游资源(地)的整体质量与大众知名度。

美感质量评价是一种对旅游资源美学价值的专业性评估,这类评价就是在旅游者或旅游专家一般体验性评价基础上进行深入分析,建立规范化的评价模型。其评价结果多具有可比性的定性尺度。其中对于自然风景视觉质量的评价较为成熟,目前比较公认的有四个学派,即专家学派、心理物理学派、认知学派(心理学派)、经验学派(现象学派)。

## (二)定制旅行资源定量评价方法

定量评价方法是指评价者在掌握大量数据资料的基础上,运用科学的统计方法与数学评价模型,通过分析、计算,用具体的数量来表示旅游资源及其环境等级的方法。数量化是现代科技发展的趋势。

### 1. 技术性单因子定量评价法

这种方法是指在进行旅游资源评价时,针对旅游资源的旅游功能,集中考虑某些起决定作用的典型因素,并对这些关键因子进行适宜性评价或优劣评判。这种评价的基本特点就是运用了大量的技术性指标。这种评价一般只限于自然资源评价,对于开展专项旅游活动,如登山、滑雪、游泳等较为适用。目前较为成熟的有旅游湖泊评价、海滩及海水浴场评价、康乐气候评价、溶洞评价、滑雪旅游资源评价、地形适宜性评价等。

### 2. 综合性多因子定量评价法

此评价方法是在考虑多因子的基础上,运用数理方法,通过建模分析对旅游资源进行综合评价的方法。评价的结果为数量指标,便于不同资源评价结果的比较,具有更为客观、准确与全面的优点。这类评价方法非常多,有层次分析法、指数表示法、美学评分法、综合评分法、模糊数学评价法、价值工程法、观赏型旅游地综合评估模型法等。

3. 国家标准综合评价法

这实际就是一种定性与定量相结合的方法。国家标准《旅游资源分类、调查与评价》(GB/T 18972—2017)所使用的就是这种方法。其评价体系根据"旅游资源共有因子综合评价系统"赋分,评价项目为"资源要素价值""资源影响力"和"附加值"。根据对旅游资源单体的评价,得出该单体旅游资源共有因子综合评价赋分值。据此将旅游资源分为五级,其中五级旅游资源称为"特品级旅游资源";五级、四级、三级旅游资源被通称为"优良级旅游资源";二级、一级旅游资源被通称为"普通级旅游资源"。

## 慎思笃行
*Shensi Duxing*

### 会仙玻璃田——大自然的艺术之旅

广西桂林市临桂区会仙镇同助村沐宜头自然村有一处独特自然景观——玻璃田(见图4-1)。这里四面环山,阡陌纵横,一块块水田好似玻璃片片,在阳光的照射下熠熠发光。登高远眺,片片水田宛如贴在群山之间的镜面,将山峰倒影、邀彩霞入镜,构成一幅绝美的田园诗画,成为远近闻名的"网红"打卡点。

图4-1　会仙玻璃田

会仙湿地位于广西壮族自治区桂林市临桂区会仙镇境内,2012年列入国家湿地公园试点建设,公园正式命名为"广西桂林会仙喀斯特国家湿地公园",规划总面积586.75公顷。会仙湿地是广西亚热带岩溶峰林地貌中的典型湿地,具有涵养水源、净化水质、抗旱防洪、维持生物多样性等重要的环境调节功能和生态效能。近年来,临桂区深入践行"两山"理念,把握广西喀斯特地貌原生态湿地保护和高质量发展的机遇,积极推进湿地环境综合治理和高质量发展工程。

会仙玻璃田已建成特色水果采摘区、烧烤区、露营区、村史馆、特色民宿、花海、休闲广场等景点。除了玻璃田,这里还有丰富多样的植物景观,可以让游客享受漫步花海的悠游自在,同时欣赏到各种各样的花卉和草木。无论是绚丽的花朵还是翠绿的树木,都会给游客们带来宁静和放松的感觉。在这个美丽的自然环境中,游客们可以忘却城市的喧嚣,尽情享受大自然的美丽。

除了以上观景点,会仙玻璃田还提供了丰富的娱乐项目,如感受征服高山的爬山项目。沿着人工开辟的一阶阶石梯,伴着自然风光,将烦恼统统抛到脑后,享受酣畅淋漓的登山之旅。

(来源:https://baijiahao.baidu.com/s?id=17798975603899165540&wfr=spider&for=pc)

**案例分析**

## 本章小结

1. 定制旅行资源分类的原则。
2. 定制旅行资源分类的方式。
3. 定制旅行资源调查的目的。
4. 定制旅行资源调查的内容。
5. 定制旅行资源调查的方法。
6. 定制旅行资源评价的内容。
7. 定制旅行资源评价的方法。

## 本章训练

一、知识训练

1. 简述定制旅行资源分类的方式。
2. 简述定制旅行资源调查的内容。
3. 简述定制旅行资源评价的方法。

二、能力训练

1. 请自行设计定制旅行资源调查方案,包括调查目的、调查内容和调查方法,撰写一份定制旅行资源调查报告。
2. 按照《旅游资源分类、调查与评价》(GB/T 18972—2017)国家标准,进行定制旅行资源定量评价。

**在线答题**

# 第五章
# 定制旅行产品：内涵、分类与设计原则

 **本章概要**

跟团游、自由行、定制旅行的出现和发展是不同时代背景和旅游者需求驱动的，不同的旅游产品有着各自的特点和优势，共同构成了当前的旅游产品体系。定制旅行是在精准目标人群细分、需求细分、兴趣细分的基础上，以游客需求和体验价值为导向进行产品设计和服务提供的，对于定制旅行企业而言，产品质量是其立身之本、优质服务是其成事之基。本章首先对跟团游产品、自由行产品与定制旅行产品之间的区别做了深入分析，之后阐述了定制旅行产品的基本内容，包括定制旅行产品的定义、构成、特征及分类，随后系统阐述了定制旅行产品设计的六大原则，最后展示了四种不同的优秀定制旅行产品案例。通过本章的学习，能让学生明晰定制旅行产品与跟团游产品、自由行产品的区别，掌握定制旅行产品的基本内容和设计原则，同时能掌握优秀定制旅行产品需要具备的基本要素，为后续课程的学习奠定基础。

 **学习目标**

### 知识目标

1.了解跟团游产品与自由行产品的内涵与特征。
2.熟悉定制旅行产品的定义与特征。
3.熟悉定制旅行产品的分类。
4.掌握定制旅行产品的设计原则。

### 能力目标

1.能够说明定制旅行产品与跟团游产品、自由行产品之间的区别。
2.能够辨析高端定制旅行产品和大众定制旅行产品。
3.能够设计定制旅行产品方案。

## 素养目标

1. 通过分析章节案例,能感受祖国厚重的文化底蕴,增强文化自信。
2. 通过了解不同定制旅行企业的创业史,树立创新创业的意识。

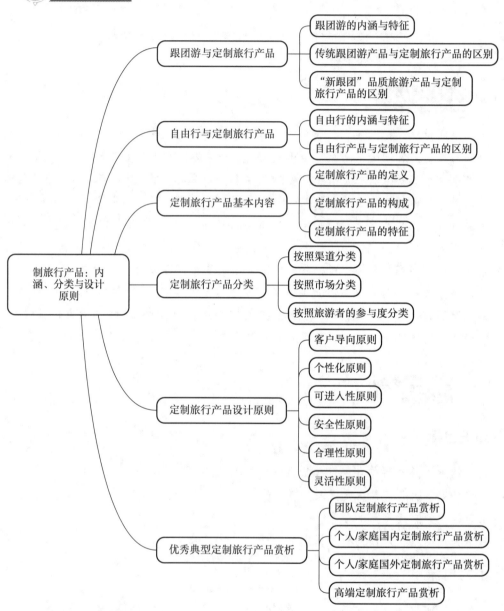

### 章节要点

定制旅行产品定义;定制旅行产品分类;高端定制旅行产品与大众定制旅行产品;定制旅行产品设计原则

## 为什么选择定制旅行产品

李先生和太太答应孩子六一儿童节带他一起去美国玩,于是开启了为期一个月的旅游攻略。最开始,李先生和太太考虑跟团游,跟团游由旅行社提供方案,比较省心,但是对比了多家旅行社的美国跟团游线路,发现这些产品普遍前往的都是大众化景点,线路和游玩强度都不适合孩子。

例如:美国东西海岸+纽约+波士顿+黄石国家公园+尼亚加拉瀑布12日跟团游(4钻)·三大公园+四大名校+两个特色餐/耶鲁安排专人讲解/大都会博物馆/Woodbury伍德伯里购物;

美国东西海岸+华盛顿+波士顿+尼亚加拉瀑布+纽约9日7晚跟团游(3钻)·可联运/双名校参观/女神游船/听涛山庄入内/自由塔登顶/两晚升级四星级酒店;

黄石国家公园+洛杉矶+拉斯维加斯+旧金山14日12晚跟团游(4钻)·【全面升级】夏威夷/黄石国家公园/大提顿国家公园/羚羊彩穴/环球影城/网红甜点Lady-M/旧金山SFO机场或洛杉矶LAX机场入境团队赠DFS礼盒。

后来,李先生和太太开始在网上搜索美国自由行产品,发现自由行需要自己查景点线路、查餐厅、查酒店,费时费力难安排。最终,李先生和太太决定选择定制旅行,他们在携程定制平台提交了自己的需求,定制师根据他们的出行时间、出行人数、出行需求等设计了专属线路,既省时省力,又具有私密性高、自主性强,以及服务灵活、周到、流畅、专业等特点。

案例分析

# 第一节 跟团游与定制旅行产品

## 一、跟团游的内涵与特征

跟团游是最传统的旅游方式,曾经红极一时,是由旅行社提供的包价旅游产品。旅行社将各个旅游产品的单项要素(住宿、交通、餐饮、景点等)组合起来,附加旅行社自身提供的服务和附加价值(咨询服务、导游服务、后勤服务、手续办理、保险购置等)形成整体的旅行社产品。由旅行社根据计划行程,安排游客的吃、住、行、游、购、娱等活动。传统的跟团游是走马观花的旅游形式,具有标准化、成本低、报价低等特点。跟团游的主要优势在于其较高的性价比,旅程较为省心、安全有保障,符合中老年人需要导游、购买特产、看标志景点的需求。尤其在出境旅游市场,受到签证、语言、交通服务、公共设施、风俗习惯、宗教信仰等因素影响,从未出过远门的游客,在到达相对陌生的目的地之后,很难有条不紊地安排处理好个人行程,因此游客倾向于选择跟团游。根据中国旅游研究院、携程旅游大数据联合实验室发布的《2018—2019年出境"新跟团游"大数据报告》,参加旅行社跟团游依然是出境游的主要方式,2018年通过团队形式进行出境旅游的游客比例达55.24%,50.65%的受访者表示在未来的出境旅游中愿意参加旅游团。2023年8月,文化和旅游部发布《关于恢复旅行社经营中国公民赴有关国家和地区(第三批)出境团队旅游业务的通知》,新增名单包括美国、英国、日本、韩国、土耳其、以色列、印度等共计78个国家和地区。至此,国内出境跟团游国家和地区增至138个,标志着全球主要旅行目的地国家基本已全面开放。名单发出后,出境游相关产品的瞬时浏览量迎来暴涨,携程数据显示,消息发布后,出境游产品瞬时搜索增长超过20倍,部分热门出境跟团游产品一上线就售罄,出境跟团游业务将迎来全面复苏期。

## 二、传统跟团游产品与定制旅行产品的区别

与定制旅行产品相比,传统跟团游的人数一般在10人以上,以30~40人的旅游团居多,团队规模比较大。传统跟团游产品是标准化生产的产品,行程固定化,产品开发周期较长,生命周期较长,客户参与产品生产的程度极低,忽略了客户的个性化需求。而定制旅行产品,人数不受限制,单人也可定制,不用与陌生人拼团,导游与团队的互动效果较好,产品按照客户的主观意愿进行生产,极具个性化,能为客户提供多种方案进行选择,产品开发周期较短,并根据客户的需求随时调整。具体而言,传统跟团游与定制旅行产品的差异主要表现在住宿、餐饮、交通、景点、服务五个方面。

### (一)住宿

传统跟团游由于受价格限制,考虑到团队规模较大,大部分住宿安排在离景区较远的三星级酒店,小部分甚至达不到三星级标准,卫生状况和服务质量相对较差;也有部分是四星级的老酒店,但是地理位置较为偏僻,通常是机场或者郊区周边,导致花费大量的时间在前往景区的路上,游客体验感较差,比如北京的部分低价旅游团安排住在五环以外,游客每天需要凌晨五点出发,坐2~3个小时的车前往景区,有时甚至更早。偏僻的住宿地点也意味着游客晚上的自由活动选择较少,既不能逛特色街区,也不能品尝特色小吃。

在定制旅行中,定制师会结合客户的预算、喜好、需求和行程,为客户挑选符合条件的住宿以供选择。既可以安排在经过考察的五星级甚至白金五星级的酒店,档次和装修风格选择都非常挑剔,也可以是沙滩别墅、丛林树屋、环岛别墅、360°海景房、民宿等特色住宿设施。在选择住宿位置时,客户一般倾向于城市中比较有特色的地点,以便入住酒店后,晚上能便捷地去附近散步、泡吧或拍夜景,充分利用了旅行时间。例如,去云南西双版纳的定制旅行,在客户预算充足的情况下,可以安排泊度·森氧VILLA全景度假客栈,客栈背面可俯瞰整个景洪市区的日落晚霞,四周风景宜人,密林

环绕,云雾飘飘,宛若人间仙境;交通便利,客栈离江边夜市10分钟车程,离高庄夜市20分钟车程,离机场20分钟车程。

### (二)餐饮

传统跟团游由于行程安排较为固定,团餐一般安排在固定的地点;由于行程安排较为紧凑和报价较低,团餐要求的是短、快、平,即游客就餐时间短、游客吃得快、游客就餐价格平。团餐一般采用围餐的形式,十人一桌,菜品大多缺乏特色。

定制旅行在餐饮的安排上可以根据客户的需求进行灵活选择,主打特色饮食,一般选择当地极具特色的餐厅,味道必须有特色,环境必须有特色,比如沙滩餐厅、水下餐厅、森林餐厅、海边餐厅等,在这些地方用餐,不仅可以满足客户的基本饮食需求,还能带给客户一种全身心的享受,让客户能深度体验当地的特色文化。同时,定制旅行也不会放过隐藏在城市深处的特色小吃。

### (三)交通

传统跟团游一般由旅行社统一安排从出发地到目的地的交通工具,游客选择交通方式的自主性较低。同时,由于每团人数较多、规模较大,在目的地旅行时,多乘坐大巴出行,舒适度较低,每日出发和回程时间固定。

定制旅行一般由客户自由选择从出发地到目的地的出行方式和出发时间,客户拥有极大的自主权。在与定制师沟通时,客户可以根据距离和实际路况按照定制师的建议合理选择交通工具和出发时间。在目的地旅行时,多以商务车为主,舒适度较高,每日出发和回程时间可灵活调整,不催不赶,不走马观花。

### (四)景点

传统跟团游的行程以目的地标志性景点为主,一般是常规和普通路线,行程变化较小,例如,澳大利亚跟团游必有悉尼歌剧院、大堡礁等世界知名景点;河南省跟团游必有少林寺、龙门石窟等知名景点。且每个旅行社在同一时间段的出团路线都差不多,行程安排大同小异,景点游览顺序基本一致,如果遇上节假日,会面临人挤人的问题,影响游玩体验感。以携程网提供的河南省跟团游产品为例,在目的地的选择上以郑州、洛阳、开封、焦作四市为主,一般从郑州进入、郑州返程,行程安排的顺序基本为郑州市区—登封市少林寺—洛阳市龙门石窟—焦作市云台山—开封市清明上河园—郑州市区。传统跟团游每个景点的游览时间较为固定,既不能选择在某个景点多停留,也不能选择不去行程中的某个景点,以走马观花的游览方式为主。

定制旅行的行程根据客户的主观意愿由定制师进行专业规划并远程全程跟进。网上有说定制旅行就是跟团游的大团改小团,其实非也。定制旅行"因人而异",同样的目的地,会因完全不同的两个客户而形成截然不同的路线,即量身定做。行程中的每一个景点都能满足客户的喜好,每一个环节都是根据客户的节奏来游览的,行程速度会相对舒适,景点游览也会更加深入,整个行程也很随心。因此,定制旅行在满足客户自身喜好的同时,节省了计划的大部分时间,定制师的全程跟进也能让人心安,达到较优的出行体验感。定制旅行的游览顺序可以根据情况灵活调整,定制旅行在节假日也会去热门景点,但是只要巧妙地避开人多的时段,如把出名的景点往假日后面挪,就能与人群高峰错开,做到不走寻常路却又能合理地安排路线顺序,收获的是不同于别人的美景。以青甘大环线为例,每年7—8月是青甘大环线的旅游旺季,在线路安排上,如果按照常规线路西宁—青海湖—茶卡盐湖—大柴旦—敦煌—嘉峪关—张掖—西宁,从西宁去青海湖可能会遇到严重的交通拥堵情况,如果调整下顺序,即按照西宁—张掖—嘉峪关—敦煌—大柴旦—茶卡盐湖—青海湖—西宁的顺序,就可以避免出现交通拥堵的情况了,而且能避免每个景区的人流量高峰时间段,提升旅行的体验感与舒适度。

## (五)服务

传统跟团游中导游负责的人数较多,导游与整个团队的互动效果较差。由于恶性低价竞争,传统跟团游存在强制购物现象,存在导游宰客、拉客等恶劣现象,严重损害了游客的利益,同时部分跟团游以低价游的噱头带动隐性消费。例如,很多旅游团到景点以后,导游以求神拜佛、募捐项修缮伟人故居或成立展览馆等名义让游客掏钱。整体来说,传统跟团游的服务水平参差不齐,有待提升。

定制游作为非标产品,单项资源的采购规模受限,定制旅行企业往往难以在供应链端获得足够的议价能力,主要依靠提供信息服务获利,而定制师则主要通过服务佣金获取收入。对于定制旅行产品,服务至关重要,定制旅行是有温度的旅行,专业定制师能够给客户带来有温度的体验。以携程定制为例,客户在行前,可以选择1~3位定制师设计的行程方案,定制师为客户提供一对一的专业服务,为客户解答问题,根据客户的需求调整方案,直到确定最终方案客户才需要支付旅行费用;行中,导游成了专属,提供一对一的专项服务,一问一答,能让客户了解清楚景点究竟有什么典故;行后,由携程提供专属服务。总之,定制旅行尤其强调服务,这种服务要无处不在但又不能让客户感觉刻意。比如某高端定制旅行社的团队曾经扛着一个马桶盖游遍半个中国,因为他们的客户中有一位老太太只习惯用这一种马桶盖。旅行结束之后,老太太对这个团队的服务非常满意,她说:"我不相信有人能做到随时带着这个马桶盖,陪我这么多天。你们的服务让我太满意了。"

## 慎思笃行

**定制旅行是精耕细作的服务**

有一对父母带着两个孩子,通过碧山旅行预订三晚泰国Soneva Kiri酒店的住宿,他们自己买了去往泰国的机票,结果航班延误了。因为不能及时赶到,第一晚住宿浪费了。他们给碧山旅行打来电话,碧山旅行在24小时内做了以下几件事：

（1）和酒店协商把客人没能入住的那一夜保留到下一次；

（2）迅速给客人安排航班延误当天的住宿；

（3）改签航班。

碧山旅行没有多收客人一分钱，而能搞定这件事的原因是：碧山旅行有着强大的资源网络，和酒店有着良好的合作关系，同时用心解决客人在旅行中的各种突发问题，始终秉持为客人提供最贴心、最便捷的服务的理念；碧山旅行的定制师除了是旅行达人，也是项目运营高手，知道如何应对风险。

（资料来源：碧山旅行，http://www.beshan.com/）

## 三、"新跟团"品质旅游产品与定制旅行产品的区别

以往的跟团游，货不对版、行程缩水、强制消费的情况时有发生，旅行社、导游、购物店经常成为"众矢之的"。更麻烦的是，因为缺乏保障与赔付的标准，旅行社也不愿意公开赔付政策，游客经常面临"维权难"的问题。针对这些问题，随着旅游市场的发展、游客需求的提升以及旅游市场的进一步规范，一系列创新的跟团产品形态和服务方式逐渐诞生和流行，让中国游客重新爱上跟团这种旅行社全程服务、省心省力的旅游方式，同时也呈现出游客族群年轻化、消费升级、重点评等新趋势。现在的"跟团游"不再是传统印象中的"跟团游"，跟团游这种旅行社包价旅游产品的形式和内容正在发生巨变，团队旅游的供给侧优化改革迅速发展，跟团游正在回归服务的本质，重新获得游客的认可，进入"新跟团"品质旅游时代。目前跟团游的内容和形式已变得丰富多样，逐步消除人数多、不自由、不灵活、服务差、购物多、不能满足个性化需求等劣势。新跟团游的品类逐渐发展为私家团、当地参团、半自助团、5钻高端游，以及亲子游、蜜月游等主题跟团产品（见图5-1）。传统跟团游"痛点"与新跟团游解决方案如表5-1所示。

半自助团
充足的自由时间

当地参团
当地的深度体验

私家团
私密的一单一团

5钻高端游
享高端纯玩

亲子游
适合带娃去浪

蜜月游
爱意满满的浪漫

图 5-1　新跟团游的品类

（资料来源：中国旅游研究院、携程大数据联合实验室）

表 5-1　传统跟团游"痛点"与新跟团游解决方案

| 序号 | 传统跟团游"痛点" | 新跟团游解决方案 |
| --- | --- | --- |
| 1 | 跟团游=购物游 | 钻级分类：3钻、4钻、5钻，高钻级比例提升，4钻、5钻纯玩团占比达八成以上 |
| 2 | 行程不够自由 | 半自助团、私家团、当地参团等；航班酒店自选，专车专导，深度游 |
| 3 | 人太多，不够私密 | 小团化：私家团、精致小团，私家团平均3.3人 |
| 4 | 强制购物 | 纯玩团、私家团，打击强制购物措施 |
| 5 | 服务不佳无保障 | 享6重服务保障；跟团游体验保障，明星导游查产品 |
| 6 | 无针对人群产品 | 爸妈放心游、亲子游、情侣蜜月游、年轻人跟团计划游 |
| 7 | 无主题产品 | 主题化：基于某一主题有共同爱好的人群，如温泉、海岛、蜜月、主题乐园、美食等 |

（资料来源：中国旅游研究院、携程大数据联合实验室）

### （一）私家团与定制旅行产品

随着亲子家庭、情侣、中产阶层、追求个性化的年轻一族对于私密性、灵活性、深度化、重体验等个性需求的不断攀升，以"小团"为代表的私家团、精致小团逐渐出现在人们的视野中。以携程2018年的私家团为例，出境私家团平均一张订单的人数约3.3人，相比以前多达三四十人的出境旅游团，私家团人数只有其十分之一左右。私家团这一品类的特征：一人即可独立成团，不与陌生人拼团，专车专导，旅游行程更灵活、更深入，酒店和餐饮品质高，24小时管家服务等。私家团可以解决传统跟团人数多、人均可支配资源少、迁就陌生人、不灵活、服务品质差、旅游体验项目少等问题。私家团属于一种有限定制旅行，即"行程固定，标准可定"，但与定制旅行产品相比，私家团的行程较为固定，行程仍以标志性景点为主，可选择的酒店较少，一般只能在旅行社提供的最多3家酒店中选择。

### （二）半自助产品与定制旅行产品

与行程固定化、旅游节奏紧张的传统跟团产品相比，越来越多的游客选择一种自由度较高的跟团方式——半自助旅游。以携程旅游平台为例，目前自由旅行时间超过一天的跟团类型定义为半自助产品。选择半自助的游客既可以享受旅行社在当地开发的旅游资源优势（如优惠的酒店价格、团队景区门票价格、当地交通资源等），同时可以根据自己的需求，在自由行的时间里安排体验类、碎片化的活动。从携程半自助旅游数据来看，2019年上半年通过携程预订出境半自助产品的人数同比增长60%以上，人均预订出境半自助产品的花费为5500元。有些半自助产品甚至会有3天以上的自由时间，为游客提供了更多样化的旅游搭配组合。与定制旅行产品相比，半自助产品中游客的选择自由度依然不高，行程安排、景点选择、餐饮与住宿选择仍以旅行社为主，虽然提供了1～3日的自由时间，但是自由时间里的行程安排完全由游客自己决定，

行业资讯

私家团知多少

无导游、无司机,需要游客花费时间和精力自己查攻略和做行程方案。

（三）主题游产品与定制旅行产品

主题游打破传统跟团游以观光为主、走马观花的局限,可以针对共同拥有某一主题爱好的人群,推出主题品类的跟团游产品。以携程为例,推出了户外、自然、人文、教育四大主题游产品,其中户外细分为徒步登山、潜水、骑行、越野自驾等主题;自然细分为自然探索、自然野奢、全球摄影、动物观察等主题;人文细分为深度人文、全球旅拍、蜜月婚拍、禅修养生、宗教文化等主题;教育主要包括游学产品等。跟谁一起旅游往往决定了一次行程的质量。针对传统跟团游各个年龄、各类人群混在一起的问题,新跟团游针对不同人群推出相应的跟团品种。如同程旅行推出了针对老年人的"爸妈游"跟团游产品约400条,针对家庭客户的"亲子游"跟团游产品约400条。与定制旅行产品相比,主题游产品虽然能带来深度的旅游体验、较高的服务质量与品质较高的住宿和餐饮设施,但是在目的地景点、住宿、餐饮等方面选择度依然不高,无法完全按照客户的需求开展旅行活动。

知识关联

携程5钻级跟团游新标准

## 第二节　自由行与定制旅行产品

### 一、自由行的内涵与特征

从世界范围看,自由行(又称"自助旅游")起源于20世纪二三十年代的美国。当时旅行社千篇一律的行程安排使得那些崇尚自由的年轻旅游者心生厌倦,他们决心彻底摆脱这种束缚人性的旅游方式。这些旅游者事先制订好详细的旅游计划,背起巨大沉重的背包,凭借一本导游手册、一张地图便开始无拘无束的旅程。因此,自由行在国际上也常被称为"背包旅游"(Backpacker's Travel或Budget Travel)。

在国内,自由行是随着内地居民赴港澳台个人游发展起来的。2003年,内地居民赴港澳"个人游"政策在广东省4个城市试行。截至2024年3月,内地居民赴港澳"个人游"城市已达51个,越来越多的内地居民可以实现说走就走的港澳行。2008年7月,大陆居民赴台团队旅游正式启动,2011年6月又启动了大陆部分城市居民赴台个人游,台湾地区称之为"自由行"。近年来,随着旅游业的快速发展,旅游市场也发生了翻天覆地的变化,客源结构发生了明显转变,散客时代已来临,自由行成为我国比较流行的一种旅行方式,同时因其灵活、便捷、自由、私密等优势,自由行吸引越来越多用户关注,而且早已远远超出港澳台的范围。自由行是由游客自行编排旅游行程,按个人意愿选择和安排旅游活动,零星向旅行社、在线旅行社、产品分销商或代理商现付各项旅游费用的旅游形式。游客借助旅行社提供的服务完成旅行,主要包括机票和酒店两项服务组合(即俗称的"机"+"酒"模式)或更多项服务组合("机"+"酒"+"X"),如机票+酒店+当地旅游项目或者一日游行程,机票+酒店+当地租车服务,出境游的机票+酒店+签证等。

自由行的优势在于灵活、自主,食、住、行、玩等花费可依据自己的喜好任意支配,游玩行程也能根据个人需求来调整。无论是精打细算的"穷游"一族还是追求高品质体验的精致达人,无论是选择在酒店"躺平"的纯休闲度假还是想要深度探索目的地的风土人情,在自由行过程中,用户均能找到适合自己的出游体验。根据途牛网发布的《2023年暑期出游报告》,在打包旅游产品的预订中,11%的客户选择了自由行。根据飞猪旅行发布的《2023暑期出游快报》,玩法丰富、形式灵活的自由行领跑暑期出境游,年轻游客偏好在预订机票、酒店住宿后,根据时间和兴趣在当地选择特色玩乐项目和轻量的一日游行程等。飞猪旅行的数据显示,2023年暑期当地玩乐、海外租车等出境自由行配套服务增长瞩目,其中新加坡、马尔代夫等目的地当地玩乐服务日均履约量已超疫情前,境外租车预订量同比2022年同期增长近9.5倍。

可见,当前的自由行早已突破其发展之初的年轻主体、省钱经济、完全自主等标志性特征,呈现出主体多元、方式多样等特点。旅游者在进行自由行时完全可以购买旅行社辅助服务,也可以完全自己组合或安排行程。旅游者在行程安排上的自主性及对整个旅行过程的自主选择权,成为自由行的基本特征。但同时,由于自由行全程没有领队、导游陪同,旅游中的一切问题都需要旅游者自己处理,旅游者自身素质和旅行经验对其旅游体验将会有很大影响。

## 二、自由行产品与定制旅行产品的区别

自由行产品与定制旅行产品的差异主要表现在住宿、餐饮、交通、景点、服务等方面。

### (一) 住宿

自由行的游客在住宿产品的选择上具有较高的自由度,既可以通过去哪儿、携程、同程旅行、Agoda等平台预订心仪酒店或选择各种喜欢的民宿,也可以住省钱的青年旅舍,还可以花时间挑选性价比高的酒店,但是在酒店的选择上需要认真核实与确认,避免花钱预订的豪华酒店与描述不符或离景点太远。除了自己预订酒店,游客也可以在在线旅游平台上选择自由行产品,根据意愿和预算选择平台提供的机票+酒店套餐。与定制旅行相比,自由行住宿产品较高的选择度意味着游客需要花费较多的时间与精力去搜索酒店和核实酒店情况,且有可能会"踩雷";而购买旅行社提供的机票+酒店辅助服务,则可供选择的酒店数量较少,一般只能在旅行社提供的有限产品类型中进行选择。

### (二) 餐饮

自由行的游客在餐饮产品的选择上具有完全的自由,由自己决定什么时候吃、在

哪里吃、吃什么。既可以选择体验当地的特色美食,也可以选择去吃家乡菜或者快餐。一般而言,如果自由行的游客想品尝当地的美食,都需要提前做攻略,游客一般通过抖音、小红书等平台的推荐,寻找"网红"店铺。但是,网上推荐的店铺可能是"游客专享",即名气大但味道一般,本地人一般较少光顾,因此如果不做大量的功课,很可能会错过当地实实在在的美食。定制旅行则不然,游客可以根据定制师的推荐,去品尝本地人都会去吃的真正美食,享受舌尖上的盛宴。

### (三) 交通

自由行的游客在交通的选择上同样具有较高的自由度,可以根据自身的时间、预算等灵活安排大交通方式,如预算充足、时间紧,可选择飞机去往目的地;如预算有限、时间充裕,可以选择火车去往目的地或者自驾前往。但是由于游客缺乏对目的地气候的相关了解,选择交通方式时容易出现问题。例如,8月份去云南腾冲旅行,腾冲有驼峰机场,部分自由行游客会选择乘坐飞机前往腾冲,但是腾冲每年7—8月份是雨季,航班非常容易取消,因此,如果不了解腾冲的天气情况而直接选择乘坐飞机前往腾冲,可能会因为航班延误或取消导致行程无法完成,或者影响后面的行程安排。定制旅行则不然,定制师在设计这条线路时会考虑到腾冲特殊的气候特点,会提醒游客,并且选择从目的地飞到芒市的航班,再从芒市坐火车前往腾冲,保证游客按时到达腾冲。在目的地游览时,自由行的游客既可以选择公交、地铁、共享单车等经济的公共交通方式,也可以选择打车、租车等较为便捷的交通方式,但是公交、地铁等公共交通耗时长且需自己查询相关路线,可能会错过较偏僻但美好的景点,打车容易被漫天要价,租车存在路况不熟、精力有限等问题。定制旅行产品中的专车服务,既能保证旅途中的安全性,又能保证旅途中的精彩性。

### (四) 景点

自由行的游客可以按照自己的节奏寻找自己喜欢的景点,可以灵活调整每个景点的游览时间和游览顺序。但是与定制旅行产品相比,自由行必须提前做好攻略,非常费心,很多游客因为没有提前做好攻略,错过了很多当地好玩的地方,回来之后非常遗憾,所以前期一定要做好准备。尤其对于国外旅游景点,由于缺乏导游讲解、地域文化差异较大、语言障碍等,自由行极大可能是签到式旅游,游客只能片面了解当地文化。同时,自由行的游客还需要合理安排好时间,提前规划好哪个景点需要多长时间、什么时候去这个景点、什么时候去那个景点。如此,才能在有限的游玩时间内游览更多的景点。

### (五) 服务

自由行虽然能享受越来越多的旅行社辅助服务,但是一般没有导游服务和领队服务,意味着旅游者需要自己做攻略制定行程,需要自己预订每个景点的门票和餐厅,极其烦琐且耗费时间。同时,自由行旅游者在旅行途中遭遇突发事情时,无处求助,只能依靠自己处理，这对旅游者的心理素质、应变能力、旅行经验等都有较高要求。定制旅行产品将满足旅游者从预订意愿到体验评价的旅游全过程服务，其服务会覆盖旅游消费的整个链条，并深化细分链条上各节点业态品类，适当提供客户临时修改计划的机会。定制旅行服务的特性还表现在旅游定制师的服务上，以国内专业的海外旅游定制公司无二之旅为例，其定制师在制作路书时，会详细介绍各种细节，如客户坐公共汽车，会告诉客户在哪里投币、多少钱、几点几分发车；如客户坐地铁，会告诉客户要到哪一站、从哪个出口出来，细致到每一个地方都会有地图的标注。

总之，自由行虽然烦琐还费时费力，但符合年轻人爱自由、爱探索的心理，总是有人乐此不疲；而定制旅行虽后来居上，也从被不理解到渐渐被接纳，它结合了跟团游和自由行的优点，再加上较高的专业度，让旅行有了新的更好体验，目前也俘获了一波热衷者。无论哪一种旅行方式，只要能达到自己的旅行目的、令自己身心愉悦，就是好的旅行方式。

行业资讯

途牛《2022自由行报告》

## 第三节　定制旅行产品基本内容

### 一、定制旅行产品的定义

要理解定制旅行产品的定义，首先要对旅游产品的概念有一个清晰的认知。对于旅游产品概念的研究是旅游业理论研究的起点和重要基础。目前我国旅游理论界尚未形成一个统一和权威的旅游产品概念。迄今为止，我国旅游理论界关于旅游产品的概念大致可以分为两类。

一类是较为宽泛的理解，即旅游产品要素观。如魏小安认为，旅游产品是提供给旅游者消费的各种要素的组合，其典型和传统的市场形象表现为旅游线路。林南枝认为，从旅游目的地的角度出发，旅游产品是指旅游经营者凭借着旅游吸引物、交通和旅游设施，向旅游者提供的用以满足其旅游活动需求的全部服务。旅游产品是一个整体概念，它是由多种成分组合而成的混合体，是以服务形式表现的无形产品。整体旅游产品构成的主要内涵有旅游吸引物、旅游设施、旅游服务和可进入性四个方面，其中旅游服务是旅游产品的核心。

另一类是狭义的理解，即旅游产品核心观。如王玉明认为，旅游产品的核心是经过开发的旅游资源即旅游景点、景区或旅游事项。谢彦君在其著作《基础旅游学》中提出，旅游产品是指为满足旅游者的愉悦性休闲体验需要，而在一定地域内被生产或开发出来以供销售的物象与劳务的总和。按照这一定义，最典型、最核心的旅游产品形式就是旅游地,它是指出于交换的目的而开发出来的能够向旅游者提供审美和愉悦的客观凭借的空间单元。

基于对上述旅游产品的认知,结合携程于2021年制定的《定制旅行管家服务职业技能等级标准》中对定制旅行产品的定义:旅行社接受旅游者的委托,根据旅游者的需要,单独设计行程、报价并提供服务的专项产品及服务,包括单项旅游服务、会议旅游服务、奖励旅游服务、特种旅游服务等。本书认为:从旅游企业角度来看,定制旅行产品是旅游企业通过加强与旅游者沟通,获取旅游者需求之后深挖目的地旅游资源,强化自身服务,满足旅游者求知、求新、求奇等旅游需求,以此实现自身发展的一种创新型旅游产品;从旅游者的角度来看,定制旅行产品是指高度贴合旅游者需求的,通过合理配置资源而生产设计的一种量身定做的旅游产品。

在理解这一定义时,应注意以下三方面的内容。

其一,定制旅行产品的生产设计以及跟踪管理以旅游者提出的特定旅游需求为起始点和着力点,选取的核心旅游产品以及配置的其他各种产品都要围绕这一特定需求展开。

其二,定制旅行产品本质上是一种旅游产品,它通常在核心旅游产品的基础上通过多重价值追加来满足旅游者的需求。通过这种追加,定制旅行产品可以满足旅游者在旅游期间内需要的所有效用和价值。

其三,定制旅行产品既包括有形产品,也包括无形服务。有形产品如具有地域特色的美食、舒适静谧的住宿设施等,无形服务如咨询服务、导游服务、包车服务、旅拍服务等。

## 二、定制旅行产品的构成

1988年,美国著名市场营销专家菲利普·科特勒,出版了著作《市场治理:分析、计划、执行与控制》,提出了产品的三层次结构理论。该理论认为,任何一种产品都可被分为三个层次:核心利益,即使用价值或效用;有形产品,包括样式、品牌、名称、包装等;附加产品,即附加服务或利益,并认为这三个层次是相互联系的有机整体。三层次结构理论较好地反映了消费需求的多层面性,这一理论影响至深,得到市场营销界的广泛认同,产品每个层次所包含的内容又被后来的学者不断扩充。1994年,菲利普·科特勒在《市场治理:分析、计划、执行与控制》修订版中,将三层次结构说扩展为五层次结构说,即包括核心利益、一般产品、期望产品、扩大产品和潜在产品。之后,由菲利普·科特勒、约翰·保文、詹姆斯·迈肯斯著,谢彦君等翻译的《旅游市场营销(第四版)》一书,将旅游产品分为核心性产品、配置性产品、支持性产品和扩展性产品(见图5-2)。作为一种特殊类型的旅游产品,定制旅行产品也可以从这四个不同层次进行深入分析。

**图 5-2　旅游产品四层次结构**

(资料来源:菲利普·科特勒、约翰·保文、詹姆斯·迈肯斯,《旅游市场营销(第四版)》,谢彦君等译)

### (一)核心性产品

产品的最基本层次是核心性产品,对应的是顾客核心价值诉求,满足的是顾客的核心利益。在不同的旅游产品中,旅游者追求的利益和价值有所不同,如对度假旅游者而言,寻找身心放松与非常态生活是他们的核心需求;对养生旅游者而言,延年益寿、强身健体、修身养性、医疗保健等是他们的核心价值诉求。定制旅行产品中能够满足顾客核心利益的物项或服务属于核心性产品。人们对核心性产品需求的个体差异性是定制旅行得以出现和发展的根本原因。能否准确识别并把握顾客的核心需求,满足他们的核心利益,是定制旅行产品生产设计过程中需要完成的首要任务。顾客对核心利益的表述可能会比较抽象,需要定制师通过沟通以及需求分析逐步明确顾客期待获得的核心利益,进而将核心产品中的无形部分向顾客进行有形展示,从而提升顾客的购买欲望和体验质量。如顾客提出要去法国体验时尚和美食,针对顾客的核心需求,在预算充足的情况下,定制师在行程中可以安排顾客参加巴黎时装周,让他们不仅能近距离接触设计师,还可以在后台和众多时尚界名人合影;可以安排顾客在米其林餐厅进餐,同时安排去法式甜点制作工坊学习烘焙。这些活动可以让顾客获得深度体验时尚和美食的机会,能满足顾客的核心价值诉求。

### (二)配置性产品

配置性产品是指那些在顾客使用或体验核心性产品时必须存在的物品或服务。例如,五星级酒店的宗旨是不仅要为顾客提供奢华的住宿环境和服务,更要为顾客提供一种无与伦比的体验,因此,健身房、游泳池、行政酒廊、礼宾服务、洗衣服务等设施和服务是五星级酒店的标配。对于定制旅行产品而言,为顾客提供7×24小时服务,对顾客遇到的突发情况进行及时响应等,都是为了核心性产品得以顺利使用和体验的标配,已成为定制旅行产品的配置性产品;为了完成一次定制旅行,为顾客提供的住宿、交通、游览、娱乐等设施也是配置性产品。除此之外,为方便顾客更好地游览或者体验,定制师在顾客出发前为顾客制作包含详细行程安排、交通信息、住宿信息、景点介绍、推荐餐厅和娱乐项目信息、注意事项等的专属路书也是标配。

### (三)支持性产品

支持性产品是指针对核心性产品所追加的代表额外利益的产品,它也起到与竞争产品相区别的作用。但是需要注意的是,核心性产品并不要求必须有支持性产品。例如,为了提高酒店客人的住宿体验,更好地为客人提供舒适的服务,部分三星级以上酒店引进了大厅迎宾机器人、客房送货机器人等服务机器人,这些就属于支持性产品。非旅拍定制旅行产品中,为游客提供的无人机拍摄服务也属于支持性产品。需要注意的是,配置性产品与支持性产品之间的区别并非总是清晰的,对于一个市场而言是配置性产品,而对于另一个市场就可以是支持性产品。例如,在为企业奖励旅游进行旅行产品定制时,司机服务和导游服务通常是必不可少的配置性产品,但是在为亲子旅游进行旅行产品定制时,导游服务或者司机服务有可能成为支持性产品,顾客不一定需要司机和导游陪同。此外,支持性产品可能会在日后转变为配置性产品。例如,对于蜜月定制旅行产品,十年前,配备专业摄像团队是让产品锦上添花的加分项,但现如今,这项服务几乎已经成为所有此类产品的标配。

### (四)扩展性产品

扩展性产品需满足可进入性、氛围(硬件环境)、顾客与服务机构的互动、顾客参与生产以及顾客与顾客之间的互动等方面的条件,是超出顾客预期的有形和无形的附加服务和利益,强调了顾客至上的原则,这些因素连同核心性产品、配置性产品和支持性产品一起提供了扩展性产品。例如,定制师为前往罗马的游客请来畅销书《罗马人的故事》的作者盐野七生作为线路的文化导师;为前往巴黎的游客请来米其林餐厅厨师,他会带着游客去生鲜市场购买食材烹制最地道的美食,然后安排游客一边欣赏巴黎美景,一边品尝美食。这些都能为游客提供增值利益,提升游客的体验感。需要注意的是,定制旅行产品中顾客与服务机构之间的互动较多,且顾客会参与到产品的整个生产过程中,因此,定制企业与顾客互动的环节中存在着诸多为顾客提供扩展性产品并使其获得增值利益的机会。例如,海外定制游顾客抵达上海后,突然提出去成都看大熊猫的要求。定制企业与其快速沟通后,及时调整了行程,做好了新的地接安排,使得顾客能够第二天抵达成都,在与熊猫进行亲密接触后,顾客又乘坐飞机回到上海,继续原来的行程。快速的服务响应和高超的弹性处理水平满足了顾客"说走就走"在中国看熊猫的愿望,让顾客非常激动。又如,广之旅在安排某企业千人员工出游的定制旅行过程中,为游客安排生日会,制造生日惊喜,丰富旅程体验。

行业资讯

广之旅专属定制企业为客户提供的扩展性产品案例

## 三、定制旅行产品的特征

### （一）个性化：以客户需求为导向

定制旅行产品往往是针对个体或者一个团队，会随着客户需求的改变做出有针对性的调整。其产品生产以客户需求为导向，对于同一个旅游目的地，定制旅行产品往往会依据客户的不同构成和需要呈现出不同的组合方式。定制旅行产品突出客户的主导性和专享服务体验，根据客户的年龄、职业、旅游目的地、主题等，设计与其相适应的旅游产品。如针对有活力的年轻人，旅游行程就会相对紧凑，休息时间较少；而针对年纪较大的人，行程就会比较宽松，留出充分的休息时间。个性化是定制旅行产品最基本的特征，定制旅行产品一定要最大限度地满足客户心理，使客户获得美好的旅游体验。

### （二）全程化：贯穿客户体验全过程

定制旅行产品需要贯穿客户体验的整个流程，包括游前、游中和游后。与传统旅游产品相区别的是，定制旅行的服务并不是交付完线路产品后就结束，而是在前期通过与目标客户的沟通，为客户提供充分的满足其个性诉求和意愿的产品和服务之余，密切关注客户在整个行程中的发展，为其提供全天候咨询服务，协助客户应对各种突发状况，及时调整行程。同时，旅行后的跟踪回访也反映出定制旅行产品"以客户为中心"的原则，有利于不断改进和完善产品细节，提升客户的体验感，这也体现出定制旅行产品的设计初衷，给旅游者提供更大的满足感。

### （三）高参与：客户全程参与产品生产

客户直接参与产品生产过程是定制旅行产品区别于传统包价旅行产品最突出的特点。客户可以直接参与到定制旅行产品设计的全过程，在旅游目的地选取、旅游线路设计、旅游主题设定、旅游细节安排、旅游费用预算等方面明确表达自己的想法和要求，定制企业会将客户的需求和想法融入产品设计中，并且客户在旅游行程中有任何问题都能随时与定制师沟通，对定制旅行的方案提出意见和建议。与传统旅游方式相比，定制旅行中客户的参与程度得到了极大的提升。

### （四）同步性：生产与消费不可分割

与一般旅游产品一样，定制旅行产品也具有生产和消费不可分割的特性。从客户与定制企业客服人员接触之时起，定制旅行产品的生产便开始了，产品的消费也同时开始。当消费结束时，生产也不再进行。这一特性导致了定制旅行产品质量控制的难度大大增加。定制师与客户沟通需求，导游（司机）为客户提供引导和讲解服务，餐厅服务员为客户提供餐饮服务，目的地为客户提供旅游体验服务，这些环节生产与消费都是同时发生的，一旦某一环节出现失误或者服务质量较差，客户的旅游体验感将大大降低，最终影响客户对定制旅行产品的评价。

## 第四节 定制旅行产品分类

### 一、按照渠道分类

定制旅行产品按照渠道进行分类,主要可以分为线下定制旅行产品和线上定制旅行产品两种。线下定制旅行更加接近传统的旅游市场,依托线下门店的方式为客户提供的定制旅行产品称为线下定制旅行产品。其主要客户来源为团体客户,或者家庭客户,一般不单独为个体服务。在旅游产品定制过程中,旅游企业一般会与团体客户共同商定,提供符合客户需求的定制旅行产品;在向家庭客户提供定制旅行产品时,旅游企业一般会安排专人与家庭成员进行一对一沟通,共同商定产品的具体事项,制定具体的旅游方案,满足家庭客户对个性化旅游产品和服务的消费需求。随着互联网科技的逐渐发达,在线定制旅行服务更加多样化,旅游企业通过网络的方式向客户提供的定制旅行产品称为线上定制旅行产品,其运营模式主要有B2B、B2C、C2C等形式。目前,在线定制旅行已经发展为一个巨大的市场,市场需求日益旺盛,也成为拉动我国旅游业发展的巨大动力,在我国整体旅游市场中的比重也在逐步增大。

### 二、按照市场分类

近年来,随着大众消费水平的提高,国内游客的消费需求正在发生变化,高端定制旅行正在成为旅行发展的趋势之一。由专业的旅游公司根据高净值人群的需求、兴趣和偏好,为其量身定制高品质、高价值、私密性、独特性的服务和体验,满足旅游的高端化和多样性需求,我们把这种服务于高净值人群、专注于高端市场的产品称为高端定制旅行产品。但是,定制旅行并非意味着"高价"旅游,不是只有坐头等舱、住豪华酒店才能定义为定制旅行,它是根据客户的个性化需求来提供旅游方案,价格并没有统一的标准。事实上,定制旅行的本质是满足多层次客户的多元化需求,在客户的预算内最大化实现其预期。随着定制旅行市场竞争日趋激烈,企业通过技术深入挖掘客户的习惯和特点,提炼出了客户的共性需求,精品线路不断复制,沉淀为标准化产品,整个线路被拆分为诸多标准化的模块,客户按需灵活选择模块,从而实现产品的模块化规模生产。定制旅行产品标准化程度的提升降低了企业的生产成本,使私人定制不再是高不可攀的奢侈品,逐渐被更广泛的大众所接受,我们把这种服务于中低收入人群、专注于大众市场的产品称为大众定制旅行产品。

### （一）高端定制旅行产品

**1. 高端定制旅行产品构成**

高端定制旅行产品的显著特点是高规格、高品质的硬件产品与高品质的服务相结合。以鸿鹄逸游为例，在制定高端定制旅行产品的服务标准时，主要从以下几个方面进行设计：基本框架、航班选择、酒店选择、用餐安排、行程设计，以及用车、导游、签证、接送机等相关礼遇，几乎涉及了游客出游所需的方方面面。

1）基本框架

明确的目标人群：亲子游、孝亲游、结伴游、情侣游；资产净值1000万元人民币以上家庭。

清晰产品适用季节：产品跨度不超过3个月。

2）航班选择

航空公司：基地航空及目的地所在国航空公司为首选，市场公认的五星级航空公司备选。

航班设计：航班设计首选直飞，根据产品设计需求合理选择转机。

舱位安排：公务舱为基础配置，境内短途航班首选公务舱或头等舱，只有经济舱配置需声明。

座位安排：座位可预订，座位安排相邻且尽量靠前。

3）酒店选择

根据不同的需求，有都市酒店、景区酒店可供选择，以及提前入住、延迟退房、酒店接送机等定制服务。

4）用餐安排

根据差异化需求，可提供米其林餐厅、著名餐厅、"网红"餐厅、亚洲风格餐厅等多种选择。

5）行程设计

有免排队或VIP通道的游览项目，可提供差异化礼遇；具有转机服务的机场、具有VIP通关服务的机场，都需安排相应礼遇服务；如遇国家级游览项目，还可以畅享官方讲解。

6）用车、导游及其他

在导游、用车司机、车辆标准、接送机、签证等方面，都会提供专业化和贵享式礼遇。

7）供应商服务标准

供应商服务标准包括组团前期的资源推介、定制师专业意见、报价预算，组团行中的导游资质、用车标准，组团后期的总结和奖惩，以全方位的定制尊享服务满足客户的多元需求。

2. 高端定制旅行产品特点分析

（1）产品具有较高的稀缺性。高端定制旅行产品除具备定制旅行产品的个性化特点,资源的稀缺性是高端定制旅行产品的核心参考标准。高端定制旅行产品为顾客选取的目的地,安排的交通工具、住宿、餐饮、娱乐活动等设施或服务都会凸显出较高程度的稀缺性。例如,鸿鹄逸游提供的"私飞环游•秘境喀纳斯"核心保护区吐别克、双湖7天6晚高端定制旅行产品,核心卖点包括:在交通方式上,全程私人飞机,支线直飞,配备私属贵宾厅,专享要客通道,避开嘈杂纷扰的旅客;在服务上,臻享管家式服务、贴心无忧出行;在目的地选择上,寻访两处未开放核心保护区及鲜有游客的秘境奇景,俯瞰喀纳斯湖的源头,寻觅图瓦人原始的狩猎与游牧印记;在其他方面,特邀专业户外领队及护林员随行,马背骑行穿梭于白桦林与原始森林之中,解锁寒温带针阔叶混交林生态密码。除此之外,资源的稀缺性还表现在向客人提供入住百年历史老宅、安排"一位难求"的米其林三星餐私享主厨飨宴、安排乘私人游艇体验浪漫假期等方面。

（2）产品对人员专业化程度要求更高。高端定制旅行产品提供的高品质和专业化服务为客户提供了高附加值体验,从而满足了注重服务价值的客户的需求。高端定制旅行的差异性、灵活性、定制性、组合性、舒适性等特点,使得旅游企业对自身提供的能匹配客户所支付价值的相应服务有更高要求,即高端定制旅行产品对专业服务人员有着更高的专业素质要求。高端定制旅行产品是以客户为中心的旅游产品,提供以"人"为核心的服务,高端定制旅行产品的定制师应具有出色的沟通能力、敏锐捕捉客户需求的能力以及优秀的旅游产品设计能力,并且专业服务人员的专业化程度应该体现在产品的细节上。例如,客户在线路行程中看到的仅仅是酒店的名称和档次,但是哪种房型的观景视角最佳,哪家酒店适合亲子旅行,哪家酒店能满足爱宠物人士的需求,哪家酒店的床品最舒服等,这些细节的考量体现出产品的专业化程度,影响着客户的出行体验。

3. 高端定制旅行产品发展趋势

（1）通过技术实现产品规模化。规模化要做到客户获取能力和产品供给能力的平衡,人工介入对提升定制旅行产品的价值有很大作用,但人员增加带来的成本压力也不容忽视,因而通过技术来提高效率成了共识,除了基本的POI（兴趣点）产品库、标签化的CRM（客户关系管理）系统,企业还应有一套匹配需求的定制流程系统。

（2）通过细分实现产品独特化。对于大平台而言,其有着丰富的客户资源和目的地资源,虽然目前各大平台都在追求资源多而全,但根据多项报告,南北极和极地探索已成为高端游客的主要选择,这也意味着未来高端客户对旅行主题的独特性需求将会增加。而对于中小型企业和初创企业而言,在客户资源和目的地资源有限的情况下,其在细分领域深耕,将旅游产品做到极致,是完全有机会能够登上其领域金字塔的顶端的。

（3）通过跨界产品实现资源整合化。未来,企业对跨界资源整合能力的要求会日益凸显。相较于旅游资源行业的人，其他行业的人对产品会有不同的视野和解读，在深度体验需求趋势越来越明显的高端定制旅游业，精通某个领域的专业人士比导游更能给客户带去有深度且优质的体验。

### （二）大众定制旅行产品

随着科技的发展，云计算、大数据和AI技术的出现让个性化定制产品实现了规模化生产。云计算为定制企业提供了可以自我维护和管理的虚拟计算资源，支持顾客在任何地点与企业进行互动，满足了大规模定制的快速服务响应需求。大数据可以在定制企业积累的丰富数据基础上进行用户画像分析，并通过实时联动碎片化资源提升生产效率。AI技术帮助企业深入挖掘顾客习惯和特点，提取出共性需求，按照顾客提出的要求进行筛选，初步生成旅行路线，再由定制师进行细化，从而改变冗长的销售流程，使得服务效率得到大幅度提升。效率的提升和规模化生产的实现意味着定制企业成本的降低，成本的降低带来了价格的降低，从而让定制旅行越来越大众化。例如，无二之旅的定制师在技术的支持下大大提升了工作效率，通过建立内部POI数据库、CRM系统，定制师90%以上的工作量可以交给AI系统，系统根据过往客户案例积累的30万个POI，可以按照任意需求排列组合成18亿个可执行方案，可做到数分钟内出方案，再辅以人工审核、完善，将整体时间压缩在2小时内。除此之外，2017年，携程定制平台首创"透明化报价"，把定制游各项费用和服务费明明白白地拆解，让旅游者了解各项明细费用，这也让定制游价格门槛明显降低，越来越趋于大众消费水平。

选择大众定制旅行产品的游客较为在意游玩形式的自由多样，对旅游资源的要求较为分散，其需求较为考验企业的资源丰富度和价格优势。共性需求模块化产品设计是大众定制旅行产品最大的特点。大众定制旅行产品是通过将顾客的共性需求打造为模块化产品，使组合旅游产品中的非标准化产品转变为标准化产品。"模块化"就是将组合旅游产品中包含的环节分割成单独的一个个小模块，每个模块又可以拆分成多个模块。模块既可以是围绕某一主题的行程，也可以是针对特定目的地的行程，抑或是碎片化的资源或服务。企业根据不同顾客的初步需求，对模块进行智能化整合，然后根据顾客的反馈进行修改调整，进而设计出符合个性化需要的高体验度定制旅行产品。企业将共性需求规模化能够在确保产品内容多样的同时，降低人力成本并节省生产时间，实现定制旅行的规模化生产。

### 三、按照旅游者的参与度分类

按照旅游者在定制旅行产品中的参与度，可以将定制旅行产品划分为需方型定制产品、平衡型定制产品、供方型定制产品三种类型（见表5-2）。顾名思义，需方型定制产品就是按照旅游产品需求方的意愿进行产品的定制，旅游者作为定制产品的主导，深度参与旅游产品的定制过程，这样定制出来的旅游产品能够大部分符合甚至完全符合旅游者的个性化需求，旅游者的参与程度是最高的。其实在很多时候，部分旅游者对自己的需求并不明确,或者对旅游产品不够了解,因此在选择旅行产品时很难明确地提出自己的意见,这个时候就需要旅游企业给予他们意见上的指导,帮助他们选择个性化方案,引导他们做出决策,通过这种方式定制的产品称为平衡型定制产品。一般情况下,平衡型定制产品兼顾了旅游者参与定制和旅游企业引导两方面的因素,旅游者的参与程度较高。供方型定制产品主要是旅游企业推出的,主要针对一些对旅游不甚了解且没有明确需求的旅游者,旅游者在选择产品时,可以对其中的部分产品内容进行调整。这种形式的定制旅行产品以旅游企业为主导,旅游者的参与程度一般比较低。

表 5-2　以旅游者参与程度划分的定制旅行产品类型

| 类型 | 特点 |
| --- | --- |
| 需方型定制产品 | 由需方即旅游者主导,旅游者提出产品或服务设计要求并深度参与其中,此种类型下旅游者的参与程度最高 |
| 平衡型定制产品 | 供需双方即旅游企业与旅游者进行多次沟通,在此基础上由旅游企业给出多种柔性定制方案,引导旅游者做出决策,此种类型下旅游者的参与程度较高 |
| 供方型定制产品 | 旅游企业根据旅游者不甚明确的个性化要求,对标准化产品进行调整和重构后提交给旅游者供其选择,此种类型下旅游者的参与程度较低 |

## 第五节　定制旅行产品设计原则

党的十九大报告指出,中国特色社会主义进入新时代,我国社会主要矛盾已经转化为人民日益增长的美好生活需要和不平衡不充分的发展之间的矛盾。中国旅游研究院发布的《2018中国品质旅游发展报告》中指出"美好生活正在成为新时代新旅游新动力"。据统计,在国民旅游市场构成中,不成熟的初次旅游者占20%,成熟的旅游者占80%,也就是说,约40亿人次的基础旅游市场是由相对成熟的旅游者构成的。当旅行成为一种生活方式时,人们的旅游经验越来越成熟,在欣赏美景的同时,人们更愿意去体验和分享目的地的美好生活。因此,旨在迎合旅游者追求个性化、高品质旅游体验需求的定制旅行,无论是响应国家政策,还是市场需求,或是出于对人文的尊重,都需要在定制旅行产品的设计上实现"美丽的风景,美好的生活"。定制旅行产品设计具体包括以下6个原则。

### 一、客户导向原则

定制旅行是指根据客户的需求,以客户为主导的旅游产品消费模式,客户可以根据自己的喜好和需求定制行程,选择自己想体验的产品和服务。如果说传统跟团游是快餐,只能在做好的菜里选,那么定制游就是私房小炒,可以根据客户的口味加以调整。定制旅行的客户,因地区、年龄、性别、文化、职业、经历等不同,对于定制的需求各不相同。此外,客户会舍弃相对低价的跟团游,也说明他们对旅游产品有更高的品质要求,希望通过定制游让旅行的体验更加符合自己的需求。因此,定制师要坚持客户导向原则,准确把握客户的旅游动机,在旅行产品设计过程中,只有最大限度地满足客户的需求,才能使定制产品对客户具有较高的效用。

## 二、个性化原则

相较于传统的旅游产品,定制旅行的差别并不仅仅表现在交通方式、住宿等方面,它更能符合客户的旅游诉求,让客户体验到旅游带来的幸福感。定制旅行要给客户提供个性化的服务。定制师的工作内容就是根据客户的需求和主观愿望为其量身定制个性化行程,以客户为主导进行旅游活动流程的设计,强调客户在出行前参与行程的提议与设计。"特色是旅游之魂,文化是旅游之基,环境是旅游之根,质量是旅游之本。"这句话其实就是对定制旅行产品核心的高度概括。可见,定制旅行,从消费到经营,都需要破除旧观念。定制旅行,不一定是奢侈旅行,但一定要有主题特色,有人文、历史、自然的独特之处。定制师对产品资源进行组合时,要力求充分展示产品的主题,让客户不仅感觉到产品非常契合自己的基本需求,又感受到产品具有鲜明的特色——"新、奇、异、美"。

## 三、可进入性原则

可进入性是旅游体验的关键因素之一,直接影响着客户的选择和满意度。可进入性主要是指旅游交通条件。客户常住地与旅游目的地之间的交通便利性会影响客户感知到的旅游时间价值。对于交通条件不够通达的旅游目的地,定制师应慎重考虑是否将其纳入产品。设计产品时,要合理规划路线和游览节奏,配合便捷且多样化的交通工具,选择景观价值更高的道路等,以消除旅途中的疲惫感。除了地图上体现的地理距离,定制师也要关注客户的心理距离。旅游目的地的通信条件、治安状况、当地居民对于发展旅游的态度等都会影响旅游可进入性。对于出境旅游,定制师还需提前让客户熟悉出入境规定及办理手续,协助客户准备好签证等重要材料。

## 四、安全性原则

安全性原则是定制师组织客户参加旅游活动最基础、最重要的原则。旅游安全是旅游活动的内在要求,是旅游目的实现的基础和保障。经历疫情后,旅游消费者的安全需求愈发凸显。对于"旅游出行安全保障""景区安全措施"等问题的关切度比以往更高。定制师在进行产品设计时,要选择安全性有保障的产品和服务,把安全事故发生的概率降到最低;要熟稔行程中的每一个环节,向旅游者做出及时、必要、准确的风险告知;要合理安排行程并给予老幼等特殊群体旅游者更多关注。

## 五、合理性原则

其一是线路合理。线路规划中,首先要避免的是同一线路的折返设置。走回头路,同样的沿途风景重复出现,会令客户感到乏味且质疑线路设置的合理性,这势必会造成客户满意度下降。定制师在进行线路规划时,使线路呈现环形是较为理想的,如果受限于自然条件,必须走一段回头路,也应考虑是否可以变换交通体验方式,比如乘坐缆车上山、步行下山,又比如坐车去、乘船回,用多重体验抵消回头路上的单调感。

其二是择点合理。理性的客户都会看重性价比,内心都期望花最低的成本获得更多良好的旅游体验。定制师要掌握好择点的尺度,需考虑的因素主要有四个方面。一是客户的预算。尽量将景点、活动等方面的成本控制在客户的预算内,避免因择点过多导致成本超出预算,客户因产品价格高而放弃购买。二是客户的偏好。喜欢慢步调、节奏轻松的客户,可以适度减少择点数量;而喜欢高强度、快节奏的客户,则可以适度增加择点数量。三是资源的特性。有些旅游资源可以走马观花,一带而过,但诸如文博类相关的一些旅游景区和体验活动,本身就需要相对宽裕的时间聆听讲解信息,观赏细节,深度体验,才能有更好的收获。四是客户的身体状况。对于老年旅游产品、亲子旅游产品、夏令营产品等,如果安排的景点和活动过多、节奏过快,可能导致老人、儿童身体不适,造成安全事故。

其三是排序合理。排序合理以客户的心理感受来衡量。理想的排序应使客户的兴奋度呈现递进上升趋势,在核心景点或核心活动达到顶点。因此,一开始就把"高潮"直接释放出来是不明智的做法。客户的游兴应逐步被激发,定制师要充分把握客户的生理、心理和旅游项目之间的互动关系,在产品中合理设置高潮点的分布。以某一天的行程来说,人体生物钟决定了客户上午精力更充沛,求知探索欲更强,感知力更佳。午餐后,人们常常陷入困乏状态,希望平静地休息一会儿。待休息一两小时,大脑再度活跃。因此,可在上午安排较为丰富的旅游项目,午后让客户适当休息,下午再适度充实活动,使活动安排符合客户感知的合理设置,这样调动客户游兴的效果自然也更理想。以完整的行程来说,把最能体现行程精华的旅游项目放在行程的最后,能让客户感觉不虚此行。若客户对之前的安排和体验有所不满,最后的"高潮"还能消弭一些遗憾,甚至使客户变得宽容。把主要购物活动放在最后,有利于客户采购商品和运输商品,减少中途携带的不便,也能提高客户对行程的满意度。在有选择的情况下,把转机的航班放在去程,把直飞的航班放在回程,也能令长途旅行的客户的疲惫身心得到关照。

## 六、灵活性原则

灵活性包括出发时间、出发人数、玩法、安排等。客户对自己旅行计划需求的变化以及定制师为客户提供的服务都应该具有高度的灵活性,包括餐厅的口味、景点的选择、游玩的节奏等,而且灵活性要贯穿售前、售后、行前、行中。同时,旅游过程中也会

行业资讯

旅游定制师成备受热捧的"幸福职业"

有许多不确定性因素,如地震、暴风雪、战争、社会骚乱、罢工等不可抗力,又如客户走失、证件丢失、突发疾病、航班晚点等突发情况,导致必须变更行程安排。定制旅行的客户在旅游过程中还有可能提出新的定制需求,希望定制师进行调整。因此,定制师在进行产品资源组合时,要为各类突发情况的发生留有调整余地,要做好预案,第一时间为客户调整出行方案,便于在旅游过程中灵活采取紧急补救措施。

## 第六节　优秀典型定制旅行产品赏析

### 一、团队定制旅行产品赏析

【产品名称】

丽江—大理5日致青春毕业游

【产品主题】

放飞自我,追逐青春,年轻玩法,给自己一次炫酷的毕业旅行

【产品特色】

网罗精华景点,收获开心瞬间;独立成团团队游,既与家人朋友相聚,又游玩于山水之间,乐享美好时光。

【精心设计】

全程一团一车,一站式品质服务,网罗丽江、大理两地特色休闲景点。

【品质保障】

途牛专业导游,贴心关照,用心服务,全面保证客户出行体验。

【舒适住宿】

精选丽江和大理两地古镇的当地民宿客栈,享受紧张学习之后的旅行放松。

【特色餐食】

行程中为您精心准备民族特色餐,让您感受具有当地特色的少数民族饮食文化。

【接待标准】

(1)用餐安排:行程中3个正餐,包括1个纳西特色餐纳西喜宴、1个大理白族特色餐砂锅鱼、1个水花庄园白族BBQ,充分满足你的味蕾!

(2)住宿安排:丽江2晚大研古城特色住宿、1晚束河古镇特色酒店,大理1晚特色民宿。

(3)行程安排:全程舒适旅游车,保证一人一正座。

(4)游玩安排:够尽兴,够休闲,产品定制师严选小众、特色景点,为年轻的你们量身定制。

(5)贴心赠送:赠送观看大型实景演出《印象·丽江》,以为只有这个?不!更有惊喜毕业礼物随机赠送。

【行程设计】

**第一天:出发地—丽江**

(1)景点:丽江。根据航班时间前往机场,乘机抵达丽江三义国际机场,导游接机后送酒店休息。自由游览拥有三项世界遗产(丽江古城世界文化遗产,"三江并流"世界自然遗产,东巴典籍文献世界记忆遗产)的丽江古城,漫步古城四方街,感受"高原姑苏""东方威尼斯"带给您的休闲和快乐。

(2)住宿:凤凰养生度假酒店、维景酒店或趣品人生客栈可供选择。

(3)用餐:全天餐自理。当地推荐美食:三文鱼,黑山羊火锅,鸡豆凉粉,丽江粑粑,土鸡腊排骨。

(4)温馨提示:丽江是一个适合消磨时光的地方,如果有一段闲暇,来这里小住些时日,坐看雪山环抱,在四方街走走,去新华街泡吧,到大石桥寻找传说中的特色小吃,清澈的溪水潺潺流过,时光在不经意间柔软而逝,神仙的日子也不过如此。

**第二天:丽江—大理喜洲古镇(体验手工扎染,做喜洲粑粑)—海舌公园—大理古城**

(1)景点。

喜洲古镇:早餐后乘车前往大理喜洲古镇,车程约2小时,游览时间约1小时。喜洲镇位于大理市北部,西倚苍山,东临洱海,隋唐时期称"大厘城",是南诏时期"十睑之一",是电影《五朵金花》的故事发生地,也是云南省著名的历史文化名镇和重点侨乡之一。

体验手工扎染,做喜洲粑粑:前往参观原生态的白族典型民居建筑,体验手工扎染,做喜洲粑粑,感受千年白族文化融合的积淀(游览时间约1小时)。喜洲粑粑是喜洲的一种特色小吃,在体验扎染手工之后,我们将带您体验制作可口的喜洲粑粑(您做好的扎染布料可以带走一小件留作纪念,还有自己做的喜洲粑粑可以品尝)。

海舌公园:之后乘坐喜洲小马车前往海舌公园(游览时间约1小时),海舌公园是一个"养在深闺人未识"的地方。这里是一个状如舌头伸向洱海的半岛,非常原生态,是游览原汁原味风景的好去处。整个景区不大,步行是毫无压力的。这里四时景色各不相同,是不错的拍照地点,里面的生态环境保护得相当好。秋天、冬天的时候,这里特别漂亮,各种树木、水草都是不同的颜色,加上海水的蓝,远处的山,以及海边的枯木枝,呈现出一个自然、美妙、神奇的生态系统。

大理古城:自由游览建于明洪武十五年(1382年)的大理古城(游览时间1~2小时)。大理古城在唐、宋时期是云南的政治、经济、文化中心,古城内分布了14处市级以上重点文物保护单位,承载着大理历史文化、宗教文化、民族文化,是大理旅游核心区。

(2)住宿:途悦花园酒店、N度酒店、江南居精品酒店、花美时民宿(大理古城南门店)或天曦阁酒店。

(3)用餐。早餐:已含。午餐:敬请自理。晚餐:已含。

(4)温馨提示:大理气候属于低纬高原季风气候,寒暑适中,气候温和,气温年较差小,日较差大。

**第三天:大理(吉普车旅拍,南诏风情岛,水花庄园)—丽江**

(1)景点。

吉普车旅拍:早餐后,前往洱海体验吉普车旅拍(游览时间约2小时),换乘洱海吉普车,体验"心花路放"。洱海是一个美丽的地方,那里阳光明媚,风中弥漫着青草和繁花的馨香,仰起脸是一抹蔚蓝无际的天空,蜂飞蝶舞,海风拂面。

南诏风情岛:之后乘坐洱海小游船前往南诏风情岛(游览时间2~3小时)。岛上有沙壹母群雕、太阳宫观景台、南诏行宫、白族本主文化艺术广场等景观,与别具特色的园林艺术融为一体,使人在亲近大自然的过程中寻回那份极其珍贵的真与朴实的美。

水花庄园:前往水花庄园(游览时间2~3小时)。

① 品下午茶。服务员清晨日出时分于水花庄园鲜花片区采摘并且新鲜制作的鲜花茶饮,可以无限续杯,还有点心、干果和时令水果任君品鉴。

② 花海美拍。水花庄园多处设置美拍场景,秋千、草坪、花海、码头、木桥等,为您在大理游玩提供了无与伦比的打卡胜地。

③ 浪皮划艇。在这庄园胜地,我们为您准备了安全稳当的皮划艇,可以让您在休闲之余和同伴一起划着皮划艇,慢慢地绕过一个个湾,寻找每一个转角的神奇意外。

④ 天空之境。在高出地平的小岛,我们不仅有魅力诱人的花海视角,还为您设置了一个美轮美奂的镜面装置,聚焦着大理的蓝天白云,为您的拍摄凸显出美丽的大理。

⑤ 夏日野营。在夏日炎炎的时刻,带上野餐盒,在这个与田野相近的庄园,来一次童年般的野营吧。

⑥ 九曲十湾。青蓑衣,绿草地,就让我们的渔夫,唱起亮丽的歌声,撑着白色的渔船,带着你们,绕过一道道的湾,来体验这大理水乡的美。

⑦ 白族BBQ。享受了一段唯美时光之后,体验别样的白族烧烤,让美味在味蕾上绽放。

(2)住宿。晚上在丽江住宿,有翔鹤大酒店、涵三阁大酒店、汉邦豪苑酒店、真美客栈或壹号大院酒店可供选择。

(3)用餐。早餐:已含。午餐:敬请自理。晚餐:已含。

(4)温馨提示:大理四季如春,年平均气温为15℃,但早晚温差较大,早晚温度低,中午阳光灿烂的时候,温度可在15~20℃,故在出行前请带好厚衣物。

大理紫外线强烈,请带好高倍防晒霜,在室外享受温暖阳光的时候,不要让太阳直射皮肤,戴上帽子,涂抹防晒霜。

大理市下关是有名的"风城",如果您的行程中在下关有停留,防风的服装一定要考虑带上。

**第四天:丽江(玉龙雪山,《印象·丽江》,蓝月谷)**

(1)景点。

玉龙雪山:早餐后,乘车前往"天然冰川博物馆"——玉龙雪山景区(游览时间约2小时,牦牛坪索道费用为45元/人,环保车费用为20元/人),牦牛坪索道也叫中索道,全长1200米,垂直高差360米左右,乘坐索道可达上部站牦牛坪,牦牛坪海拔约3700米,为典型的高山草甸风光,是观赏玉龙雪山十三峰的好地点。蓝天下,雪山像晶莹剔透的玉龙,遥对着哈巴雪山,远处藏族姑娘的歌声衬着古朴的木楞房、玛尼堆,神秘而又浪漫。

温馨提示:

① 本行程默认安排牦牛坪索道,您可根据自身需求选择有偿升级冰川公园大索道(补差价75元/人),升级成功后将为您安排冰川公园大索道,取消牦牛坪景点。

② 若是带着老人和小孩,担心高反等身体问题,建议选择牦牛坪索道。玉龙雪山并非终年积雪,通常每年10月底到次年4月乘坐大索道上山观雪景比较美。冬季为当地风季,可能遇到索道停运的状况,如遇大索道停运将按牦牛坪索道安排游览。

《印象·丽江》:观赏张艺谋导演的大型实景原生态民族表演——《印象·丽江》(演出时间60分钟)。此项目仅赠送成人,儿童不赠送,如因个人原因或不可抗拒因素导致无法观看的,无法退还费用,敬请见谅。

蓝月谷:之后游览雪山融化而成的白水河和静躺在山谷树林环抱中素有"小九寨"之称的蓝月谷(游览时间1~2小时,如需乘坐景区电瓶车,费用约60元/人,此项目自理,根据您的需求自行购买)。玉龙雪山冰雪融化成河水从雪山东麓的一条山谷而过,因月亮在蓝天的映衬下倒映在蓝色的湖水中,又因英国作家詹姆斯·希尔顿笔下《消失的地平线》中的蓝月亮山谷近似于此,故名"蓝月谷"。

(2)住宿:丽江翔鹤大酒店。

(3)用餐。早餐:已含。午餐:敬请自理。晚餐:已含。

**第五天:丽江,返程**

今日行程:根据行程时间安排送机,返回温暖的家。

早餐后自由活动,再次流连丽江的柔软时光,可为您的亲朋挑选喜欢的礼物。之后送机,把心中的留恋藏在心底,结束美妙的丽江之行。

(1)退房须知:①酒店早餐时间多为7:00左右开餐,故回程航班为9:30以前的游客,无法安排早餐,给您带来的不便,敬请谅解!② 请在中午12点前退房,如超过12点,18:00之前退房会产生半天房费,超过18:00则产生一天房费,自行承担费用,谢谢配合!

(2)温馨提示:请大家仔细检查自己的身份证、户口本等有效证件,箱内不得装刀具、火机等,贵重物品(电脑、相机等)需随身携带。不要将物品遗忘在酒店或者旅游车上。

【费用说明】

(1)价格:2000元起(此报价30人起订,产品价格会根据您选择的出发日期、出行人数、入住酒店房型、航班以及所选附加服务的不同而有所差别)。

(2) 费用包含:

① 交通:当地旅游巴士。

② 住宿:行程所列酒店。产品默认价格包含基础方案住宿4晚(3晚丽江住宿,1晚大理住宿),可有偿升级住宿,需要升级住宿的请选择日历牌相应日期,点击"立即预订",进入预订页面选择住宿付费升级方案。

③ 用餐:行程中团队标准用餐,4早3正餐,餐标为50元/人×2正+白族烧烤BBQ(自助餐或特色餐,自由活动期间用餐请自理;如因自身原因放弃用餐,餐费不退)。

④ 门票:行程中所含的景点首道大门票,具体请参考行程描述。

⑤ 导服:当地中文导游。

⑥ 儿童价标准:年龄2~12周岁(不含),不占床,只含往返机票、当地旅游车位,半价正餐,导服。景点门票请自行到达当地购买,当地产生其他费用均需自理。本产品地接儿童可以按照成人报名。

(3) 费用不包含:

① 交通:景区内用车(蓝月谷电瓶车60元/人,大理古城电瓶车35元/人,景区内小交通非必须参加项目,游客朋友们请根据自身需求选择。)

② 单房差。

③ 门票:行程中注明需要另行支付的自费景点或项目(拉市海骑马、《丽江千古情》演出等)。

④ 补充:因交通延阻、罢工、天气、飞机机器故障、航班取消或更改时间等不可抗力原因所引致的额外费用;酒店内洗衣、理发、电话、传真、收费电视、饮品、烟酒等个人消费;当地参加的自费项目以及以上"费用包含"以外的其他项目。

⑤ 旅游意外险:旅游人身意外保险。

丽江—大理5日致青春毕业游游览示意图见图5-3。

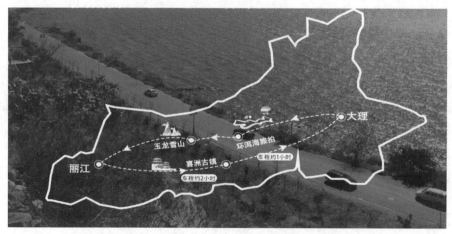

图5-3　丽江—大理5日致青春毕业游游览示意图

【案例点评】

该定制旅行产品是由途牛平台提供的包团定制游,案例中呈现的是定制师推荐的线路,可以根据客户的需求灵活调整该线路。该产品为毕业生提供了一趟难忘的青春之旅,为毕业生们量身定制了一趟"不一Young"的专属旅程。首先,全程零购物,一团一车,游玩更轻松自由,远离跟团的等待,乐享浪漫丽江慢生活,邂逅风花雪月大理城,领略文艺网红风;其次,逍遥自在毕业休闲游,精选景区让毕业生们出游开心欢乐,不再赶鸭子式踩点打卡;再次,全程安排当地客栈民宿,接地气式放肆玩法让毕业生们用靓照刷爆抖音和朋友圈;最后,更有神秘毕业礼物赠送,该有的毕业旅行仪式感统统不能少!

## 二、个人/家庭国内定制旅行产品赏析

【产品名称】

大理火腿之旅

【行程介绍】

火腿之旅以碧山旅行创始人张玫的新书为线索,从大理云龙县的诺邓村开始,首先去云南八大古盐村之一的师井村寻找制作火腿的土盐;然后带着土盐去寻找最好的制作火腿的手艺人。之后,我们还会去寻找其他和火腿相配的食材,如沙溪施大姐家的乳饼、巍山79岁老奶奶制作的腌菜。有时候,我们也会拐个弯,去听一听传统的白族民歌,喝一喝三道茶,领略一下生活在大理白族村子里的法国作家的烹饪手艺。而这些,还不是这次旅行的全部……

【行程详情】

**第一天:出发地—大理**

(1)交通:乘机抵达大理之后,将有碧山旅行专车及导游接机。

(2)活动:离开高速公路沿一条窄河小路前往云龙县,"云龙"二字得名于澜沧江,因"澜沧江上夜覆云雾,晨则渐以升起如龙"而得名。不过对于当地人来说,云龙县最出名的是火腿,他们几乎把做火腿变成了艺术。这里的诺邓村因制作火腿而闻名。

(3)住宿:从今晚开始,我们会住在当地人家里两个晚上。民宿的张大叔是我们的老朋友,第二天他会带我们去找火腿和盐。

**第二天:师井村**

我们会沿着乡村小路前往师井村,村里的制盐人杨师傅会带着我们去村子里,走过小学校,村里的村民、马匹从我们身旁经过。杨师傅依旧用最传统的方式制盐,在一个简陋的棚子里面有一口大黑锅,可以放下一整只猪的那种,在杨师傅的门廊下面看着他和他的妻子为今天去市场上卖盐做着准备,最后可以尝一尝成品,回味会有一点甜,这就是土盐。接着我们会去另外一个杨师傅家里,他们家有我们要找的火腿。晚上,我们会去集市购买一些晚餐的食材,然后返回杨师傅的家里,做一顿晚饭。

### 第三天：师井村—顺荡村—沙溪

今天我们会一路继续向北,前往顺荡村。顺荡村是一个从明朝开始的村落,有着自己的传说和历史,以及古墓群落,它以自己曾经的历史为荣。顺荡村也是八大古盐村之一,这里和师井村相距约55千米,但完全不同。稍晚一些,我们会驱车前往沙溪。

### 第四天：沙溪—石宝山—沙溪

今天上午我们首先会驱车前往石宝山石窟。石宝山石窟是南诏时期白族所创,是云南现存规模最大、保存最完好的石窟群。接着我们会去往只有千余名白族居民聚居的石龙村,这个村的人个个能歌善舞,这里是"音乐之乡",听一听他们的民歌,还有机会欣赏一出"霸王鞭"。之后我们会返回沙溪,在施大姐家做乳饼。施大姐也喜欢做绣花鞋,一针一线都是自己做的。晚餐会在施大姐家里,有做好的乳饼,以及一些家常菜。

### 第五天：沙溪—巍山

今天我们会从沙溪驱车前往大理,路上在州城停下来感受一下白族三道茶,三道茶的味道非常"不中国",三道茶分苦茶、甜茶、回味茶。接着我们会抵达巍山,巍山古城有很多旅游景点,这里曾经是南诏国的都城。每年农历二月初八前后,巍山都会举办小吃节,持续一周左右。

### 第六天：古城周边

今天早上我们会去找一位79岁的陈奶奶,她在巍山可以称得上是"泡菜女皇"。在陈奶奶的院子里走一走,学一学用手工方法制作泡菜,也听她讲一讲往事。中午我们会在南街餐馆享受一顿午餐。下午您可以在大理闲逛,走一走,不要着急,享受一下闲适的时光。晚上,我们会去法国旅行作家Gil的家里吃一顿私人晚餐,那是磻曲村的一个白族小院子。

### 第七天：返程

根据行程时间安排送机。

【费用说明】

(1) 价格：最低9680元/人。

(2) 费用包含：

① 司机兼导游服务费(别克商务车,车载Wi-Fi)。

② 行程内所含正餐、小吃及饮用水。

③ 行程内所含活动费用(古法制盐、火腿制作、乳饼制作、三道茶,景点门票)。

(3) 费用不包含：

① 行程内未提及的餐食。

② 个人消费,如酒水、电话费、洗衣等。

③ 在指定入住和退房时间外使用房间的费用。

【案例点评】

该定制旅行产品以如何制作真正的云南火腿为线索,走到传承古法的手艺人家里,重现张玫新书里的故事,遇到故事里的人,走进故事里的乡村小径、古城青巷,发现大理饮食文化中传统与现代、东方与西方的神奇交融,是一次集文化、自然、休闲、美食于一体的旅行,适合春、夏、秋、冬四季游览。

(资料来源:碧山旅行,http://www.beshan.com/)

## 三、个人/家庭国外定制旅行产品赏析

【产品名称】

横跨欧亚大陆,邂逅地中海风情,土耳其梦幻8日亲子之旅。

【客户要求】

常女士一家三口的亲子之旅,目的地是土耳其,行程天数为8天。

住宿要求:酒店干净卫生,地理位置好,或者住当地特色酒店。

餐食标准:到当地餐厅品尝当地菜,餐厅环境要舒适卫生,价格要实惠。

出行要求:商务用车,并且专车专导。

景点要求:景点要有棉花堡,要乘坐卡帕多奇亚热气球,行程不能太赶。

费用预算:9万元以内,含机票。

【行程设计】

**第一天和第二天:上海—伊斯坦布尔**

航班信息:TK027 上海—伊斯坦布尔,22:45—05:20+1(飞行时间约11小时35分钟)。

活动:乘机飞往伊斯坦布尔,抵达后专属导游接机,入住酒店休息(我们会申请提前入住,根据实际情况而定);之后前往参观多尔玛巴赫切宫,下午参观Mehmet Aga设计的蓝色清真寺以及充满神秘色彩的地下水宫和气势恢宏的圣索菲亚大教堂。

用餐:含早餐。

住宿:Kalyon Hotel Istanbul套房(一张超大号双人床和一张沙发床),约50平方米。

**第三天:伊斯坦布尔**

活动:在酒店享用早餐后,继续伊斯坦布尔的辉煌宫殿之旅,探索托普卡帕宫,之后乘坐博斯普鲁斯海峡游船。土耳其人说过,没来过伊斯坦布尔,就不算到过土耳其。没欣赏过博斯普鲁斯海峡的美景,就不算来过伊斯坦布尔。置身于海峡之中,前一秒看到的是奢华贵气的皇宫,后一秒又被列为世界遗产的传统小屋所吸引;之后漫步在卡德柯伊公共市场,享受土耳其当地人的休闲时光。

用餐:含早餐。

住宿:Kalyon Hotel Istanbul套房(一张超大号双人床和一张沙发床),约50平方米。

**第四天:伊斯坦布尔—棉花堡**

航班信息:TK7320 伊斯坦布尔—棉花堡,12:40—13:55(飞行时间约1小时)。

活动:早餐后游览始建于4世纪的科拉教堂,欣赏教堂墙上13世纪至14世纪绝美的马赛克镶嵌画作。后前往机场搭乘航班飞往代尼兹利,驱车约1小时游览土耳其天然奇景棉花堡。棉花堡得名于大自然的鬼斧神工制造的像棉花似的山丘,加上这里千年前形成的温泉,让您体验到身处仙境一般的美妙。后入住酒店休息。

用餐:含早餐和晚餐。

住宿:Pamukkale Melrose Viewpoint Suites,舒适三人间,带凝灰石景致(一张单人床和一张大号双人床),约25平方米。

第五天:棉花堡—伊兹密尔

交通:棉花堡—伊兹密尔车程约2.5小时。

活动:早餐后前往爱琴海海边城市伊兹密尔,参观著名的以弗所废墟,游览世界七大奇迹之一阿尔忒弥斯神庙、塞尔苏斯图书馆、以弗所大剧院、克里斯特街、图拉真喷泉、露台屋等。后前往希林杰村体验土耳其乡村,欣赏奥斯曼老房子。

用餐:含早餐。

住宿:Smart Hotel İzmir 标准三人间(三张单人床),约25平方米。

第六天:伊兹密尔—卡帕多奇亚

航班信息:XQ9038 伊兹密尔—开塞利,07:35—09:00(飞行时间1小时25分钟)。

活动:今天是早起,搭乘航班前往卡帕多奇亚,抵达后参观乌奇希萨尔城堡,登上观景台,一览卡帕多奇亚乡村全景。来到靠近乌奇希萨尔城堡的鸽子谷,其因沿途彩色的鸽舍而得名。后参观帕夏贝的精灵烟囱,这里除了有卡帕多西亚最高的仙人烟囱,玄武岩的仙人烟囱全是多头式、尖帽式的,非常特别。高耸入天的仙人头像下就是教堂,原来是公元5世纪时隐士圣西蒙(St Simeon)的隐修所,至今保留完整。稍晚前往游览于尔居普小镇、"陶器之乡"阿瓦诺斯陶瓷小镇,土耳其的陶器以其色彩绚丽、画工精美、做工精致、种类繁多而闻名于世,工匠们技法熟练、工艺高超,每件产品都精雕细琢。小镇内有很多家庭作坊,集陶瓷工作室、作坊和商店为一体。您可以亲眼见证工匠们选材、制坯、塑模、绘画、上釉、焙烧等传统手工艺制作的全过程。

用餐:含早餐。

住宿:Amber Cave Suites 特大号套房(一张超大号双人床和两张单人床),约50平方米。

第七天:卡帕多奇亚—伊斯坦布尔

航班信息:TK2009 卡帕多奇亚—伊斯坦布尔,19:35—21:05(飞行时间1小时30分钟)。

活动:去土耳其旅行一定会去卡帕多奇亚,而来卡帕多奇亚一定要乘坐热气球!这里是世界四大热气球胜地之一,今天您需要早起,体验刺激而又美妙的热气球之旅(大概早晨5:30—8:00进行),从高空中俯瞰整个卡帕多奇亚沐浴在清晨的日光中。结束后您将返回酒店享用美味早餐,稍作休息。之后参观世界自然文化双遗产的格雷梅露天博物馆,前往凯马克勒地下城探索拜占庭古道,这里千奇百怪的地貌让人不敢相信这是属于人类的国土。稍微前往机场飞往伊斯坦布尔。

住宿:飞机上。

**第八天:伊斯坦布尔—上海**

航班信息:TK026 伊斯坦布尔—上海,01:25—16:45(飞行时间10小时20分钟)。

活动:搭乘凌晨航班回到上海,结束愉快的旅行,返回您温馨的家。

住宿:您温馨的家。

**【报价及说明】**

| 项目合计 | 说明 |
| --- | --- |
| 机票<br>41100元 | 上海—伊斯坦布尔,伊斯坦布尔—上海,伊斯坦布尔—棉花堡,伊兹密尔—卡帕多奇亚,卡帕多奇亚—伊斯坦布尔,经济舱及税,成人预计13700元/人 |
| 酒店<br>5500元 | 行程4星酒店或特色酒店5晚,每晚1个房间,预计均价1100元/晚/间,具体以实际预订为准 |
| 车导<br>25300元 | 行程舒适商务7座用车(奔驰VITO或同级),华人导游服务,司机兼职导游,含工资、小费、餐补费、外地住宿补贴、油费、过路费、停车费等(全程为分段车导) |
| 门票<br>7500元 | 行程基本门票及卡帕多奇亚热气球门票,预计2500元/人,暂未含导游陪同门票,具体以实际安排为准 |
| 签证<br>1650元 | 土耳其电子签证,550元/人 |
| 保险<br>540元 | 安联个人旅游保险,最高赔付30万元,180元/人 |
| 行程预算<br>88684元 | 含8%定制服务费(服务包括专属行程设计,各大旅游项目预订操作,7×24小时双管家服务,旅行用品准备(限会员)等) |
| 特别优惠<br>-684元 | — |
| 总预算<br>88000元 | 佰悦会承诺各项价格低于或等于市场基准价(携程、宾客),但由于各项价格变化较快,此报价24小时有效,敬请理解 |

**【案例点评】**

为了更贴合常女士此次亲子出行的需求,定制师量身定制了"经典景点""休闲放松""传统工艺"这几个主题。行程中既安排游览了"经典景点"天然奇景棉花堡和著名的以弗所废墟,感受土耳其的自然与人文之美,又安排了博斯普鲁斯海峡游船、卡德柯伊公共市场、热气球之旅等景点和项目,尽享亲子休闲时光,还安排了"陶器之乡"阿瓦诺斯陶瓷小镇,体验了土耳其的传统工艺。此次亲子之旅,会是一段难忘的体验。

(资料来源:佰悦会,https://www.100.travel/)

## 四、高端定制旅行产品赏析

【产品名称】

悉尼新年烟火秀6天4晚·璀璨光影盛宴

【行程特色】

**玩法**：跨年烟火·一生必体验。在领先进入新年的悉尼,这里的跨年烟火盛宴已经成为和伦敦、纽约齐名的跨年庆祝活动。与南半球人民一起狂欢倒数,领先全球迈进2024年!歌剧院内部探秘,高空俯瞰悉尼地标,复古老爷车游蓝山国家公园,岩石区了解澳大利亚的过去、现在和未来。以独特的体验,领略澳大利亚的千面。

**酒店**：独特视角赏烟火盛宴。悉尼海港跨年烟火游船,悉尼香格里拉酒店行政港湾景观豪华房,远离拥挤熙攘的人群,近距离高空欣赏盛大璀璨的烟火绽放;远离寒冬,来南半球温暖跨年。

**美食**：前往隐秘厨师帽餐厅。搭乘水上飞机,以独特的视角俯瞰悉尼的地标,前往澳大利亚富人隐秘餐厅——厨师帽餐厅私享主厨飨宴。同时欣赏浑然天成的自然风光,依山面水。

【行程设计】

**第一天(12月29日):上海—悉尼**

远离寒冬·奔赴南半球

(1)航班信息。MU735 00:05上海浦东国际机场—13:35悉尼金斯福德·史密斯国际机场,机型为空客350,公务舱。

该程航班的起飞或降落时间在凌晨,请您合理安排好自己的时间。

(2)活动:飞往悉尼。贵宾搭乘公务舱航班飞往温暖的南半球澳大利亚悉尼,向着2024年迈进。抵达后有专人廊桥接机,协助办理通关手续;导游接机后入住悉尼香格里拉酒店。

(3)酒店:悉尼香格里拉酒店,入住Executive Sydney Harbour Room,40~50平方米。

① 鸿鹄贵宾入住礼遇:鸿鹄贵宾专属首日欢迎水果/小食。

② 推荐理由:鸿鹄逸游为香格里拉酒店集团优选合作伙伴,贵宾享受多项特殊入住礼遇;酒店坐落在歌剧院和海港大桥之间历史悠久的岩石区,享有悉尼港"醉美"的景色环形码头、悉尼歌剧院和悉尼海港大桥;酒店以享誉盛名的亚洲式热情待客之道备受宾客赞赏。

③ 24小时客房服务和礼宾服务,室内游泳池和位于36楼的酒吧,享有壮丽的景色。

**第二天(12月30日):悉尼**

(1)活动:揭开歌剧院的神秘面纱,乘私人豪华游艇畅游悉尼海港,攀登悉尼海港大桥。

上午:深度探访举世闻名、蔚为奇观的悉尼歌剧院,这是一座建筑曲线和流动的音乐相结合的地标,从外看非常美丽,进入内部同样让人惊喜。即使没有现场演出,音乐厅也能通过视觉震撼人心。

中午:乘私人豪华游艇畅游悉尼海港,在船上饱览"醉美"的悉尼全海景。停靠到世界第三大海鲜市场——悉尼鱼市场,您可以自行购买海鲜并让店铺进行加工,然后带回游艇上享用美味的海鲜大餐。

下午:攀登悉尼海港大桥,澳大利亚悉尼海港大桥建成于1932年,至今仍是世界上最高的钢铁拱桥,并曾是全球最宽的长跨距桥梁。它像一道横贯海湾、气势磅礴的长虹,与举世闻名的悉尼歌剧院隔海相望,是悉尼的象征之一。在专业教练的带领下,体验令人难忘的挑战旅程。悉尼海港大桥,全长1149米,拱桥跨度503米,是目前世界上唯一一座允许游客攀爬到拱桥顶端的大桥。特殊的高空体验一定让人永生难忘,值得你来挑战!

(2)景点。

悉尼歌剧院:品味这座20世纪特色建筑的独特魅力,悉尼歌剧院是悉尼文化艺术的殿堂,更是悉尼的灵魂。了解这个神奇建筑的历史和背后的故事,观看珍贵的影像资料,在导游的带领下进入不同的区域,在独特的角度拍摄精美照片。

悉尼鱼市:这里有巨大的深海龙虾、肥硕的皇帝蟹、鲜嫩的三文鱼和肉质饱满的澳大利亚生蚝,你可在此随心采购喜爱的海鲜,让店铺代加工后带回游艇上享用。

(3)早餐:酒店享用。

(4)住宿:悉尼香格里拉酒店。

**第三天(12月31日):悉尼**

(1)活动:海陆空玩转跨年夜,烟火盛宴拥抱2024年。

上午:鸿鹄逸游特别安排,搭乘水上飞机,以独特的视角俯瞰悉尼的地标——歌剧院和海港大桥,前往澳大利亚人私密餐厅——厨师帽餐厅享用午餐。餐厅坐落在山崖上,居高临下的位置造就了依山傍水的美丽景色,这里游客稀少,植被茂密,隐秘性高。餐厅连续6年荣获Sydney Morning Herald Good Food Guide(《悉尼先驱晨报》美食指南)的"Chef's Hat"称号。在享用主厨精心制作的午餐时,欣赏浑然天成的自然风光,依山面水,景色极为漂亮。

下午:返回酒店稍事休息,为晚上的跨年烟火盛宴养精蓄锐。

晚上:迎接2024年——悉尼海港烟火游船,一起迎新年。现场DJ伴游,历时6小时悉尼巡游时光,全程提供鸡尾酒/餐食,中心位置欣赏绚烂烟花秀。

温馨提示:游船时间为19:15—01:15+1;如需专属游艇,请咨询客服。

(2)用餐。

早餐:酒店享用。

中餐:富人私密餐厅、厨师帽餐厅。

晚餐:游船晚餐。

(3)住宿:悉尼香格里拉酒店。

**第四天(1月1日):悉尼—蓝山国家公园—悉尼**

(1)活动:乘复古老爷车探索世界自然遗产,品古典英式下午茶。

乘车前往蓝山国家公园,可以乘坐世界上最陡的森林火车穿梭在蓝山峡谷中,借空中缆车欣赏蓝山的美景。

鸿鹄逸游特别安排:乘复古老爷车游览蓝山国家公园,停留在有着欧洲风格的古老的罗拉小镇,在小镇绿树成荫的街道上,您可以去逛逛美术馆和精品店。坐在卡通巴的装饰艺术咖啡馆里品尝咖啡和蛋糕,在布莱克希斯购买美食。

享用古典英式下午茶,典雅的蓝山酒店像是艺术沙龙,装饰风格优雅,具有浓郁的艺术气息,在此我们可以品尝一系列诱人的下午茶,同时还可以欣赏到赏心悦目的Megalong Valley全景。

傍晚:带着深深的爱和满满的回忆返回悉尼。

(2)景点。

蓝山国家公园:步入风景如画的原始森林国家公园,感受返璞归真的世外桃源。

温特沃斯瀑布(Wentworth Falls):一个位于杰米逊谷(Jamison Valley)边缘的景色优美的瀑布。观赏它从将近300米的高处飞泻而下,然后沿着环绕它的步行小径将山谷景色尽收眼底。站在悬岩(Hanging Rock)狭窄的砂岩层上倾听脚下森林密布的广阔山谷中传来的回音。

罗拉小镇:罗拉小镇是蓝山脚下的历史名镇,这里的建筑都保留着当年的模样。欧式的建筑风格,井然有序的街道,使人恍惚仿佛置身一座英国小镇。这里远离大都市的喧嚣纷扰,安静祥和,是悉尼人特别爱来的度假小镇。

(3)早餐:酒店享用。

(4)住宿:悉尼香格里拉酒店。

**第五天(1月2日):悉尼,返程**

(1)活动:悉尼市区游览,送机返回温暖的家。

睡到自然醒后办理退房(最晚12:00),专车专导带您游览悉尼市区景点,下午送您前往机场,搭乘国际航班公务舱返回温暖的家,将美好的记忆保留心间,鸿鹄逸游期待与您再次相见。

(2)景点。

悉尼大学:悉尼大学始建于1850年,是坐落于澳大利亚金融之都悉尼市中心的一所世界历史名校,被众多权威媒体誉为世界极为漂亮的大学校园之一。

海德公园:海德公园初建于1810年,已有200多年的历史,那里有大片洁净的草坪,百年以上的参天大树,是一个假日休闲的好去处。海德公园距离城市仅几步之遥,树荫下修剪得又短又齐的草坪是午餐时间人们喜爱的约会地点,漫步越过柔和的丘陵,经过涌动的亚奇伯德喷泉,把车辆噪声远远抛在身后。

悉尼皇家植物园:原是澳大利亚的第一个农场,于1816年在当时总督拉克伦·麦夸里主持下建立,由于当地适宜的气候条件非常有利于植物园的植物收集,故园内收集展示了大量热带和亚热带植物7000多种。

(3) 早餐:酒店享用。

(4) 航班。MU736 21:30悉尼金斯福德·史密斯国际机场—05:00+1上海浦东国际机场,机型为空客350,公务舱。

【费用说明】

(1) 价格:13.75万元/人(此价格为2位成人入住一间房核算的单人出行报价)。

(2) 费用包含:

① 机票:国际往返航段大交通费用。

② 住宿:行程表中所标示酒店(2人入住1间房)。

③ 交通:行程表中所标示交通费用,安排奔驰7~9座商务用车。

④ 景点:行程表中所标示交通、观光、门票费用。

⑤ 餐饮:行程表中所标示用餐,未包含酒精类饮料。

⑥ 导游:派遣当地专属司机和专属中文导游,服务时间详见行程表,未包含超时费用。

⑦ 活动:行程表中所标示体验类活动费用。

(3) 费用不包含:

① 护照和签证:护照和行程表中所列旅游国家所需的观光签证申办费用。

② 延长住宿:贵宾另外延长假期的额外住宿费、交通、观光费用。

③ 自行安排行程:行程表中未标明记载的各项开支,贵宾自费行程或其他消费。

④ 单人房差价:贵宾若要求改住单人房,需加收差价。

⑤ 超时费用:司机、导游的工作时间为10小时/天,超出工作时间需支付超时费用。

⑥ 不可抗力:如疫情、天灾、战争、罢工等不可抗力,以及交通延阻、航班取消或更改时间等特殊情况或其他非我公司原因所引致的额外费用。

【案例点评】

该高端定制旅行产品让客户在领先进入新年的澳大利亚,远离拥挤熙攘的人群,以独特视角观看盛大璀璨的烟火;大声欢呼倒数计时,领先全球迈进2024年!安排歌剧院内部探秘导览、私人豪华游艇畅游悉尼海港、攀登悉尼海港大桥、复古老爷车游蓝山国家公园等活动,乘水飞前往私密富人餐厅享主厨飨宴,让客户以独特的奢享体验,领略澳大利亚的千面。

| 教学互动 |

请对比分析跟团游产品、自由行产品、定制旅行产品的区别之处。

## 本章小结

1. 跟团游产品与定制旅行产品的区别。
2. 自由行产品与定制旅行产品的区别。
3. 定制旅行产品的定义、构成与特征。
4. 定制旅行产品的分类。
5. 定制旅行产品设计的原则。
6. 优秀典型定制旅行产品赏析。

## 本章训练

一、知识训练

1. 简述定制旅行产品的定义与特征。
2. 简述定制旅行产品的构成要素。
3. 简述高端定制旅行产品与大众定制旅行产品的区别。
4. 简述定制旅行产品设计的原则。

二、能力训练

1. 请浏览携程定制、途牛定制、鸿鹄逸游、佰悦会、碧山旅行等定制旅行平台，选取平台提供的某一案例或者某一方案样本，分析该产品的构成，并与定制旅行产品设计原则进行对照。

2. 请自行选择两个定制旅行平台，提交同样的定制旅行需求，对比两家定制旅行机构的服务流程和给出的方案。

# 第六章
# 定制旅行：线上运营与大数据技术应用

 **本章概要**

随着新媒体技术、大数据和人工智能的深入发展，定制旅行行业正在经历一场前所未有的变革。这些先进技术的结合，不仅让旅行变得更加便捷、高效，更让每一次旅行都充满了个性化和独特的体验。

本章首先梳理线上定制旅行企业的发展历程与业绩，深入介绍新媒体技术为定制旅行企业提供的全新的营销和推广渠道。接下来介绍定制旅行平台如何运用大数据技术来更加精准地把握客户需求，并探讨了智慧旅游在定制旅行中的应用。

 **学习目标**

## 知识目标

1. 能够归纳总结定制旅行头部企业发展的历程。
2. 熟悉线上定制旅行企业运营模式。
3. 了解新媒体渠道如何助推定制旅行发展。
4. 了解大数据技术在定制旅行中的应用场景。

## 能力目标

1. 比较定制旅行企业运营模式的不同之处。
2. 调研智慧景区的创新运用模式。
3. 分析线上定制旅行企业的成功案例。

## 素养目标

1. 探索大数据技术在定制旅行中的应用，培养数字素养。
2. 理解智慧旅游对定制旅行的推动作用，激发创新精神。

# 定制旅行概论

 **知识导图**

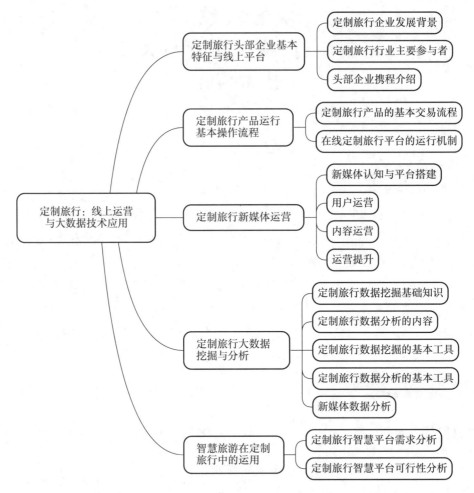

 **章节要点**

线上定制旅行企业发展历程；在线定制旅行企业运营模式；智慧旅游；大数据技术

**章首案例**

### 数智创新引领旅游新风尚

文化和旅游是典型的注意力经济、创意经济和体验经济，具有新质生产力特征。数字化和网络化作为文旅"出圈"的时代机遇，正日益成为打开"流量密码"的风口。"村超""村BA"乘势而上、火爆出圈、惊艳全球，加之桥梁奇观推动文旅融合、大数据激发文旅新活力、"中国天眼"打造新热点，以及酒旅融合、长征国家文化公园建设……近年来,不仅文体旅深度融合发展擦亮了"多彩贵州"品牌,而且随着数智创新的进一步赋能,贵州旅游产业正在加快形成推动高质量发展的新质生产力。

随着社交媒体成为大众旅游决策的主要阵地,追求个性、注重体验的旅游消费分级趋势愈发显著。这使得越来越多的传统旅行商,不得不面对客户来源高度分散的现实。如何找到适应新周期的全新生存法则?有人未雨绸缪,有人先发制人,但他们的目光均投向新质生产力。

黄果树景区的智慧化建设自2013年开始,到如今已建成"一个中心,四个平台"的智慧旅游应用体系,即大数据中心、指挥调度平台、运营管理平台、智慧营销平台和智慧服务平台,全面支撑景区的发展决策、指挥调度、运营管理、精准营销和智慧服务。智慧化提效帮助该景区在2023年接待游客突破500万人次,创历史新高。

(资料来源:贵州农经网)

案例分析

## 第一节 定制旅行头部企业基本特征与线上平台

### 一、定制旅行企业发展背景

根据中国旅游研究院发布的《中国定制旅行发展报告(2019)》,国内定制旅行总额在2017年超过了800亿元,在2018年超过了1000亿元。报告中显示,2018年二线城市定制旅行订单占比为42%,已经超过了一线城市36%的定制旅行订单占比,二三线城市定制旅行需求的增长速度已经超过了一线城市。而北京、上海、广州这些一线城市的定制旅行需求则是在不断升级。近年来,定制旅行产品以团体小型、安全性高、私密性强的特点在市场中得到了快速发展,各地政府也开始重视定制旅行产品的开发。随着互联网新技术赋能旅游业,旅游产品的销售方式已经由线下门店逐步发展为线上网络销售,在线定制旅行机构的出现也促进着定制旅行的迅速增长,在线定制旅行必然是未来发展的重点方向。受疫情影响,2020年后更多的旅游者选择线上定制旅游产品,携程网、途牛网等平台的在线定制旅行产品预订量在2020年都有较大幅度的增长。相较于其他类型的定制旅行产品,在线定制旅行产品更具有典型性,更能够体现中国定制旅行产品的发展情况。在线定制旅行主要有B2B、B2C、C2C等形式。

在定制旅行市场竞争越来越激烈的情况下,部分定制旅行机构会拓展同业合作。在国内,以客户需求为导向的旅游形态均可归结为定制旅行,除了私人定制和包团,会议会展商旅定制、具有特色的自由行、特色线路、主题游和系列团等也在这一范畴之内。其中，主题游是一个非常大的定制旅行市场，主题游又可根据不同的人群类别和兴趣分出非常多的类别，例如按人群类别可分出亲子游、闺蜜游等，按兴趣可划分为体育旅行、音乐旅行等。每个主题领域又可继续向下再细分，如体育旅行中的高尔夫、攀岩、自驾等不同主题产品。若将这些都算到定制旅行外延市场中，我们会发现这个市场的覆盖面包含了25%的中产家庭和高端人群，比国外定制旅行目标客群更广泛，也更大众化。因此，我们会发现主题游其实是一个非常大的市场，主题游中的单独板块可能就有万亿级市场潜力，比如体育旅行、研学旅行等都拥有巨大的市场发展潜力。

## 二、定制旅行行业主要参与者

（1）传统旅行社。虽然"互动""多变"等会给旅游从业者带来困难和挑战，但不可否认"定制旅行"已经成为旅游业的热门词汇，甚至很多传统旅游从业者纷纷转型，成为定制旅行的倡导者，认为旅游业的未来在于定制旅行的个性化服务。传统旅游业务中最核心的是客户对服务的满意度，而这种贴心、温暖的个性化定制服务很难被机器代替，所以很多大型OTA平台进入定制旅行领域后仍然需要借助传统旅游供应商来提供服务，不能依靠完全标准化的运营机制来满足客户需求，这也从另一方面为传统旅行社转型带来了新机遇。

（2）新型定制社：专注于提供小团定制、自由行定制、主题专线的新型旅行社。

（3）主题俱乐部：户外、游学、婚庆等领域公司组织跨界旅游。

（4）独立(Solo)定制师：为客户提供行程规划和旅游服务的自由职业者。

（5）碎片化产品供应商：客栈、租车包车、景区等目的地资源方升级为整体出行方案提供商。

## 三、头部企业携程介绍

### （一）发展历程及业绩

携程旅行网正式成立于1999年，总部位于上海，历经20多年的发展，深耕旅游业线上平台，已经成为拥有60多万国内外酒店合作供应商资源，有强大酒店在线预订功能的综合性线上旅游平台。携程在2003年仅成立4年之后正式于美国纳斯达克上市。携程在全国十几个主要城市设立了分公司并在一些二线城市设立了呼叫中心及相应办事处。携程目前投资控股的企业有去哪儿、艺龙、途牛、同程、易到用车、一嗨租车、汉庭等。携程旅行网的成立和发展轨迹与我国在线旅行市场的发展趋势相吻合，包括了初创与探索期、市场启动期、高速发展期和应用成熟期（见图6-1）。

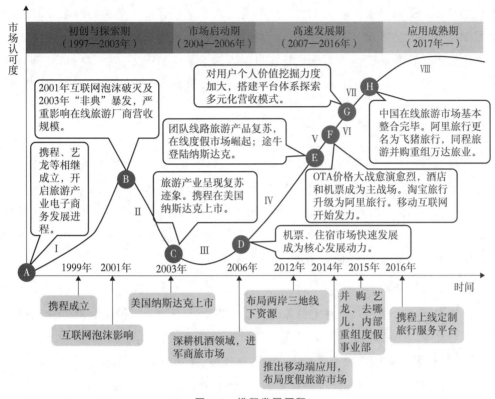

图6-1 携程发展历程

初创与探索期：携程的初创也是互联网资本注入催生的结果，携程、艺龙相继成立。

市场启动期：携程以大量收购旅游供应商的方式整合旅游产业链，上市后致力于发展机票、酒店领域，并且进军商旅市场，明确了自身的定位。

高速发展期：携程通过资本运作不断收购竞争对手，比如去哪儿、艺龙、同程等企业，逐渐坐稳旅游OTA龙头的位置，同时不断延长产业触角，将业务逐渐渗透二三线城市并拓宽自身业务，于2016年将定制旅行的业务细分出来组建专门的业务平台。

应用成熟期：携程定制旅行平台的数据显示，截至2023年9月，平台已入驻1500多家定制游供应商和6000多名专业定制师。定制旅行服务平台上线后，需求单出现爆发式增长，每年的定制旅游营收规模增长也十分可观。可以看出，携程在竞争状态下，逐渐将定制旅行开发为新的业务增长点。

（二）线上运营模式

1. 优化客户服务系统

对于携程定制旅行来说，将定制旅行产品规模化，同时降低成本是其发展的必经之路。由于定制旅行产品的主要价值在于客户的体验，对于定制旅行业务来说，最重要的就是旅游服务环节。优化客户服务系统，提高客户对携程定制旅行的满意度，对携程定制旅行平台营销策略的顺利实施具有重大意义。客户下单前的问题咨询、旅途过程中的紧急情况处理,以及客户的投诉抱怨等,可以运用智能机器人进行语义分析,以尽快做出应答和反馈。不断优化智能机器人的语义理解能力,以应对和处理更多旅行场景中的问题。而对于分析出的投诉或者客户评分低的情况,平台会对相关责任人进行一定的处理。

2. 大数据技术应用

保障大数据技术的应用。在资源采购方面,目前携程的大多数定制旅游服务商还处于人工或者半人工模式。对于不同类型旅游资源的采购,比如酒店和机票,在不同的旅行社采购,然后将旅游资源整合之后为客户提供相应的包价线路,十分耗时耗力,也影响了客户的体验。对于携程定制旅行平台来说,组建资源采购的后台系统,利用大数据技术提升采购效率,降低成本,是十分有益的举措。

3. 优化网络渠道

搜索引擎优化(SEO)针对定制旅行关键字的曝光率为公司网站引流,增加了网站的访客数量和品牌的曝光度,实现连续不断的自我营销。但其也存在一些弊病。第一,搜索的结果页会出现大量的竞品,将用户分流,而导致本公司的内容容易被忽视。第二,搜索平台会将结果按照价格排名,往往成本偏高,故这种方法主要起到提高人气的作用,较难带来收益,不能作为核心策略。微信是一种优质的营销渠道。微信公众号及小程序的开发,使得微信的功能和获客能力越来越强,而且便于收集客户信息和沟通,以及进行精准营销和大数据分析。因此,携程定制旅行作为携程旗下独立运营的公众平台,可以进一步优化公众号运营策略,做到推送的内容生动有趣,利用微信公众号实现携程定制旅行品牌文化的推广。可以通过不断丰富新的目的地资讯,向潜在客户定期推送目的地图片、成功的案例以及以往客户的分享游记,以吸引潜在客户的关注和兴趣。

4. 拓展线下获客渠道

携程一直以来致力于发展在线旅游,但由于线上获客成本越来越高,携程目前也已往线下门店发展。携程定制旅行作为携程度假频道的主力产品之一,借势新零售,补充线上难以获取的客源,这对于携程定制旅行平台的营销来说十分有利。但是新零售本身并不是一种技术革命,也不是一种消费趋势,它仅仅只是供给方所做的一些补充和调整。旅游产品本身不属于实物交易,更类似于虚拟交易,在这种交易模式下,线上交易本身已经让旅游产品的销售效率得到了显著提升。所以,对于线下门店来说,重要的问题其实在于如何减少中间环节、提高效率、提升消费体验等。对于携程来说,线下门店可以和当地具有较高口碑、旅游资源丰富、运营实力强的头部旅行社合作,借助这些头部旅行社固有的成熟组织体系,降低商务拓展和团队管理的人力成本。

采用线上线下旅游资源共享、产品互推互销、相互引流的模式更有利于获取潜在客源。因此,定制旅行产品的销售除了通过在线定制平台,更需借助线下门店,利用旅行社在各地多年的耕耘建立稳定的客群关系,解决在线获客成本越来越高的问题,扩充在线定制平台的客源,也为更多的旅游消费者提供更加便捷、高效的服务。

## 第二节　定制旅行产品运行基本操作流程

### 一、定制旅行产品的基本交易流程

依据定制旅行产品交易先后,定制旅行产品的交易流程可划分为定制旅行产品交易前阶段、定制旅行产品设计阶段和交易后的旅游服务提供阶段,从全流程提供全方位的定制旅行服务。

1. 定制旅行产品交易前阶段

交易之前的服务侧重于与客户的深度沟通,明确出行意愿和消费习惯,精准对接客户的个性化出行需求和出行的细节要求。信息能够触达潜在旅游消费者,对信息进行有效加工与处理,将最适宜的信息高效地传递给客户。

2. 定制旅行产品设计阶段

各个阶段要紧密衔接,明确客户的出行需求之后,就要组织旅游相关资源,进行定制旅行产品的设计,满足吃、住、行、游、购、娱六要素的需求是基本保障,在此基础上要体现产品的特色,才能真正吸引客户,达成即时交易。

3. 交易后的旅游服务提供阶段

交易后提供旅游服务涉及定制旅行管家和当地向导的业务范畴,在实施落地阶段,个性化服务的质量决定了定制旅行产品的品质,个性化的服务要真正体现以人为本,也需要根据客户旅行过程中的实际需要进行动态、实时调整,这也非常考验旅游定制师对当地旅游资源的掌控能力和应变能力。

4. 辅助支持系统

定制旅行产品的顺利交易要依托现代信息技术的网络综合运营平台、自建网站、新媒体营销运营等辅助支持系统,打破地域、时空限制,实现更好地定制旅行产品的体验感,具体流程见图6-2。

专家剖析

河南洛阳:定制旅游流行 提升游客体验

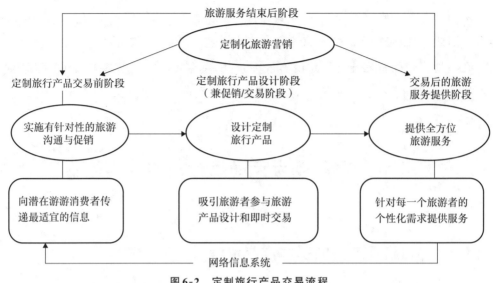

图 6-2　定制旅行产品交易流程

## 二、在线定制旅行平台的运行机制

### （一）在线定制旅行平台录入规范

随着互联网的快速发展，在线定制旅行平台成为越来越多人的首选，定制旅行市场也呈现出蓬勃发展的态势。为了保障消费者的权益和提升服务质量，在线定制旅行平台录入需要遵守一定的规范。

1. 严格把关定制旅行产品

在线定制旅行平台应严格把关旅游产品，确保提供的旅游线路、酒店住宿、交通方式等符合国家相关法规和标准。同时，平台还需关注旅游产品的质量，如景点选择、餐饮安排、导游素质等方面，以满足消费者个性化、高品质的旅游需求。

2. 细化定制旅行服务分类

为了更好地满足消费者需求，在线定制旅行平台应将服务分类细化，如按主题、兴趣爱好、出行人群等不同维度进行分类。这样一来，消费者可以更快速地找到适合自己的旅游产品，平台也能更精准地提供相关服务。

3. 完善售后服务机制

在线定制旅行平台应建立健全售后服务机制，包括咨询、投诉、退改签等功能。这样，消费者在出行过程中遇到问题时，可以及时得到平台的协助和支持。同时，平台还应根据消费者的反馈不断完善服务，提升消费者满意度。

4. 注重用户隐私保护

在线定制旅行平台在提供服务的过程中，需充分重视用户隐私保护，遵守相关法律法规。平台需对用户信息进行加密处理，确保用户个人信息的安全。同时，平台不应滥用用户数据,避免泄露用户隐私。

5. 加强平台内商家管理

为了保障消费者权益,在线定制旅行平台应加强对平台内商家的管理。平台应建立严格的商家入驻审核机制,确保商家具备合法经营资质。此外,平台还需对商家进行定期评估和监督,确保其提供优质服务。

### (二)在线定制旅行平台服务规范

首先需要对在线定制旅行平台的服务标准进行统一规范。这包括服务流程、服务语言、服务态度等方面,以确保用户在平台上享受到一致的服务体验。服务内容规范化是平台发展的基础,平台应提供全面、准确、详细的旅行信息,包括目的地介绍、行程规划、交通指南、住宿推荐等,让用户能够一键式获取所需信息。

1. 加大服务人员培训力度,提高其基本素养

培训内容应涵盖专业知识、沟通技巧、服务意识等方面。通过培训,提高服务人员的基本素质,确保他们能够为用户提供优质的服务。同时,定期对在岗人员进行再培训,以便及时更新知识,跟上行业发展的步伐。

2. 平台应建立健全监管机制

对服务人员的服务质量进行实时监控和评价。通过用户反馈、评价体系等手段,了解服务人员的服务水平,对存在的问题及时进行整改。对于表现优秀的服务人员,平台应给予相应的奖励和激励,以提高他们的工作积极性。

3. 平台应重视用户隐私保护和信息安全

对用户的个人信息、消费记录等敏感信息应严格保密,确保用户信息安全。在此基础上,建立完善的数据分析体系,为用户提供更加精准、个性化的旅行建议,增强用户黏性。

4. 加强平台与其他行业合作伙伴的协作,拓宽服务领域

在线定制旅行平台可与航空公司、酒店、景区等进行合作,争取为用户提供更优惠的价格和独特的旅行体验。此外,平台还可以与当地旅行社、导游等建立合作关系,共同开发定制旅行产品,满足用户多样化需求。

在线定制旅行平台要实现服务标准化、规范化,需从服务内容、人员素质、监管机制、用户隐私保护等多个方面入手。通过优化平台运营,提高用户满意度,助力行业健康发展。在未来的竞争中,谁能够为用户提供更加优质、个性化的服务,谁就能脱颖而出,成为市场的领导者。

### (三)在线定制旅行平台管理规范

1. 供应商管理制度

平台应建立一套严格的筛选和评估机制。只有符合资质要求的供应商才能入驻

平台,为广大用户提供定制旅行服务。这些供应商应具备良好的信誉和丰富的行业经验,以确保定制旅行服务的质量和满意度。此外,平台还应定期对供应商进行考核,对于表现不佳的供应商,应予以警告或淘汰,以保持平台整体的服务水平。

2. 定制旅行产品管理制度

平台应制定明确的产品标准和规范。每一个定制旅行产品都需要符合国家相关法律法规的要求;同时,还可以根据用户需求和行业趋势,制定一些具体的产品标准和规范,如餐饮、住宿、交通等方面的标准。这样既能确保用户的消费权益,也能引导供应商提供更具竞争力的产品。

3. 定制旅行过程中服务监管制度

在用户使用定制旅行产品和服务的过程中,平台需确保供应商能够按照事先约定的标准和流程提供服务。一旦发现供应商存在服务质量问题,平台应及时介入处理,保障用户的合法权益。同时,平台还可以通过用户评价、投诉等信息,不断优化服务流程,提升用户体验。

在线定制旅行平台要实现规范化管理,需从供应商筛选、产品标准、服务监管以及行业可持续发展等多方面入手。只有这样,才能为用户提供更加放心、满意的定制旅行服务,促进行业的繁荣发展。

## 第三节 定制旅行新媒体运营

### 一、新媒体认知与平台搭建

#### (一) 新媒体的概念

"新媒体"这一概念的提出可以追溯到20世纪60年代。1967年,美国哥伦比亚广播公司(Columbia Broadcasting System,CBS)技术研究所所长高尔德马克(Goldmark)发表了一份关于开发电子录像(EVR)商品的计划书。在这份计划书中,高尔德马克首次提到了"新媒体"一词,用以说明电子媒体的创新性应用。此后,"新媒体"一词开始在美国流行,这便是广泛认为的"新媒体"概念的起源。

伴随着新媒体的迅猛发展,越来越多的媒体从业者、IT人士及专家学者们开始关注并深入研究新媒体。大家针对新媒体的概念界定,百花齐放、众说纷纭,至今尚未形成统一的认识。美国《连线》杂志将新媒体描述为"所有人对所有人的传播"。BlogBus副总裁兼首席运营官魏武辉认为,新媒体是指受众可以广泛且深入参与(主要是通过数字化模式)的媒体形式。清华大学新闻与传播学院熊澄宇教授认为,新媒体是在计算机信息处理技术基础之上出现和影响的媒体形态。互联网用户既是信息的接受者，又是信息的提供者和发布者。这几个定义体现了新媒体的传播基础和传播范围。上海戏剧学院陈永东教授认为，新媒体是相对于传统媒体而言的媒体及各种应用形式，目前主要有互联网媒体、掌上媒体、数字互动媒体、车载移动媒体、户外媒体及新媒体艺术等。阳光媒体集团创始人吴征认为，相对于旧媒体，新媒体的第一个特点是它的消解力量——消解传统媒体（电视、广播、报纸、杂志）之间的边界，消解社群之间、产业之间的边界，消解信息发送者与接受者之间的边界，等等。这两个定义体现了新旧媒体之间的区别。

由此可以看出，新媒体概念中"新"是相对的，不是绝对的，这个概念是与"旧的""传统的"比较而言。此前，大家公认的四大传统媒体分别为报纸、杂志、广播、电视。电视传播相对报纸、杂志就是一种新媒体，互联网传播相对电视、广播也是一种新媒体。因此，随着时间的更迭、技术的革新，"新"媒体就会不断升级，"新"与"旧"之间的界限就会逐渐模糊，直至消失。但通过上述内容可以肯定的是，新媒体首先是在数字技术和网络技术的基础上延伸出来的各种媒体形式。其次，新媒体打破了传统认知中只有媒体从业者的固化界限，它更强调传播者和接受者融会成对等的交流者，人人皆可生产、传播、个性化交流。

综上所述，新媒体就是在各种数字媒体技术和网络技术的支持下，通过互联网、宽带局域网、无线通信网等渠道，利用计算机、手机、电视等输出终端，向用户提供视频、音频、语音数据服务、网络游戏、娱乐服务等产品的所有新的传播手段或形式的总称。

### （二）新媒体的功能

互联网的快速发展，使得人们如今有了非常便利的信息交流条件，很多行业都在积极使用新媒体技术，反馈效果非常良好。在定制旅行营销推广中，需重视新媒体渠道的使用，比如旅游官方网站、微信公众号、微博、抖音号（"两微一抖一官网"）组成的基本新媒体营销平台配置。创建专门的旅游官方网站，为游客提供各种旅游活动介绍与信息咨询，做好旅游资源宣传，保障定制旅行更好地发展。

虽然很多游客旅游的原因都和朋友的经验和宣传有关，但这样的宣传范围有限。所以，旅游网站必须设置专门模块，用于游客交流与反馈旅游信息和意见。管理员应做好网站内容的及时更新，并及时处理游客的各种意见，解决网站中的问题，为游客提供更好的服务，让游客对旅游地更加满意，培养出忠诚游客，保障旅游地的宣传效果，打造特色旅游品牌。

#### 1. 大众传播功能

新媒体具有强大的信息传播功能。例如，有以提供新闻信息服务为核心内容的大型商业门户网站，如新浪、网易、搜狐等；有以提供信息搜索、聚合业务为主的搜索引擎网站，如百度、谷歌等；有以提供社会化人际沟通为核心内容的社交平台，如新浪微博等；也有以提供专业化服务为核心内容的专业平台，如爱问医生等。新媒体的普遍应用给网络文化增添了活力。

**2. 沟通交往功能**

新媒体因其虚拟、即时、平等、开放等特性打破了现实生活中的交往障碍。截至2023年12月，我国网民规模达10.92亿人，互联网普及率达77.5%；其中，手机网民规模达10.91亿人，较2022年12月增长2562万人，网民中使用手机上网的比例达99.9%。手机终端的普及使得不同兴趣、不同话题形成各种各样的网友圈子，拓展了网民的社会交往。在网络平台的沟通过程中，网民还创造了许多简洁形象、约定俗成的语言文字和表情符号，形成了便捷、生动的网络语言。

**3. 知识传承功能**

新媒体对知识的传播与传承产生了重要影响。一方面新媒体通过数字化的方式将知识、信息等进行保存、传承。各种数据库、数字图书馆、数字艺术馆、文学相关网站、学术类网站等，存储了数量浩瀚的文学作品、数据以及文物影像等。另一方面，新媒体通过大数据技术的不断改进和完善，使得用户在使用查询、检索功能时，被推送各种相关信息，缩短了信息查询的时间，增强了知识传承的实际效果。

**4. 旅游电子商务功能**

新媒体的电子商务功能为经济活动开辟了一条全新的模式。通过新媒体的推广与应用，越来越多的商家或个人通过旅游电子商务平台开展产品营销活动。新媒体营销具有更强的用户自主选择性、营销成本低廉性、目标用户精准性、企业与用户互动性及营销内容的创意性等优势，备受商家青睐。携程、同程、艺龙、飞猪、途牛等专业化旅游服务平台越来越受消费者的欢迎。

### （三）新媒体平台发展历程

**1. 博客**

"博客"这个名称最早在美国出现，Blog的全名是Web Log，中文意思是"网络日志"，后来缩写为Blog，而博客(Blogger)就是写Blog的人，用户可以通过文字、图片、音频、视频、超链接等多种立体化资源分享自己的见闻，表达个人的思想与观点。2002年7月，Blog的中文"博客"由方兴东、王俊秀正式命名，他们同时起草了《中国博客宣言》，创建"博客中国"网站，这是我国第一个专门的博客网站，开始了中国博客的正式起步阶段。2005年新浪、搜狐网站也纷纷加入博客阵营，开始了博客的规模化发展阶段。

随着应用范围的不断扩大，21世纪的第一个十年，博客成为新媒体的主流平台，不仅网民能以个人身份广泛参与到信息的生产与传播中，打破了人们前期只能通过门户网站获取信息的局限，扩展了人们获取信息的渠道，播客还成为普通民众自我表达、参与社交的新兴平台，突出了新媒体时代个人作为独立个体存在的地位与意义，增强了个人在信息传播及意见表达上的主动权，也使得个体在记录时代、影响社会方面发挥了更大作用。

## 2. 社交网络服务

社交网络服务（Social Network Service，SNS），涵盖以人类社交为核心的所有网络服务形式，实现个人在互联网平台上与其他人相互交流、沟通、分享信息。这一时期以开心网、人人网、豆瓣为典型代表。社交网络在2008年后的发展引人注目，成为覆盖用户最多、传播影响最大、商业价值最高的Web2.0业务。随着社交网络的普及，服务内容和形态更加丰富，媒体与大众之间的传播关系进一步深化变革，个人力量和价值得到充分展现。平台内容的核心从最开始门户网站上的内容输出，转变为人的主体动能放大，社会化媒体属性逐步增强。

## 3. 新浪微博

2009年8月28日，新浪微博正式上线。刚开始时通过邀请明星和行业领袖加入，与网友们进行内容分享与互动，尤其是明星话题格外引人注目，吸引了一大批用户使用新浪微博。截至2018年12月，新浪微博月活跃用户数达4.62亿，日活跃用户数突破2亿，其中，月活跃用户中移动端占比为93%。

## 4. 微信公众平台

微信公众平台于2012年8月23日正式上线，曾命名为"官号平台"和"媒体平台"。与新浪微博从明星战略着手不同，此时的微信已经有了亿级的用户，挖掘自身用户的价值，为这个新的平台增加更优质的内容，创造更好的黏性，形成不一样的生态循环，是微信公众平台发展初期最重要的方向。通过微信公众平台，个人和企业都可以开通微信公众号，群发文字、图片、语音、视频等类别的内容。截至2018年9月，微信月活跃用户数达10.82亿，超过了QQ与微博的用户数，成为企业新媒体营销必备的平台。

## 5. 今日头条

2012年8月，今日头条正式上线。这是一款基于数据挖掘的推荐引擎产品，依据技术算法来为用户推荐内容，其个性化的推荐引擎技术可根据不同用户的兴趣、位置等多维度信息进行个性化的内容推荐。

## 6. 抖音

抖音自2016年9月上线以来，用户数量持续攀升，截至2018年12月，抖音国内月活跃用户数达到5亿，日活跃用户数突破2.5亿。抖音是一款可以拍短视频的音乐创意社交软件，用户可以通过这款软件选择背景音乐，拍摄短视频，形成自己的作品。

## 7. 播客

播客是iPod+broadcasting，是数字广播技术的一种。播客出现初期借助一个叫"iPodder"的软件与一些便携播放器相结合而实现播放。该技术允许个人录制网络广播或类似的网络声讯、视频节目并发布，订阅者可以通过多个来源订阅自己感兴趣的节目，下载到自己的iPod或其他便携式数码声讯播放器中随身收听，享受随时随地的自由。播客用户可以通过不同渠道获取各类节目，实现音频或视频聚合，播客的应用是新媒体形式的扩展。

#### 8. 其他平台

除此之外,新媒体平台还包括优酷、哔哩哔哩(bilibili)、快手等视频平台,斗鱼、映客、虎牙等直播平台,小红书、马蜂窝、知乎等资讯平台,以及百家号、大鱼号等渠道分发平台。随着移动互联网的高速发展,新媒体平台出现了用户分散、流量入口多元化的局面,企业为获取用户,也正在由以往的"两微一抖"营销转换成全渠道、全平台的新媒体矩阵营销。

## 二、用户运营

### (一)用户运营的概念

用户运营是指以用户为中心,遵循用户的需求设置运营活动与规则,制定运营战略与运营目标,严格控制实施过程与结果,以完成预期的运营目标与任务。

用户运营的核心目标就是吸引新用户和留住老用户,因此通常将用户运营理解为以用户行为数据为基础,以用户激励与奖励为手段,不断提高用户体验,促进用户行为转化,延长用户生命周期价值的运营。

### (二)用户运营的相关概念

要了解用户运营,需要了解用户行为数据、用户生命周期价值和用户激励与奖励等基本概念。

#### 1. 用户行为数据

新媒体运营离不开数据分析,特别是对于市场比较成熟、用户群稳定的产品或品牌而言,用户行为数据的重要性更加凸显,数据分析通常能为新媒体运营人员提供全新的视角与运营方向。用户运营所分析的用户行为数据包括以下几个方面。

(1)用户规模与转化指标。用户规模与转化指标主要用于针对用户数量和用户转化进行数据分析,相关的主要数据指标包括产品下载量、用户独立访问量(Unique Visitor,UV)、每日活跃用户数(Daily Active User,DAU)、新增注册用户数、消费转化用户数、用户平均收入(Average Revenue Per User,ARPU)、各个环节转化率、留存率和活跃率等。

(2)转化率指标。转化率指标主要用于针对用户使用产品或参加活动的行为进行数据分析,相关的主要数据指标包括产品/活动页启动次数、活动参与用户数、页面停留时长(Time on Page,TP)和A/B测试(A/B Test)各自转化率等。

(3)用户渠道分析指标。用户渠道分析指标主要用于针对不同渠道和平台的用户数量、金额和趋势变化进行数据分析,相关的主要数据指标包括渠道数量、渠道流量、各渠道转化率和各渠道投资回报率(Return on Investment,ROI)等。

(4)功能分析指标。功能分析指标主要用于针对用户使用App过程中的转化进行数据分析,相关的主要数据包括页面访问量(Page Visitor,PV)和页面流失率等。

(5)用户画像分析指标。用户画像分析指标主要用于针对用户的基本行为和属性建立用户画像,相关的主要数据指标包括用户的性别、年龄、学历、籍贯、信用级别和消费行为习惯等。

2. 用户生命周期价值

用户生命周期是指从一个用户对企业进行了解或企业欲针对某类型的用户开发产品开始,直到用户与企业的业务关系完全终止,且与之相关的事宜全部处理完毕的这段时间,通常可以划分为引入期、成长期、成熟期和流失期4个阶段。用户运营不仅要留住用户,更重要的是要让用户创造价值,这个价值也被称为用户生命周期价值(Customer Lifetime Value,CLV)。但运营的行为并不能制止用户的流失,因此用户运营要注重延长用户生命周期,以提高其价值。若以用户生命周期价值为圆心,可以推导出下面的公式。

$$运营价值 = CLV - CAC - COC$$

CLV:用户生命周期中所创造的价值,包括老用户带给新用户的利益等。

CAC:获客成本(Customer Acquisition Cost,CAC),包括渠道成本、推广成本和流量成本等。

COC:运营成本(Customer Operation Cost,COC),包括短信渠道成本、活动奖品成本和人工成本等。

3. 用户激励与奖励

用户激励与奖励是用户运营主要的行为方式,可以依据用户的行为喜好和付费转化率等因素来制定,也可以依据用户生命周期来制定。下面介绍在用户生命周期中进行用户激励与奖励的相关知识。

(1)用户引入期。在用户引入期,通常有大量流量进入,此时用户运营的重点是使用户留存并产生一定的黏性。用户引入期常用的留住用户的方式就是各种高价值、低门槛和使用期限短的优惠,如输入手机号领取优惠券、各种福利红包等。

(2)用户成长期。在用户成长期,用户通常会通过各种信息内容开始了解产品,此时用户运营的重点是使用户在使用产品的过程中有一定的趣味性并产生用户黏性。这一时期常用的用户激励与奖励手段就是实物奖品,这类实物往往会选择近期热门的"3C产品",即计算机、通信和消费电子产品(Computer,Communication,Consumer Electronics,3C),这类产品曝光率高且自身价值大,增强了奖品的吸引力,是吸引用户关注的好方法。

(3)用户成熟期。在用户成熟期,大部分用户已转化为付费用户,此时用户运营的重点是使付费用户进行二次付费,甚至多次付费,并培养付费用户的忠诚度。具体的运营手段可以是通过付费用户对产品或品牌的信任与认知"以老带新",发展新的付费用户。例如,支付宝的分享好友红包翻倍,美团、饿了么的分享红包等,都是用户成熟期常见的"以老带新"的激励与奖励手段。

行业资讯

自驾游群体青睐网络定制旅行"城市漫步"式行程更受追捧

### 三、内容运营

#### （一）内容运营的目的

内容运营以产品为核心出发点,它之所以可以成为新媒体运营中的重要一环,是因为在运营过程中为吸引用户对内容的关注,需要经过一系列完整的内容运营流程,才能广泛吸引流量、精准培养潜在用户和高效促成转化,从而最终实现产品价值(见图6-3)。

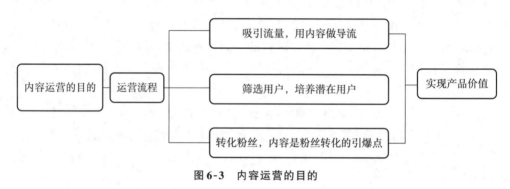

图6-3　内容运营的目的

1. 吸引流量,用内容做导流

内容是内容运营的根本,在同质化严重的新媒体时代,想要成功地吸引用户的关注,就必须生产出优质的内容,用内容做导流。在策划中,选择目标用户感兴趣的内容,如热点事件的独特评论、连载的指导流程、情节曲折的故事、感情真挚的表达以及优惠福利等,这些都是吸引新用户比较好的路径,再配上博人眼球的内容表现形式和良好的互动,就会大大提高用户的信任度,并为后续的转化做好坚实的铺垫。

2. 筛选用户,培养潜在用户

在内容运营过程中,能够持续关注的用户就是忠诚度比较高的潜在用户,但是在实际的运营过程中,会存在用户取消关注的情况。因此,内容运营必须明确产品的定位,充分了解用户的需求和痛点,把供需双方的需求共同融入内容中,通过垂直单一性的内容来进行呈现,并始终保证内容持续更新。此外,内容运营的核心竞争力是内容的原创性和新鲜感,在大量内容来袭时,只有具备强大的原创能力,才更能增强用户的黏性,在保持原有关注度的同时,通过互动类内容,如投票、问卷调查、点赞、转发等方式来达到内容发酵的效果,并带来大量的潜在用户。

3. 转化粉丝,内容是粉丝转化的引爆点

在内容运营中,内容生产和内容消费是两个非常重要的环节,它们相辅相成、相互作用,并形成了内容生产—内容传播—内容消费—结果分析—内容优化—内容生产的一个闭环(见图6-4),只有这样才可以最大限度地转化粉丝,促进消费,与此同时,建立一个良性循环的运营机制,最终达到粉丝转化量的增加。

图6-4 内容运营的良性循环机制

（二）内容运营的作用

1. 内容运营是新媒体运营的纽带

在新媒体运营中，内容贯穿始终，它将产品与用户有机地结合在一起。个人或企业通过行业的定位、用户的定位、内容的定位，收集有针对性的信息，设定自身的IP，用心创作高质量的内容和夺睛的表现形式，并选择优质的传播渠道，将内容精准传递给更多的用户，以获取内容的最大转化。

2. 内容运营是满足用户内容消费需求的供应商

许多用户关注产品，其实更多关注的是内容，因为内容运营为他们提供了所需要的优质内容，可以观察到，在微博、抖音、微信平台上，关注者多的账号一定是在持续输出用户感兴趣的优质内容。

（三）内容运营的思路

1. 内容运营要有运营意识

再好的内容没有有效运营也会失去它应有的价值，所以在生产优质内容前，一定要有良好的运营意识，要能理解产品的优势，并巧妙地运用各种形式实现内容的最大价值。

2. 内容运营要有稳定的用户群体

内容运营的服务对象就是拥有不同年龄、不同性格、不同性别、不同喜好的用户，他们是内容转化的核心。只有真正从用户出发，关注他们的喜好，并解决他们的痛点，才能保持用户的稳定性。

3. 内容运营要有优质的内容

优质的内容就是内容运营的生命，在同质化严重的信息时代，新媒体上的内容大多都是碎片的、同质化的，照搬式的内容已经不再符合用户的需求，也不可能获得好的运营效果。所以一定要把内容作为根本，用心创作，善于观察，关注细节，不断地收集信息，优化内容，实现内容转化的最大化。

### （四）内容运营的流程

学习了内容运营的概念、目的和作用后，需要熟悉内容运营的所有环节，它们是内容运营非常重要的组成部分，按照内容运营的先后顺序，我们将内容运营的流程分为内容生产、内容传播和内容转化三个环节（见图6-5）。

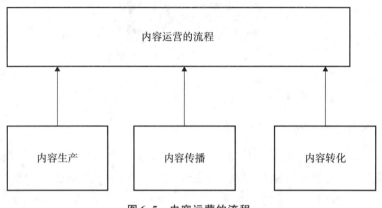

图6-5　内容运营的流程

## 四、运营提升

### （一）互联网和大数据助力定制旅行企业运营效率提升

互联网和大数据技术的飞速发展，为定制旅行企业提供了前所未有的便利。如今，这些企业能够更加高效地洞察客户的个性化需求，为客户提供更为精准的旅行方案。接下来探讨互联网和大数据如何助力定制旅行企业提升运营效率。

1. 让定制旅行企业信息收集和处理变得更加迅速和便捷

在过去，旅行企业需要花费大量时间和精力去收集客户的信息，如兴趣爱好、消费水平、出行偏好等。而现在，通过互联网平台和社交媒体，企业可以轻松获取客户的这些信息。同时，大数据技术可以帮助企业快速分析和处理这些信息，从而为客户提供更加个性化的旅行建议。

2. 有助于定制旅行企业搭建智能化推荐系统

通过对海量数据的挖掘和分析，企业可以发现客户的需求规律，为客户提供更为合适的旅行方案。例如，企业可以根据客户的消费记录和搜索记录，推送相应的旅行优惠信息和行程规划建议。这样既节省了客户的时间，也提高了企业的转化率。

3. 有助于定制旅行企业更好地与客户保持沟通

通过线上渠道，企业可以实时了解客户的反馈和需求变化，及时调整旅行方案。这种高效的沟通方式有助于提高客户满意度，为企业赢得口碑和市场份额。

4. 有助于定制旅行企业优化资源配置

企业可以根据客户需求和市场变化,灵活调整供应商、酒店、景点等资源。这样既能满足客户的个性化需求,也能提升企业的运营效率。

互联网和大数据助力定制旅行企业运营效率提升的环节如图6-6所示。

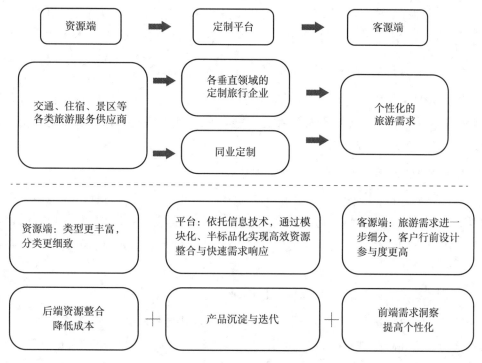

图6-6 互联网和大数据助力定制旅行企业运营效率提升的环节

(二)互联网技术使定制旅行的规模化成为可能

互联网技术的飞速发展,不仅为定制旅行提供了广阔的市场空间,还使得规模化成为可能。在此之前,定制旅行一直被视为高端消费,仅为少数人所能享受。然而,随着大数据、人工智能等技术的不断成熟,定制旅行逐渐走向平民化,越来越多的人能够享受到个性化的出行体验。

1. 互联网技术使得定制旅行变得更为便捷

在过去,旅行定制需要消费者亲自到旅行社或通过电话、邮件与旅行社沟通,费时费力。而现在,消费者只需动动手指就能在线上完成定制,旅行社会根据消费者的需求和喜好为其量身打造合适的旅行方案。这种高效便捷的定制方式,极大地提高了用户体验。

2. 互联网技术助力定制旅行实现规模化

通过大数据分析,旅行社对消费者的需求有更深入的了解,从而为更多人提供个性化的旅行方案。与此同时,人工智能技术的应用使得旅行社在短时间内快速地处理大量订单,提高定制效率。这使得定制旅行不再是少数人的专利,而是逐渐成为大众所能接受的出行方式。

3.互联网技术降低了旅行定制的成本

在过去,由于信息不对称,旅行社会面临较高的搜寻成本。而现在,通过互联网技术,旅行社能及时获取各类优惠政策、交通工具和住宿信息,从而为消费者提供更优惠的价格。这使得定制旅行变得更加实惠,进一步推动其规模化发展。

### (三)大数据让定制旅行企业更加便捷地掌握资源

随着大数据技术的不断发展,定制旅行企业得以更加便捷地掌握各类资源,为消费者提供更为个性化的旅行服务。在这个过程中,大数据在定制旅行领域的应用日益深入,推动了行业的变革与发展。

1.大数据帮助定制旅行企业实现资源整合

通过数据分析,企业可以了解客户的需求特点和偏好,从而有针对性地调整产品和服务。这使得企业能够更好地优化资源配置,提高运营效率。例如,企业可以根据客户对酒店、机票、景点等的需求数据,进行资源采购和库存管理,确保供需平衡,降低库存成本。

2.大数据助力定制旅行企业提升客户体验

通过对海量数据的挖掘和分析,企业可以精准把握客户的需求,为客户提供个性化的旅行建议和行程规划。例如,企业可以根据客户的兴趣、出行目的、预算等因素,为客户提供量身定制的旅行套餐,提高客户满意度。

3.大数据推动定制旅行企业实现业务创新

在大数据的支持下,企业可以不断探索新的业务模式和盈利点。例如,企业可以通过分析客户在旅途中的消费行为,发现潜在的市场需求,推出新的旅行产品和服务。此外,企业还可以通过大数据分析,了解行业发展趋势,把握市场机遇,提前布局新兴市场。

4.大数据保障定制旅行企业实现可持续发展

通过对企业运营数据的实时监控和分析,企业可以了解各项业务的运行状况,及时发现和解决问题。这有助于企业提高管理水平,降低运营风险,实现长期稳定发展。

### (四)大数据技术提高定制旅行企业的定制效率

随着大数据技术的不断发展,定制旅行企业在为客户提供个性化、高品质旅行体验方面拥有了更多的可能性。大数据技术提高了定制旅行企业的定制效率,为客户提供了更加精准、贴心的服务。大数据技术在定制旅行企业中的应用环节主要有以下几个方面。

## 1. 客源端

个性化需求：大数据技术可以帮助定制旅行企业深入了解客户的兴趣爱好、消费习惯等个性化特征，从而为客户提供更符合其需求的旅行方案。

实时需求：通过大数据分析，定制旅行企业可以实时掌握客户的出行需求，为客户提供实时的旅行建议和调整方案。

## 2. 资源端

供应商合作：大数据技术可以帮助定制旅行企业寻找优质的供应商，实现与合作供应商的资源共享，为客户提供更丰富的旅行选择。

智能调度：大数据技术可以实现对旅行资源的智能调度，提高定制旅行企业的资源利用率，降低成本。

## 3. 定制平台运营优化

路线优化：大数据技术可以根据客户的需求和实时情况，为客户提供最优的出行路线，确保旅行体验。

行程优化：通过大数据分析，定制旅行企业可以实时调整行程安排，为客户提供更加舒适的旅行体验。

市场竞争力提升：大数据技术可以帮助定制旅行企业了解市场需求，找准定位，提升市场竞争力。

服务创新力提升：大数据技术可以激发定制旅行企业的创新意识，为客户提供独具特色的旅行产品。

大数据技术在定制旅行企业中的应用环节如图6-7所示。

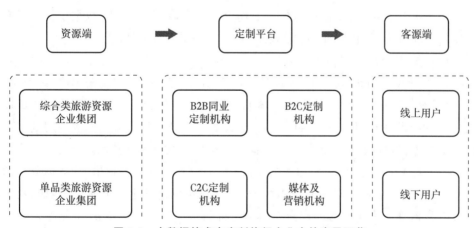

图6-7　大数据技术在定制旅行企业中的应用环节

| 教学互动 |

技能运用：请使用网络问卷调查法分析大数据技术应用对定制旅行企业有什么重要意义。

## 第四节　定制旅行大数据挖掘与分析

数字化技术的快速发展正在引领旅游业进入一个全新的发展阶段。传统的旅游方式和管理策略已不能适应现代游客的需求。旅游行业需要创新,利用数字化技术提高服务水平和运营效率,满足新一代游客的需求。提升定制旅行产品市场竞争力的关键在于进行技术创新和数字化转型,这是不可或缺的。通过整合旅游企业自身优势资源,开发具有个性化特征的定制旅行产品。通过搭建在线平台和移动应用程序,为客户提供便捷的预订、个性化定制和支付服务,同时实时更新旅行信息。通过互联网渠道向用户发布旅游计划并与用户互动。通过运用人工智能和大数据分析技术,对客户数据进行深度挖掘和细致分析,以全面了解客户偏好和需求,从而为其提供个性化、精准的旅行产品和服务。同时,借助云计算技术实现与客户之间更紧密的联系,使客户可以在任何时间和地点获取所需信息。利用虚拟现实技术和增强现实技术,为客户提供身临其境的旅行体验,包括虚拟导览、景点展示等,让他们沉浸其中,得到身临其境的感受。

### 一、定制旅行数据挖掘基础知识

Gordon S.Linoff对数据挖掘的定义:数据挖掘是一项分析大量数据以发现有意义的模式和规则的业务流程。数据挖掘的目标是从数据库中发现隐含的、有意义的知识。林杰斌等学者在《数据挖掘与OLAP理论与实务》一书中认为:数据挖掘主要有自动预测趋势和行为、关联分析、聚类、概念描述、偏差检测五大功能。

一般数据挖掘技术包括关联分析、序列分析、分类、预测、聚类分析及时间序列分析。机器学习(Machine Learning,ML)是一门多领域交叉学科,涉及概率论、统计学、逼近论、凸分析、算法复杂度理论等多门学科和理论。数据挖掘是从海量数据中获取有效的、新颖的、潜在有用的、最终可理解的模式的非平凡过程。数据挖掘中用到了大量的机器学习界提供的数据分析技术和数据库界提供的数据管理技术。

Thomas Mitchell在1997年出版的 *Machine Learning* 一书中指出,从数据分析的角度来看,数据挖掘与机器学习有很多相似之处,但不同之处也十分明显,例如,数据挖掘并没有机器学习中所包含的探索人的学习机制这一科学发现任务,数据挖掘中的数据分析是针对海量数据进行的,等等。从某种意义上说,机器学习的科学成分更重一些,而数据挖掘的技术成分更重一些。

### 二、定制旅行数据分析的内容

不做数据分析的运营不是好运营。生产完内容,获得了一定流量之后,一定要对后台关于内容浏览数量、内容互动频率和内容转化指数的数据进行分析,可以通过不同的平台去挖掘数据,并及时针对数据进行反馈跟进,要根据数据的变化,找到可以指导下一阶段内容运营工作的指标,主要可以通过以下几个方面进行数据分析。

1. 数据采集

在内容完成生产和传播后,不要认为内容运营已经结束,我们需要对传播中出现的数据进行采集,采集的数据不只包括阅读率和转发率这些效果类的数据,还应该深度关注用户的消费习惯。可以通过不同平台,采集到有关新用户的增长率、关注的内容类型、阅读时间、忠实程度以及消费数据。除此之外,还需要收集同行的内容数据,尤其是同行相似内容的关注度、转化率等数据。

2. 数据分析

数据采集后,一定要根据数据方向分类后来进行深层分析。例如,为什么内容发布量增多,但是关注用户却在减少;为什么同一类型的内容,在社群中的反应差距很大;为什么内容的点击率高,但是停留时间很短、转发率很低。在分析数据时,一定要多问自己几个为什么,只有这样,我们才能再对用户画像、用户取消、内容无转化的问题进行分析。之后,一定要给出详细的数据图和分析过程,这样才可以直观地看到问题所在,并找到可以解决的办法。

3. 数据反馈

通过数据分析找到内容中所出现的问题,通过多种渠道进行反馈,产生用户信任,为内容的优化提供合理化的建议,促进以数据为导向的内容运营。

## 三、定制旅行数据挖掘的基本工具

数据挖掘工具是通过数据挖掘技术从大型数据集中发现并识别模式的计算机软件。数据包含着大量信息,但是大多数数据都是非结构化的,这就需要通过强大的数据挖掘工具获得有用数据。常用的数据挖掘工具有 RapidMiner、IBM SPSS Modeler、Oracle Data Mining、KNIME 和 Python 等。

## 四、定制旅行数据分析的基本工具

### (一)情感分析技术

情感分析,通常是指对一段带有主观性情感的文本进行分析的过程。情感分析有很强的实用价值,例如,通过对某酒店服务评论的情感分析,可以发现顾客对该酒店软硬件设施和服务的褒贬态度和意见,从而有助于酒店改进设施并改善服务,赢得竞争优势;通过对游客对某条旅游线路的评论进行情感分析,旅行社可以了解游客对该线路的态度倾向分布,从而优化路线,提高服务品质,从竞争中脱颖而出。情感分析技术可以帮助企业从互联网上海量的产品评论中获取对产品综合、全面的评价信息,许多企业都对应用情感分析技术分析客户的网络评价,有着迫切的需要。因此,如何从旅游网络评价中获取游客的情感倾向,并更好地服务于游客,是一个非常有实用价值的研究方向。

目前情感分析主要使用两种方法:基于机器学习的方法和基于语义的方法。基于机器学习的方法是利用分类技术来处理文本,分类技术一般是使用某种学习算法来确定分类模型。该模型不但能很好地拟合输入数据中的类标号与属性集之间的关系,还能够正确地预测未知样本的类标号。我们需要提供一个人工标注的训练集,通过上述的学习算法,训练并建立分类模型,然后可以将这个模型运用于检验集,从而检验类标号未知的情感文本记录。基于语义的方法,一般是先获得情感倾向词,把表示情感的词语划分成正面词语和负面词语,同时构造一个专用的情感词典,然后利用这个词典,使用线性代数和统计分析的方法,来统计文本中的正面和负面情感词语的相对数量,从而确定文本的情感倾向。

### (二)亲和性分析

亲和性分析是根据样本个体之间的相似度,确定它们关系的亲疏。数据挖掘在旅游营销中有大量的应用场景,比如确定游客更愿意同时购买哪些景点的门票,向景区网站用户提供多样化的服务或投放定向广告,旅行社向游客推荐旅行线路,卖给游客一些与之相关的产品。

亲和性有多种测量方法。例如,统计两个景点门票一起出售的频率,或者统计游客购买了景点1后再买景点2的比率。常用来进行亲和性分析的两个重要概念是支持度(Support)和置信度(Confidence)。

### (三)自媒体分析工具

自媒体分析工具是使用难度较低的一类数据分析工具。运营者无须掌握分析函数或统计代码,所有数据可一键生成。

无论是微博、微信还是今日头条等平台,都具有完善的统计功能。利用后台自带的自媒体分析工具,新媒体运营者可以直观地看到用户增长量、后台互动量等数据。常见的自媒体分析工具及功能如表6-1所示。

表6-1 常见的自媒体分析工具及功能

| 平台名称 | 自带统计功能 |
| --- | --- |
| 微信公众号 | 用户分析、图文分析、菜单分析、消息分析、接口分析、网页分析 |
| 今日头条 | 文章分析、头条号指数、热词分析 |
| 微博 | 粉丝分析、内容分析、互动分析、相关账号分析、文章分析、视频分析 |
| 大鱼号 | 文章分析、视频分析、用户分析、大鱼星级 |
| 百家号 | 文章分析、百家号指数、粉丝分析 |
| 一点号 | 文章分析、一点号指数、订阅用户分析、阅读用户分析 |

续表

| 平台名称 | 自带统计功能 |
| --- | --- |
| 企鹅号 | 内容统计、视频统计、订阅数统计 |
| 搜狐号 | 总体数据、单篇数据 |
| 网易号 | 订阅数据、内容数据、网易号指数 |

### （四）第三方分析工具

第三方分析工具指的是非官方平台自带的、需要官方平台授权后才可以使用的数据分析工具。第三方分析工具与自媒体分析工具的主要区别在于前期的注册与授权，一旦授权完毕，其后续操作与自媒体分析工具类似，通过网站即可查看。

虽然微博、微信等自媒体平台已经具有统计功能，但是对于精细化数据分析，如单条微博转发效果、微博粉丝管理、微信公众号数据跟踪等，依然需要借助第三方分析工具。常见的第三方分析工具包括新榜数据、孔明社交管理平台、考拉新媒体助手等。

### （五）本地Excel工具

有一定办公软件操作基础的新媒体运营者，可以借助Excel进行数据分析。分析的数据主要来自两大渠道：第一是人工统计；第二是后台导出。

（1）利用Excel工具处理人工统计数据。人工统计的数据包括文章发布数量、后台评论类别、同行口碑分析、行业标杆拆解等。由于自媒体分析工具及第三方分析工具都不具备这类数据的抓取统计功能，所以需要新媒体运营者手动统计与分析。

（2）利用Excel工具处理后台导出数据。处理后台导出数据的主要应用条件：当自媒体分析工具及第三方分析工具无法满足个性化数据分析要求时，在微博、微信公众号、今日头条等平台的后台，均可通过Excel将数据导出至计算机本地。导出后台数据后，新媒体运营者可以用Excel对数据进行个性化分析，包括时间分析、公式分析、对比分析、趋势分析等。

## 五、新媒体数据分析

在大数据时代，各级政府和各类企业紧跟时代潮流，转战新媒体，积极应用新媒体进行办公，不断创新服务模式。因此，新媒体数据分析不仅有利于政府更高效地发布政务信息，为公众提供更加便捷、优质的政务服务，加快政府职能转变，还有利于定制旅行企业的管理和运营。同时，新媒体数据分析也有利于传统媒体更快地进行转型升级，扩大报道面，增加报道深度。

### （一）从政府层面来说

适应时代发展需求，善于利用大数据技术和信息化手段开展工作，充分发挥新媒体的传播优势，从而向公众提供更优质、更便捷的政务服务，以满足群众日益增长的精神需要,是新时期对政府提出的更高要求,各级政府必须加快布局新媒体运营与数据分析。近年来,我国互联网政务服务整体水平持续向好,政务服务不断优化,政府治理水平进一步提高。中国互联网络信息中心(CNNIC)发布的第44次《中国互联网络发展状况统计报告》显示,截至2019年6月,我国在线政务服务用户规模达5.09亿,占网民整体的59.6%。我国共有政府网站15143个,主要包括政府门户网站和部门网站;各级政府网站共开通栏目数量25.5万个,主要包括信息公开、网上办事和政务动态三种类别。

新媒体数据分析有利于政府为群众提供更加优质的内容和服务,能够帮助政府发现标杆,为政务新媒体运营提供典范;能够提高政府政务宣传效率;还能够帮助政府对舆情进行监测,助力政府解决公关危机。

(1)发现标杆,为政务新媒体运营提供典范。目前,我国政务新媒体账号开通率极高,各级政府基本上都拥有自己的政务新媒体账号,但是其运营水平却参差不齐。因此,运营人员需要通过对新媒体数据进行分析,发现众多政务新媒体账号中运营较好的账号,发挥其榜样模范作用。运营人员应该对水平较高的政务新媒体账号进行整理分析,发现其可取之处,并对其进行系统的学习,从而提高自身的运营水平。

(2)分析数据集,提高政府政务宣传效率。进行政务信息宣传,是政务新媒体存在的必要条件之一。新媒体的出现和发展,使传播者和受众得以更高效、更快捷地进行实时互动,从而拉近了政府部门和群众之间的距离。对新媒体数据进行分析,可以找出政务宣传信息中点击率和留言率较高的内容,发现其中的热点所在,找到群众的兴趣点所在,进而在后续的政务宣传中,从群众角度出发,用群众喜闻乐见的语言进行宣传,以吸引政务新媒体用户持续关注,增强用户黏性。

(3)监测舆情,助力政府解决公关危机。随着新媒体的发展,网络信息的快速传播常常很难控制,舆论生态进入"后真相"时代,其典型的特征就是"情绪在前,真相在后""意见在前,真相在后"。在这种语境下,事实和真相在前期往往被公众情绪所掩盖,这深刻影响了社会舆情的健康发展。政府遭遇某些突发情况、产生公关危机时,通过对新媒体数据进行分析,能够对社会舆情的发展进行实时监测,在把握公众情绪表达意愿的基础上,巧妙地设置新闻议题,引导公众关注并追踪事实真相。通过及时澄清事实真相,把握问题本质,政府可以树立权威、申明立场,从而解决公关危机。

### (二)从定制旅行企业层面来说

随着科技的飞速发展,数字化时代已然来临,数字化、网络化、智能化深入发展,新产业、新模式、新业态层出不穷。互联网已经融入人们生活的方方面面,旅行爱好者能轻松在网络上搜索旅游目的地相关信息,规划旅程,预订门票,大幅提升了旅游效率。大数据和人工智能的运用使旅游业发生了翻天覆地的改变。企业可以通过大数据技术了解旅游者的喜好和趋势,进一步满足他们的个性化定制需求。在目前的环境下,信息呈现爆炸式增长,企业的营销环境也发生了巨大的变化。海量的信息数据和不断创新的大数据技术,使企业从"用户驱动"的营销模式转变为"数据驱动"的营销模式,并且使"精准营销"成为可能。

为了吸引更多的定制游客,提高自身效益和品牌影响力,定制旅行企业也纷纷加入新媒体运营的队伍,利用微信、微博、抖音等新媒体平台工具对自身产品进行宣传、推广和营销。因此,新媒体数据分析对定制旅行企业的运营具有重要意义。具体而言,新媒体数据分析既有利于进行精准营销,也有利于品牌形象的构建。

1. 新媒体数据分析与精准营销

借助新媒体的优势,许多企业都在积极拓展自己的活动领域,在销售中增加了电商销售环节,但也正因为如此,企业面临着比以往任何时候都需要海量数据的情况,这些海量的数据为企业洞察消费者行为提供了有效的信息和方向。新媒体数据分析有助于企业更精确地找到自己的营销方向,对企业进行精准营销具有重要意义。在精准营销方面,新媒体数据分析主要是通过了解用户、预测消费行为和销售效果来发挥作用。

(1) 了解用户。随着物联网的发展和智能终端的普及,我国网络用户已经逐渐接受了利用新媒体进行购物的方式。对新媒体数据进行整理分析,企业可以实时掌握用户群体的动态,了解用户群体的特征。

(2) 预测消费行为。在新媒体时代,用户获取信息的渠道不断拓宽,企业若继续采用之前"大轰炸"方式大规模推送信息,只会在市场竞争中败下阵来,因而,企业对广告精准投放的需求愈加强烈。通过对新媒体数据进行分析,企业可以对用户消费的时间、消费的平台、购买物品的价格水平以及用户的消费兴趣分布进行了解,进而预测用户的消费行为,从而进行更精准的广告投放。

(3) 预测销售效果。在大数据技术普及之前的传统营销示范带,企业往往只能依靠人口数据或者样本数据来分析自己产品的使用效果。而现在,互联网不再只是一项技术,它早已成为一种支撑社会生活的基础设施,成为社会生活的服务平台。社会生活正在逐渐走向物联化、智能化,所有的事物之间都存在着各种各样的联系,用户在使用互联网服务的同时,也在上面留下了自己的足迹,如自己的消费记录、浏览记录、位置信息等。企业可以通过对这些数据的整合分析来对用户的消费行为和消费体验进行判断。

大数据的主要功能就是对未知事物的预测,它可以把网络中的视频、图片、位置等碎片化的数据变成数字,进而从这些数字中提炼出有效信息,从而实现对事物的预测。通过对新媒体数据进行分析,企业可以提前判断自己的产品适用于哪一类用户、把产品价格定在哪种位次上才能实现最大效益,以及产品采用什么样的包装才能更受用户青睐等,从而在产品销售之前,对产品的销售效果进行预测。

2. 新媒体数据分析与定制旅行企业品牌构建

品牌是一个企业区别于其他企业的标识,它不仅具有利益属性和价值属性,还代表了一个企业的文化追求。构建品牌是企业工作的重要组成部分,在新媒体时代,企业可以借助新媒体数据分析,加强品牌构建,助力企业的长远发展。新媒体数据分析对企业品牌的构建,主要是通过客户服务、品牌宣传两个方面来发挥作用。

(1)客户服务。数字化时代,在旅游业经营中,客户关系管理(Customer Relationship Management,CRM)占据重要地位。为了提高核心竞争力,定制旅行企业需要利用信息技术、互联网技术维护与客户之间的关系,优化管理方式,为客户提供创新性、个性化的服务,从而达到吸引新客户、保留老客户以及将已有客户转为忠实客户的目的。在客户关系管理过程中,定制旅行企业需要收集和分析客户信息,如旅行经历、兴趣和喜好,为其提供个性化的旅行方案、定制服务,尽可能满足客户需求,从而扩大客源市场。为了实现这一目标,定制旅行企业需要构建和充分利用CRM平台,如社交媒体、旅游App等,更方便地与客户进行交流。这是因为CRM平台能够很方便地收集客户反馈和评分,让企业及时发现问题、改进服务及解决问题,提高客户满意度。通过CRM平台,企业可以更高效地开展营销工作,制订销售计划,发现营销机会并分析营销效果。此外,在数字化时代,保护客户隐私是非常重要的方面,企业要采取有效的措施保护客户的信息,防止客户隐私泄露。

(2)品牌宣传。品牌形象代表了企业的形象,将企业的实际与品牌定位紧密结合,能够得到用户的认同,增加用户对企业的好感。用户认同度越高、好感度越强,越有利于企业的长远发展。新媒体具有强大的用户聚集功能,利用新媒体平台,新老企业都可以进行强大的品牌宣传。

对于新企业来说,可以通过分析新媒体平台上的数据,进行广告的全面推送,依靠媒体的力量引起受众关注,从而在短时间内让数量庞大的用户认识企业的品牌,实现品牌曝光。对于老企业来说,通过新媒体数据分析,根据分析结果做出决策,也是维护品牌形象的重要手段。企业在发展过程中,必然会遭遇某些负面信息的困扰,但可以通过对新媒体平台上的数据进行分析,来助力解决公关危机,维护品牌形象。

## 慎思笃行
*Shensi Duxing*

**非遗秦腔文化定制旅游专列开行 火车车厢里响起秦腔声**

2023年10月29日8时05分,满载着590名旅客的Y651次定制服务列车从西安站发车,开往铜川市耀州区,标志着陕西首趟非遗秦腔文化定制旅游专列正式开行。

此次耀州之行,旅客到达耀州区可登香山、观红叶、入照金、品美食,打卡"花月荟",体验铜川传统文化。

此趟专列由西安铁路局与相关单位合作,邀请了秦腔艺术家在列车上为旅客们表演精彩的秦腔选段,将非遗秦腔与定制服务旅游列车跨界融合,将戏曲演艺融入旅游专列中,为非遗文化增添新色彩,让旅客尤其是戏迷得到一次全新的体验。

近日,陕西省内阳光明媚、秋高气爽,正当出游时节,旅客出门踏秋需求旺盛,西安铁路局精准对接旅客旅游需求,与各地文旅部门加强合作,充分发挥定制服务旅游列车优势,"一日一图、一车一策",个性化开行特色主题旅游专列,受到了广大旅客的青睐,报名出游的旅客也是络绎不绝,进一步催热了特色主题专列游,激活了旅游市场的消费活力。随着非遗文化旅游专列的火爆开行,西安铁路局后续还将继续开行音乐派对等特色主题文化专列,不断丰富陕西旅游市场,为游客出行提供更加多元化的旅游产品。

(资料来源:三秦都市报全媒体)

| 教学互动 |

讨论:近年来,大数据和数据挖掘的概念频繁出现在各类媒体上,"曝光率"和"回头率"都非常高,在定制旅行行业中也不例外,请扫一扫二维码,阅读《第一财经日报》的这篇报道《大数据正在影响旅游业》。

以4人为一个小组,查阅大数据与数据挖掘在旅游业应用的案例,分组讨论:什么是数据挖掘?数据挖掘在定制旅行业务上有哪些成功的案例?旅游业是否也需要进行旅游数据挖掘?

案例分析

行业资讯

大数据正在影响旅游业

## 第五节　智慧旅游在定制旅行中的运用

习近平总书记高度重视中华优秀传统文化,强调必须结合新的时代条件传承和弘扬好中华优秀传统文化,要系统梳理传统文化资源,让收藏在禁宫里的文物、陈列在广阔大地上的遗产、书写在古籍里的文字都活起来,推动中华优秀传统文化创造性转化、创新性发展。大数据关键技术一般包括大数据采集、大数据预处理、大数据存储及管理、大数据分析及挖掘、大数据展现和应用(大数据检索、大数据可视化、大数据安全等)。大数据关键技术的成熟与迅猛发展,为实现旅游智慧平台建设提供了强大的技术支持和功能实现的可行性。在旅游业数据资源方面,可以建立不同的管理子系统,满足不同用户群体对旅游信息系统的需求,同时通过数据可视化展示,为行业管理、服务和决策提供支撑。在管理和服务方面,进行智慧景区信息化整体建设,有助于最大限度地实现景区信息资源共享,最大限度地提升综合信息资源利用率和应用支撑服务能力,最大限度地提升景区的管理与服务水平。在智慧服务方面,设计智慧旅游系列网站、网络旗舰店,以及各类包含导游、导航、导览、导购功能的App及小程序等,并与主流旅游网络平台合作营销,实现旅游资讯与电子商务平台对接融合。

## 一、定制旅行智慧平台需求分析

定制旅行智慧平台需求分析是系统开发的基础,要求提供完整、具体、清晰的分析框架和内容,明确在软件开发过程中必要任务。需求分析是系统开发的重要过程,主要包括用户行为数据分析、功能需求分析和非功能需求分析三个方面,如图6-8所示。

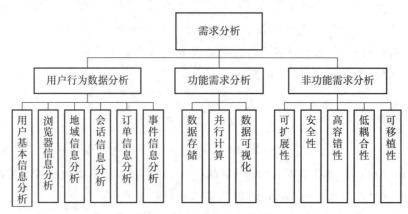

图6-8 定制旅行智慧平台需求分析

### (一)定制旅行智慧平台用户行为数据分析

在定制旅行智慧平台中,对用户行为数据进行分析是支撑系统发展的基础。从用户行为数据中模拟发现出用户旅游习惯和旅游喜好,为定制旅行企业营销策略的制定和改进提供可靠性数据支持。用户行为数据分析主要包括用户基本信息分析、浏览器信息分析、订单信息分析、地域信息分析、事件信息分析和会话信息分析(见图6-9)。其目的是探索用户访问数据中的行为特征,了解用户行为习惯。

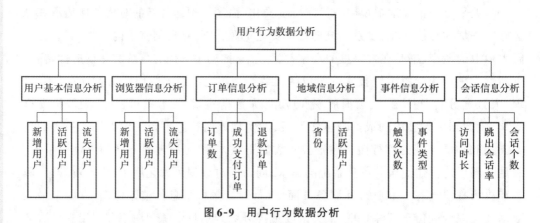

图6-9 用户行为数据分析

用户基本信息分析是对用户的浏览行为进行分析,需要统计Page View事件下的用户浏览行为;浏览器信息分析是在用户基本信息分析的基础上添加浏览器这个维度信息;订单信息分析要求PC端发送一个订单产生的事件,那么对应这个模块的分析,需要一个新的事件ChargeRequest；地域信息分析是通过Nginx服务器收集用户的IP地址来进行的；事件信息分析也需要PC端发送一个新的事件数据，定义为Event；会话信息分析是对用户从进入系统到离开这段时间中行为的分析，这段时间用"一次会话"来表示。

### （二）定制旅行智慧平台功能需求分析

功能需求分析主要是针对系统在开发和实现过程中主要的功能模块提出需求。功能需求分析中，重要的是数据的组成和存储，从用户行为角度出发，分析具体任务的需求。功能需求分析主要包括以下内容。

#### 1. 数据存储

在定制旅行智慧平台中，数据存储是整个系统的核心，贯穿于系统的始终。从数据本身来说，结构化、半结构化数据具有一定的复杂性，需要经过统一的存储和查询过程。从业务数据流转过程来说，不管是采集的原始数据，还是数据分析后得出的业务数据，或是数据展示过程中需要优化的数据，都需要保证数据能安全地存储和传输以及高效地查询。

#### 2. 并行计算

系统处理数据的效率是系统性能的关键。在系统内存容量一定的情况下，协调好内存和并行计算之间的均衡是提高系统处理效率的关键。在定制旅行智慧平台中，系统采用MapReduce和Hive对用户行为数据进行并行化处理。

#### 3. 数据可视化

数据可视化是经过关联性分析，将业务需要的数据通俗易懂、简单明了地进行呈现的过程，以展示数据表达的内容。数据可视化要做到指标明晰、分析准确，要有助于对结果进行有建设性的讨论，有助于对智慧旅游的发展趋势进行预测，同时也要更好地服务于系统建设和功能的完善。

### （三）定制旅行智慧平台非功能需求分析

非功能需求分析主要从Hadoop集群本身出发。非功能需求很大程度上决定了定制旅行智慧平台的发展，深刻影响着用户行为数据分析在旅游产品的推广、景区形象宣传中的作用。非功能需求分析主要包括可扩展性、安全性、高容错性、低耦合性、可移植性等因素。

#### 1. 可扩展性

在业务发展的不同阶段，存在更换服务器的可能和要求，搭建Hadoop完全分布式集群，满足系统具有较高的可扩展性的要求。

#### 2. 安全性

数据的存储是系统的核心，这不仅需要保证存储过程的可靠性、安全性，还需要保证数据传输中的安全性。采集组件Flume中Agent单元支持事务控制，并且Flume高可用集群可以保证数据采集的安全性。

3. 高容错性

如何保证数据存储过程的安全性？Hadoop集群支持数据自动保存多个副本，副本丢失后，会自动恢复，以高容错性来保证数据存储的安全性。

4. 低耦合性

伴随着智慧旅游系统在旅游及相关行业领域的普及应用和相关理论的发展，Hadoop生态圈也在不断发展。定制旅行智慧平台分析系统使用的存储机制是HDFS，使用的计算逻辑是MapReduce。随着技术的更迭，系统实现过程中的技术可能会不能满足业务需要，为满足实时处理和计算效率更高的要求，系统内部各个组件之间应该具备低耦合性，通过移动计算而不是移动数据来提高系统能力。

5. 可移植性

在设计MapReduce执行计算逻辑的过程中，Hadoop框架使用Java语言提供Mapper端和Reducer端的相关API。随着定制旅行市场需求量大幅增长，要保证系统具有较高的可移植性，Java的跨平台特性使得应用程序更加灵活，提高了系统的可移植性。

## 二、定制旅行智慧平台可行性分析

### （一）技术可行性

定制旅行智慧平台中，系统主要采用Hadoop生态圈相关组件。在系统实现过程中，Hadoop完全分布式环境的搭建依赖Centos 6.7版本，相关软件使用CDH系列版本，减少了组件之间的冲突。数据的采集使用自定义SDK将日志数据汇集到Nginx服务器的指定目录，通过Flume监听Nginx目录采集数据到HDFS；数据的分析使用MapReduce计算逻辑和HQL语句，将数据存储到MySQL（关系型数据库管理系统）；数据的展示中，借助Apache Zeepline（一个开源的数据分析和可视化工具）通过配置对MySQL中数据进行展示。Hadoop生态圈具有广阔的使用发展前景和较高的商业应用率，利用它进行系统开发，对于开发人员来说，在系统的更迭和维护中，可以借助的资料和技术非常丰富，操作可行性高；对于定制旅行智慧平台来说，系统展示采用Apache Zeepline作为可视化界面，交互式界面使得展示效果更好。

### （二）经济可行性

系统的开发和实现所借助使用的工具均是开源免费的。在处理大批量、繁杂数据时，Hadoop集群允许通过部署普通廉价的机器组成集群来处理大数据。在系统开发过程中，可以用借助VMware Workstation Pro虚拟机对Hadoop完全分布式集群进行搭建以及部分相关软件的安装。系统从研发到测试开发成本都比较低，有助于旅游景区智慧化建设节省成本，提高经济效益。

### （三）社会环境可行性

对用户行为数据进行分析，可以客观反映出定制旅行企业的经营发展状况，可以为市场预测与决策提供支持，为运营提供数据支持，从而使决策更加科学，有效规避运营的风险。在互联网技术不断发展的社会环境下，智慧旅游用户分析系统将会拥有更加广阔的发展环境。

## 教学互动

调研分析：实地调查一个智慧旅游景区或者项目，设计问卷，调查定制旅行客户对智慧旅游项目的认可度和期望值。

## 本章小结

1. 定制旅行头部企业的发展历程。
2. 定制旅行的新媒体运营。
3. 定制旅行产品基本交易流程。
4. 大数据技术对定制旅行的推动作用。
5. 智慧旅游在定制旅行中的应用。

## 本章训练

一、知识训练

1. 举例说明定制旅行头部企业的发展历程。
2. 简述新媒体视域下定制旅行的传播新路径。
3. 简述大数据技术在定制旅行服务中的应用。

二、能力训练

1. 设计调查问卷，调查分析智慧旅游如何提升定制旅行客户的满意度。
2. 通过实地调研典型定制旅行企业的经验做法，归纳总结人工智能在定制旅行企业中的应用场景。

在线答题

# 第七章
# 定制旅行:前沿发展趋势

 **本章概要**

近年来旅游市场的大幅度回暖带动了定制旅行急速反弹,定制旅行成为旅游消费新热点。本章在阐述定制旅行消费新趋势的基础上,深入分析新形势下定制旅行客户挖掘的策略和服务升级的方向,解读了泛定制时代定制旅行行业出现的新型岗位和职业。通过本章的学习,学生能够了解定制旅行发展的前沿趋势和就业方向,培养学生定制旅行方面的获客理念和精细化服务意识,为学生日后学习相关课程和创业就业奠定基础。

 **学习目标**

### 知识目标

1. 了解定制旅行市场消费新趋势和泛定制趋势。
2. 熟悉新形势下客源挖掘渠道和定制服务升级方向。
3. 熟悉定制旅行新业务发展动态。

### 能力目标

1. 能够做好定制旅行客户挖掘工作。
2. 能够做好定制旅行客户服务工作。

### 素养目标

1. 了解新形势下定制师应该具备的职业能力与素养,树立精细化服务意识。
2. 具备清晰的定制旅行服务志向和态度。

第七章　定制旅行：前沿发展趋势

### 知识导图

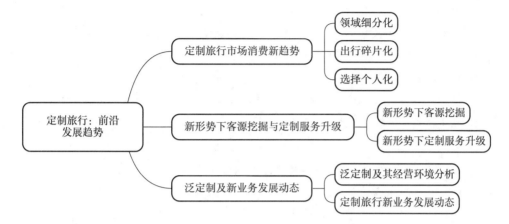

### 章节要点

定制旅行客源挖掘；定制旅行服务升级；泛定制；定制旅行管家

### 章首案例

**在嵊泗花鸟村当民宿管家——定制旅游，平添鸟语花香**

"呜——"中午时分，随着"嵊翔16"客轮缓缓靠岸停泊，原本安静的嵊泗县花鸟岛码头一下子热闹起来。春暖花开，花鸟村正在迎来一年当中最热闹的旅游旺季。

1998年出生的张雨清整理了下仪容仪表，举着民宿名牌迎接游客。下船的游客有100多人，其中12人预订了张雨清所在的花屿爱丽丝民宿。游客的行程、旅游线路等，均由张雨清这样的民宿管家帮助定制——花鸟村有60多家民宿，共有200多名民宿管家。

近年来，花鸟村充分考量海岛环境承载能力，发展定制旅游，将离岛劣势转化为优势，以品质旅游换来了市场热度。

嵊泗县花鸟岛定制旅游究竟是怎么做的？

1. 辗转订到客轮包间

"欢迎来到花鸟岛，一路上辛苦了，我是你们的民宿管家雨清……"接到客人后，张雨清就开始热情地介绍。

"这个时节春雾多、风浪大，大家过来晕船吗？""这里昼夜温差大，大家别看现在还挺热乎，晚上会有点凉。"张雨清一边和游客沟通，一边帮忙推行李，带领大家向不远处的旅游观光车走去。

接的这批游客主要来自江浙沪地区，多是情侣、朋友或亲子家庭出行。村里的民宿预订在4月上旬就已爆发式增长，"五一"假期的房间已全部订满。

载着大家的旅游观光车，慢慢往村中心驶去。"花鸟村远离陆地，花草丛生、林壑秀美。早些年这里很少有游客涉足，2015年定制旅游开始发展，目前这里还保留着原生态的海岛风貌……"雨清向大家介绍。

几分钟后，花屿爱丽丝到了。穿过别致的小院，大家来到民宿前台大厅，这里的建筑、装饰都选用了木头材质，透过一旁的落地窗，海上美景若隐若现。

"这次多亏你们帮忙，一路上顺畅了不少。"办理完入住，来自湖南长沙的女游客小蔡向张雨清表示感谢。小蔡说："嵊泗到花鸟岛的船票很火爆，快赶上抢演唱会门票了。我妈怕晕船，想买带包间的船票更是难上加难，多亏了张雨清帮我买票。她一路上都和我们保持联系。"

花鸟村定制旅游采用的是"一岛一景区一公司"管理模式，为保证品质，整个花鸟岛每日游客数量严格控制在300人以内。岛上的花鸟微度假旅游发展有限公司汇总各民宿管家提供的游客数量，并据此统一协调、调度观光车、票务等事项。

"得知小蔡的需求和难处后，我联系了公司，通过公司协调，总算预订了船上包间。"张雨清说，"每次接到民宿预订单之后，我们都会立即和游客点对点沟通。出行前，我们根据游客需求帮助他们制订旅行计划，旅行中还可根据游客需求提供全程服务。"

张雨清建起了一个微信群。"我们为当天入住的游客建群，发布入住指南、温馨提示等内容。游客群咨询问题也方便。"张雨清说着，就在群里发了一条温馨提醒："外面风大，大家出门时记得带件外套哦。"

2.量身定制海岛行程

将游客送至房间休息，张雨清才有时间坐下来。这时，张雨清打开她的工作笔记，再次核对接下来的工作内容。她说："我们民宿总共17间房，包含我在内共有3名民宿管家。这一批12名游客，有的是经我们帮助定制线路后自由行，有的由其他两名管家负责接待。我对接的主要是杭州来的贺女士。"

这时，张雨清接到入住游客的咖啡订单。磨豆、压粉、萃取……她制作完毕后，又让服务员刘荷娣送至客房。刘荷娣是本村人，今年60岁，在民宿负责保洁等杂活，每月工资5000元。"村里有不少身子硬朗又闲不住的老人。各家民宿会面向他们推出一些服务岗位，帮助他们在家门口就业。"张雨清说。

简单休息了会，贺女士来到前台找张雨清。她是带着6岁的儿子乐乐来的，特别要求张雨清全程陪同。

"实在抱歉!刚接到通知,海上风浪大,你们之前预约的渔家乐出海捕鱼现在还不能出发。要不把明天的行程提前,我们先去看艺术展,再去花鸟灯塔赏落日,行吗?"张雨清对贺女士说。贺女士点头应允。

不一会儿,张雨清联系的观光车到了,车上的摄影师小向跟他们打招呼。小向旅居花鸟村,以拍摄为业。一到旺季,摄影师为游客拍照的日程就安排得很满。为了把这次旅行好好记录下来,贺女士让张雨清预约了摄影师。

"首站,我们要去的是《没有人是一座孤岛》艺术展,这个展是4月刚推出的……"观光车上,张雨清向贺女士介绍。

"姐姐,我想看荧光海呢!"乐乐嚷嚷起来。"现在,天气还不够热,荧光海看不到哦。"说着,张雨清从口袋中掏出手机,向乐乐展示自己拍摄的荧光海。"其实,导致海水发光的是一种藻类,把海水一搅立马就是一圈圈散发蓝光的涟漪。留个念想吧,下次还可以再来!"

车窗外,白墙蓝顶的民居错落有致,路边的萝卜花随风摇曳,岙口泊着几艘渔船,海岛气息格外浓郁;车窗内,大家一路欢声笑语,转眼到达目的地。

"《没有人是一座孤岛》展示了花鸟村里的故事,这是花鸟人的艺术展,他们用老物件、环保作品等来探讨人与人之间的情感……"艺术展中,展馆工作人员为游客介绍。贺女士带着乐乐边看边听,小向则时不时选角度帮他们拍照。

"这是我第一次来花鸟村,在前期定制线路时,我让雨清把岛上比较火的景点都安排上了。雨清还特地给乐乐安排了低碳艺术馆绘画的行程,很贴心。"贺女士说,跟团不自由,自己又没时间做攻略,有这样的定制环节方便了不少。

一度沉睡的孤岛被唤醒,花鸟村近年来旅游热度不断提升,村民的钱包也渐渐鼓了起来。2022年,花鸟村集体经营性收入同比增长逾20.3%,是2015年定制旅游起步发展时的9倍;2022年,花鸟村村民人均收入超3万元,较2015年增长41%。

(资料来源:https://ssnews.zjol.com.cn/ssnews/system/2023/06/02/034212223.shtml)

案例分析

# 第一节 定制旅行市场消费新趋势

2023年,继"五一"假期的旅游热后,端午节再现旅游热潮,旅游市场持续迎来强势表现,带动整个市场提质升级。根据中国旅游研究院发布的《2023年暑期旅游市场监测报告》，2023年暑期（6月至8月），旅游市场复苏继续提速，多数目的地接待游客人数达到历史最高水平，国内旅游人数达18.39亿人次、旅游收入达1.21万亿元。与此同时，暑期旅游产品价格普涨，成为推动社会消费增长的关键动能。2023年以来旅游市场的大幅度回暖带动了定制游急速反弹，根据"6人游"定制旅行平台2023年7月发布的数据，2023年暑期定制游市场迎来了大幅增长，平台预订量激增，超过了2019年同期水平。除预订数量激增，定制旅行行业的消费升级逐步显现，定制旅行市场消费呈现以下三个新趋势。

## 一、领域细分化

随着大众生活水平的逐步提高，旅游消费者的需求变得更加多元化，定制旅行市场向规模化突围的同时进一步细分。大量原本不在旅游行业的机构，跨界"入侵"，把生活方式同旅行服务进行嫁接，形成大量主题服务场景（如蜜月、游学、医疗、亲子、红色、摄影等）。路书科技创始人兼CEO程小雨认为，主题游是一个非常大的垂直市场，主题游的一些细分板块可能就有万亿级市场的潜力，比如体育旅行、研学旅行、情感旅行等细分领域都拥有巨大的市场发展潜力。这说明定制旅行，除了从传统旅游市场中转化跟团游和自由行的客人，也带来了生活方式与出行跨界相链接的"旅游+"增量市场。以广之旅专属定制为例，该定制企业会针对不同时期，企事业单位工会、学校等不同组别的定制需求，推出一系列主题定制类方案供客户选择，如3—4月春游季，广之旅挖掘整合广州周边优质旅游资源，提供专属绿植流程策划，为职工和学生等不同客群提供产品搭配建议；5月开始，企事业单位定制游主要分为奖励旅游和员工团建活动两类，需求更多元化、个性化，公司提供如专属包机、"包村"团建、新兴户外活动体验等定制化、个性化服务，提升客户体验感；7—8月围绕建党节、建军节，企事业单位红色教育定制游需求增加，公司推出结合红色教育和乡村振兴发展的特色定制套餐，既有红色精神学习，也能让人感受绿水青山的自然生态，受到市场欢迎。

定制旅行领域细分化还表现在目的地的深度体验上，在旅游过程中，游客更加倾向于体验各国各地的风土人情和生活方式。尤其对于出境旅游，伴随着中产阶层消费升级，单纯的观光、购物等不再是出境定制旅行的唯一目的，游客更多地追求定制旅行产品的文化主题和深度特质体验，中高端旅游消费者更愿意在旅行中发现自我，深度探索世界，追求更加凸显专属性的旅游体验，深度体验目的地的游客比例不断提升，如南北极地旅游、非洲野奢旅游、欧洲游学及留学教学旅游等。根据"6人游"定制旅行平台2023年7月发布的数据，2023年暑假出境定制旅行增长明显的小众目的地包括埃及、伊朗、坦桑尼亚、约旦、阿尔巴尼亚等，这些小众目的地皆因为文化及体验的独特性和稀缺性，越来越受到中国游客的青睐。一直以来，南北极地旅游等极限特种游产品，都是欧美客人占据主要市场份额，广东青旅数据显示，近年来中国游客在环球旅游、南北极、攀珠峰等深度游产品上的出游比例不断提升。高端游客对于个性、小众目的地的关注度越来越高。目前，部分定制旅行企业开始聚焦某一目的地市场，深入挖掘目的地的资源,为游客提供更具有深度和独特体验性的产品。例如,TOPTHAI旅行私人定制深耕泰国市场,为赴泰国旅行的游客提供会奖旅游、婚纱旅游等专业定制服务。

总之,从企业端而言,根据不同旅游主题或地域去选择细分市场进入是最常见的方式,企业聚焦细分市场时,可以避免过于激烈的竞争,企业本身也可以专注于某一领域去研究,有利于人才的招聘和竞争,也有利于品牌知名度的提高。大而强固然美好,但目前现实市场状况较难孕育出这样的定制旅行企业,深耕细分市场对于定制旅行企业而言是一条合适的道路。

## 二、出行碎片化

伴随"90后"主导旅游市场,这批新时代的"弄潮儿"正在从方方面面掌握旅游消费和决策的主动权,加之互联网、移动新媒体的发展,定制旅行消费市场除了明显的消费移动化、需求个性化、产品细分化等趋势,"碎片化"也是近几年较突出的市场特征之一。一部手机、一本护照、一个家庭,想玩就玩,说走就走——这正是旅游碎片化明显的标志之一。为满足旅游市场碎片化需求,定制旅行企业探索开发了碎片化的单项产品以增强用户黏性。相较于常规化定制旅行产品,碎片化的定制旅行产品具有客户需求更加精细、服务覆盖更加全面的特征,这就对定制旅行企业提出了更高的要求,需要其具备更强的产品提供与服务能力。碎片化服务体现为产品多样、客户选择多、一对一的专属客服服务、周到贴心,碎片化服务更要想游客所想,大到酒店、机票、景点、餐厅预订以及"五星酒店""迎宾礼遇""专车接送""当地向导"等特色服务,小到Wi-Fi、充电器,以及管家式服务、24小时客服等在线服务、投诉及时反馈等服务,甚至是一个温馨的提示,都成为定制旅行碎片化服务的必备要素之一。例如,佰悦会除了为游客提供整体定制旅行产品,也会为游客甄选碎片化产品,包括预订全球限时特惠商务舱;预订迪拜帆船酒店、苏梅岛W酒店、范思哲豪华度假酒店等全球奢华酒店,为以"Best Available Rate"(当前最佳价)预订全球半岛、文华东方、四季、罗莱夏朵、豪华精选、瑞吉、丽思·卡尔顿、宝格丽、Edition、安缦、立鼎世、瑰丽酒店的顾客提供免费早餐、升级房型、提前入住与推迟退房、消费额度升级等多项专属优待;预订获奖餐厅、轻奢探险、游艇/玩水、人文艺术、SPA/养生等深度体验主题产品;提供目的地一日游产品等。

## 三、选择个人化

"个性、精致、品质"成为越来越多人的追求。随着旅游产业的发展和升级,以及旅行活动的频率不断提高、深度不断增加,个性化旅游的需求越来越多。定制旅行是以人们日益增长的个性化需求为导向按需定制,旨在提供个性化、高品质的体验式旅游。玩已经不是定制旅行游客的核心需求,游客更加注重个性文化体验的花式新玩法,要求满足私人的情绪,深度体验当地的文化风情,需求愈发个性化、精细化。不同的游客有不同的旅行"口味"。有人喜欢山野田园,有人喜欢探索极限,有人喜欢"逛吃逛吃""买买买"。海岛、冰川徒步,全城打卡和漫游发呆,都是"玩我喜欢"。例如,有的游客在青岛定制旅行过程中,选择专门去看海,想要深度玩海,定制师在设计产品时摒弃了传统的旅游景点,整个出游方案几乎没有别的景区景点,全是与海有关的体验,比如住海景房、坐帆船、垂钓、赶海等,还有游客专门来体验青岛酒吧文化,等等,很多需求都在意料之外。"个性"是定制旅行的关键词,很考验定制师的资源匹配能力和对目的地的了解程度。

定制旅行因其个性化的特征为旅游定制师这个职业设定了较高的门槛,但目前全国还没有一个统一的认证标准。携程通过授予上岗证的方式允许旅游定制师进入其平台服务,通过培训+考核的形式,一方面在全国范围内挖掘了一批符合条件的旅游人才,另一方面也对这个行业的准入进行了一定的限制,值得借鉴。同时,个性化的选择不仅对旅游定制师提出了更高的要求,也对旅行社设定了一定的门槛。定制旅行的客户群体个性多元化,需求跨度大,除了要有旅游定制师的需求对接,还要求旅行社要具备充足的行业资源来满足这些需求,比如有些客户要求要在米其林餐厅用餐,或者行程中要看世界杯比赛,旅行社就必须具备丰富的行业资源以及相应的采购能力才能满足客户的个性化需求。

## 第二节　新形势下客源挖掘与定制服务升级

### 一、新形势下客源挖掘

随着市场上定制旅行企业越来越多,获客成本逐渐上升,激烈的市场竞争导致客户的留存率较低,且旅游消费较为低频,客单量提升也存在难点。因此,获客数量的增加以及获客成本的下降是定制旅行企业亟待解决的问题,如何有效获得客户成为关键,可以从以下四个方面着手。

#### (一)新媒体下的流量曝光

在现代社会,社交媒体已经成为人们沟通、获取信息和娱乐的重要渠道。利用社交媒体平台,我们可以以精确的方式接触到特定的受众群体。社交媒体是定制旅行产品推广的强大工具。与旅游类社交媒体平台和旅游影响者合作,能够扩大品牌的影响力。因此,定制旅行企业需要挖掘流量入口,通过在抖音、哔哩哔哩、快手、小红书、微博、微信、知乎等平台上发布有价值的内容,吸引粉丝的关注,提供特别优惠和奖励,有效推广定制旅行产品,从而实现获客突破。此外,定制旅行企业还可以利用这些平台上的营销工具,比如创建品牌页面、发布有趣的内容、与用户互动等,提高品牌知名度和用户参与度,如通过制作视频更生动地传达品牌的故事和价值,增加与客户分享和互动的机会。总之,通过社交媒体的广告和营销活动,定制旅行企业能够将产品和服务直接推送给潜在客户,提高获客的准确性和效率。

### (二)专注口碑传播效应

定制旅行企业想要获取流量本身就是一件难事,想要将流量转化成订单,更是难上加难,更多的仍旧是依赖口碑传播获客。中国游客在安排出游计划时,越来越注重定制旅行企业的品牌,品牌影响力已成为游客选择定制旅行产品和服务时心中潜移默化的重要衡量标准。与此相对应的是,越来越多的游客善于利用互联网来为自己的旅行选择定制旅行企业,因此企业的网络口碑日益重要。对于游客来说,网上的点评是其选择定制旅行企业和出游的重要参考依据。但是,这并不能代替线下的口碑效应。虽然网络上信息量不断增加,但线下的口碑传播仍然在很大程度上影响着游客的定制旅行决策,朋友的经验和建议就是重要的信息来源。高端定制旅行客户更信任朋友的推荐,他们认为来自朋友的信息更符合自己的喜好和品位,同时游玩某一条线路也有让自己融入某一个社交圈的含义。总之,"口碑"和"朋友的建议"对定制旅行客户的影响越来越大,尤其对于高端定制旅行,这一点符合高端定制旅行重口碑、品牌来自"口口相传"和"圈子社交"的特点。因此,定制旅行企业需要提升服务水平,整合资源推出独具特色的旅游产品,从方方面面丰富游客的旅游体验,从而在游客心中塑造良好的品牌形象。

### (三)提升定制旅行从业人员素养

从定制旅行企业的角度出发,旅游业人员流动率较高、进入门槛较低、人员素质参差不齐。建立一套长期有效的用人机制,引进专业人才,创造一个良好的就业环境,关系到定制旅行企业的生存和发展。定制旅行企业需要在全球范围内挖掘优秀定制人才,加强对员工专业知识、职业技能、服务意识、服务态度和服务理念等方面的培训。从旅游定制师的角度出发,有好体验才能出好的设计。旅游定制师首先应当是一个旅游达人,如果旅游定制师自己没有旅游体验的积累,就很难设计出一款能够满足客户需求的旅行产品。因此,定期的旅行也是对旅游定制师的一项要求。旅游定制师需要每隔一段时间就在目的地进行一些新的尝试和体验,深度探索目的地。同时,针对新媒体在获客方面的快速性、便捷性特点,旅游定制师需要灵活运用各种新媒体工具,全面开展"圈粉丝+建圈子"组合式营销工作,增强客户黏性。

### (四)开展线下跨界合作

线上推广可能面临流量大、转化少的问题,尤其对于不借助资本市场力量的轻资产创业定制旅行机构,线上投入经费有限,收益不高,因此,这类企业可以考虑与其他品牌跨界合作开展线下联合营销活动。例如,蹊径私属旅行在成都图书馆的资助和推动下,共同打造了一个读书和旅游相结合的线下分享会,取得了非常不错的效果,后来又和言几又、星巴克等品牌合作,将合作伙伴的主题和目的地相结合,比如和星巴克的合作,先是根据星巴克当时主推的一款咖啡豆的原产地,确定了非洲这个目的地,活动现场星巴克咖啡师为大家展示咖啡制作、识别咖啡豆等，蹊径私属旅行则通过旅游达人的亲身讲解，带大家深入了解非洲。一系列的线下活动之后，得到的反响也比较好，品牌就慢慢建立起来了，一些经常分享的定制师也吸引了很多固定的粉丝，有了个人IP。虽然这些粉丝自身的订单转化率仅在20%左右，但是他们所带来的口碑效应非常可观，并且由这些粉丝口碑带来的客人，其忠诚度相较于其他渠道的客人也会更高。

## 二、新形势下定制服务升级

### （一）构建智慧营销模式，提供多样化需求服务

运用5G、大数据、人工智能、云计算、融媒体等技术，收集游客受众分类、规模数量、结构特征、兴趣爱好、消费习惯等数据，通过游客画像分析确定市场开发方向、锁定消费客群，并采取线上线下相结合的营销方式，尤其要注重新兴的网络宣传方式如微博、微信、小红书、抖音等平台，向目标市场和目标客群精准推送相关旅游产品信息。这有利于把握旅游消费趋势，细分客源市场，制定有针对性的宣传方案，实现精准高效营销。

### （二）加大从业人员培训力度，提高精细化服务水平

为提高定制旅行服务质量，对从业人员的服务知识、服务意识进行系统化培训，提升服务能力和服务管理水平。以游客需求为导向，从游客旅游线路、出行方式和个性服务等环节入手，就游客旅行需求沟通交流，设计优化旅游行程。归纳总结定制旅行服务规律，形成标准化、规范化服务手册。收集游客服务评价，改进服务方式，为游客提供更加细致、贴心的服务，让游客获得更加放心、舒心和满意的旅游体验。

### （三）"互联网+信息管理"，提升信息安全服务水平

充分发挥互联网在社会资源配置中的优化和集成作用，加强游客信息安全保护，健全旅游安全信息管理机制，规范旅游安全管理中各项环节的工作流程，明确和落实管理工作中具体岗位人员的责任、权利，做到权责分明，保证游客信息安全，构建一个集信息收集、管理、传播、共享、安全风险预警和安全评估于一体的综合安全信息管理系统，提升游客信息安全水平。

## 第三节 泛定制及新业务发展动态

### 一、泛定制及其经营环境分析

泛定制是旅游业发展大趋势，其不仅存在于定制旅行行业，也存在于生活中所有美好的事物中。接下来将运用PEST方法对泛定制经营环境进行分析。

P：政治。党的十九大报告指出，中国特色社会主义进入新时代，我国社会主要矛

盾已经转化为人民日益增长的美好生活需要和不平衡不充分的发展之间的矛盾。而更加人性化、有温度的定制旅行恰恰是"美好生活需要"的重要方面。

E：经济。告别了短缺经济时代之后，全行业供给侧结构性改革，从"数量经济"走向"质量经济"；过去20年OTA改变了旅游产品的销售方式，但直到定制旅行横空出世才真正改变了旅游业供给的内容。

S：社会。随着国民经济的发展和收入水平持续提升，旅游的私密化、社交化、亲朋好友化特征愈发明显。从需求端看，我国中等收入群体超过3亿人，中高端旅游品类的定制旅行有足够大的市场空间；同时，从供给端看，中国劳动力成本仍然偏低。定制旅行符合中国现阶段社会特征。

T：技术。大数据和人工智能等关键技术会持续降低定制旅行经营成本，使得定制旅行的人员产出率持续提升。

## 二、定制旅行新业务发展动态

在定制旅行实践中，从价格优先到品质优先，定制旅行呈现三大趋势：一是服务升级，产品从标准化走向个性化，从原来卖货给客人变成为客人提供服务，从隐性消费变成透明消费；二是渠道升级，定制旅行最重要的是点对点的连接，从分销到直客，从线下到线上，从低效到高效；三是资源升级，从切位、切房到动态采购，定制满足了个性化需求。因此，对于定制旅行平台而言，定制业务对供应链的整合能力有了更高的要求，需要专业人才，需要大数据，需要对资源和价格的控制，还需要使客户愿意买单的服务。

在走向"定制旅行＋"时代的背景下，出现了许多旅游行业新型岗位，需要许多新型人才，"一专多能"的新旅游角色正逐渐凸显力量。例如，携程平台设置了定制服务管家、当地向导、微领队、民宿管家等新型职业。携程旅游学院自主研发标准人才培养体系，邀请专业培训师开设课程，培养"C＋定制旅行人才"，为培训和考试通过的学员颁发"定制旅行管家服务职业技能等级证书"，该证书已在行业中得到广泛适用，拥有极高的市场公信力、社会认可度和含金量。它是由定制业务需求催生而来，从携程平台定制师上岗证演变为教育部认证的能力证书，是目前中国定制旅行行业唯一有考核制度和服务标准的证书，分为初级、中级和高级。该证书主要面向旅行社、旅游电子商务平台、酒店、会展企业及其他提供个性化服务的机构，具体面向定制旅行产品设计、资源预订、客户服务以及定制旅行业务管理、语言类、商务类等工作岗位。

当地向导善于挖掘城市中的吃喝玩乐去处，带领旅游者探索城市特色玩法，走街串巷打卡小众景点，负责包车接送，解决旅途中车辆交通等所有个性化需求。携程平台严格审核向导资质，为放心旅行保驾护航，对通过携程相关培训的当地向导加"V"，优先推荐。微领队，为预订自由行的游客提供行中服务，让同一时间去同一目的地的旅游者，通过社群解决行中难题，注重个性化，更有针对性。民宿管家，针对民宿运营管理及风险应对的缺失，应出游人群对于小众化、私密化、精致化的需求而诞生，是提供客户住宿、餐饮以及当地自然环境、文化与生活方式体验等定制化服务的人员。2022年6月,人社部向社会公示18个新职业,"民宿管家"赫然在列。人社部指出,为满足广大旅游消费者个性需求的民宿行业蓬勃发展,民宿管家在短短几年便实现由"0"到"百万"级规模的跨越。携程旅游学院面向从事酒店工作的旅游人士、民宿经营者、文化和旅游院校专业师资以及有志于从事民宿事业的社会人士开展培训,特聘专家授课,课程培训通过后参与考核,成绩合格者获得学院颁发的"民宿管家"认证证书,为行业输送对口专精人才。

## 教学互动

探索分析泛定制的经营环境与定制旅行新业务发展动态。

## 本章小结

1. 定制旅行市场消费新趋势。
2. 新形势下客源挖掘与定制服务升级。
3. 泛定制及新业务发展动态。

## 本章训练

一、知识训练

1. 简述定制旅行的消费新趋势。
2. 简述新形势下定制旅行客源挖掘途径。
3. 简述定制旅行新业务发展动态。

二、能力训练

1. 请运用PEST分析泛定制的经营环境。
2. 通过学习典型定制旅行企业的经验做法,举例说明新形势下定制旅行企业如何升级。

# 参 考 文 献

[1] 王宁.旅行社经营管理[M].北京:商务印书馆,2019.

[2] 谢彦君.基础旅游学[M].4版.北京:商务印书馆,2015.

[3] 毛润泽,徐璐.定制旅行概论[M].北京:旅游教育出版社,2022.

[4] 韩娜.定制旅行产品设计及实现研究[D].济南:山东师范大学,2020.

[5] 宋书楠,张旭.对旅游产品概念及其构成的再探讨——兼与曲玉镜等同志商榷[J].辽宁师范大学学报,2003(02):16-18.

[6] 钱海燕,赵书虹.旅游业态与旅游产品的概念内涵及关联研究[J].旅游研究,2022,14(01):88-98.

[7] 李国英,代欢欢."Dr.定制"的创新思想及营销模式[J].现代企业,2016(12):48-49.

[8] 朱晓彤.基于消费者需求下定制旅游发展策略与思考[J].现代商业,2022(32):42-45.

[9] 卢苓霞,王彦勋.定制营销:个性化时代的营销[J].经济论坛,2004(11):90-87.

[10] 徐郅耘,龙睿.定制旅行服务与技能[M].上海:上海交通大学出版社,2020.

[11] 董丽苹.定制旅游中的体验类活动设计分析[J].旅游纵览,2020(19):64-67.

[12] 庞馨.基于KANO模型的在线定制旅游产品优化策略研究[D].昆明:云南大学,2021.

[13] 柳欣.定制服务视角下旅游方式发展研究[D].西安:陕西科技大学,2017.

[14] 王计平,赵云丹,倪菁.定制旅游对旅行社供应模式的影响研究——以上海市为例[J].淮海工学院学报(自然科学版),2011,20(01):66-69.

[15] 胡蝶.JT旅行社定制旅游产品营销策略优化研究[D].昆明:云南师范大学,2022.

[16] 张丽美.旅游投诉原因及对策分析[J].旅游纵览(下半月),2013(08):48-49.

[17] 王诺斯,张钰芸.我国旅游投诉问题的分析与服务对策[J].品牌(下半月),2015(12):38-39.

[18] 丁雪静.携程旅行网定制旅游市场营销策略研究[D].保定:河北大学,2019.

[19] 林爱芳.定制旅游研究综述[J].中国科技信息,2012(12):214.

[20] 山杉,伍欣,李娌.定制旅行管家实务[M].北京:旅游教育出版社,2022.

[21] 张红.定制旅游的特征及其在旅游企业中的应用研究[J].旅游研究,2012,4(02):58-61.

[22] 吴佳.进入智慧旅游时代我国定制旅游发展探究[D].郑州:郑州大学,2014.

[23] 毛惠媛,王莹.定制旅游的特点及展望分析[J].湖北农机化,2019(17):28.

[24] 卜祥峰.在线定制旅游产品创新对消费者购买意愿的影响[D].天津:天津商业大学,2021.

[25] 陈娟.HW旅游公司定制旅游产品研究[D].重庆:西南大学,2020.

[26] 龙睿,董丽苹,徐璐.定制旅行产品设计[M].北京:旅游教育出版社,2022.

[27] 陈才. 旅游体验的性质与结构——基于博客游记的探讨[M]. 北京:旅游教育出版社,2010.

[28] 沈芝琴.OTS模式下旅游定制师核心能力要素分析[J].旅游纵览(下半月),2020(02):13-15.

[29] 周亚庆.聚焦顾客价值的旅游企业定制化服务模式探究[J].北华大学学报(社会科学版),2016,17(02):102-107.

# 教学支持说明

为了改善教学效果,提高教材的使用效率,满足高校授课教师的教学需求,本套教材备有与纸质教材配套的教学课件和拓展资源(案例库、习题库等)。

为保证本教学课件及相关教学资料仅为教材使用者所得,我们将向使用本套教材的高校授课教师赠送教学课件或者相关教学资料,烦请授课教师通过加入旅游专家俱乐部QQ群或公众号等方式与我们联系,获取"电子资源申请表"文档并认真准确填写后发给我们,我们的联系方式如下:

地址:湖北省武汉市东湖新技术开发区华工科技园华工园六路

邮编:430223

旅游专家俱乐部QQ群号:758712998

旅游专家俱乐部QQ群二维码:

群名称:旅游专家俱乐部5群
群　号:758712998

扫码关注
柚书公众号

# 电子资源申请表

填表时间：_____年___月___日

1. 以下内容请教师按实际情况写，★为必填项。
2. 根据个人情况如实填写，相关内容可以酌情调整提交。

| ★姓名 | | ★性别 | □男 □女 | 出生年月 | | ★职务 | |
| --- | --- | --- | --- | --- | --- | --- | --- |
| | | | | | | ★职称 | □教授 □副教授 □讲师 □助教 |

| ★学校 | | ★院/系 | |
| --- | --- | --- | --- |
| ★教研室 | | ★专业 | |
| ★办公电话 | | 家庭电话 | | ★移动电话 | |
| ★E-mail（请填写清晰） | | | | ★QQ号/微信号 | |
| ★联系地址 | | | | ★邮编 | |

| ★现在主授课程情况 | 学生人数 | 教材所属出版社 | 教材满意度 |
| --- | --- | --- | --- |
| 课程一 | | | □满意 □一般 □不满意 |
| 课程二 | | | □满意 □一般 □不满意 |
| 课程三 | | | □满意 □一般 □不满意 |
| 其 他 | | | □满意 □一般 □不满意 |

| 教 材 出 版 信 息 |
| --- |

| 方向一 | □准备写 □写作中 □已成稿 □已出版待修订 □有讲义 |
| --- | --- |
| 方向二 | □准备写 □写作中 □已成稿 □已出版待修订 □有讲义 |
| 方向三 | □准备写 □写作中 □已成稿 □已出版待修订 □有讲义 |

请教师认真填写表格下列内容，提供索取课件配套教材的相关信息，我社根据每位教师填表信息的完整性、授课情况与索取课件的相关性，以及教材使用的情况赠送教材的配套课件及相关教学资源。

| ISBN(书号) | 书名 | 作者 | 索取课件简要说明 | 学生人数（如选作教材） |
| --- | --- | --- | --- | --- |
| | | | □教学 □参考 | |
| | | | □教学 □参考 | |

★您对与课件配套的纸质教材的意见和建议，希望提供哪些配套教学资源：